시간과 함께 사라지는 생각

시간과 함께 사라지는 생각
고삼석 지음

초판 인쇄 2020년 03월 25일
초판 발행 2020년 03월 30일

지은이 고삼석
펴낸이 신현운
펴낸곳 연인M&B
기 획 여인화
디자인 이희정
마케팅 박한동
홍 보 정연순
등 록 2000년 3월 7일 제2-3037호
주 소 05052 서울특별시 광진구 자양로 56(자양동 680-25) 2층
전 화 (02)455-3987 팩스 (02)3437-5975
홈주소 www.yeoninmb.co.kr
이메일 yeonin7@hanmail.net

값 15,000원

ⓒ 고삼석 2020 Printed in Korea

ISBN 978-89-6253-481-8 03810

* 이 책은 연인M&B가 저작권자와의 계약에 따라 발행한 것이므로 본사의 허락 없이는 어떠한 형태나 수단으로도 이 책의 내용을 이용하지 못합니다.

* 잘못된 책은 바꾸어 드립니다.

삶의 대한 끊임없는 질문과 솔직한 내면의 기록

시간과 함께 사라지는 생각

고삼석 지음 깊이 잠들다. 나는 시간을 초월하며 사는 무엔가? 시간이란 인류가 발견하고 체계화시킨 발명품이다. 즉 타인과 조율하고 더 소통하고 더 객관화시켜 존재시킨 무형의 존재다.

연인M&B

| 여는 글 |

　산다는 것은 자신의 숨소리를 느끼며 타 생명을 의식하는 것이다. 기록한다는 것은 의식과 인식의 행위이다. 존재한다는 것은 타인과의 관계를 오감과 육감으로 이해한다는 것이다. 생각하기 때문에 존재를 생각하며 의식하건 존재하는 탓에 의식하고 생각하게 되든 간에 결국 자신의 존재 그 모습을 드러낼 수밖에 없는 것이 인간이다.
　진리는 무엇이고 정의는 또 어떤 것인가? 평화는 언제나 게으르고 자유는 언제나 망나니의 기질을 닮았다. 도대체 평등의 정의를 가늠하며 그 개념을 규정하는 철학적 사유는 가능하며 모든 종교의 복음은 믿을 만한가? 민주주의를 표방하며 부르짖는 만민평등은 모든 이의 행복을 보장하며 타인의 이해를 가능케 할 수 있는가?
　살아 있는 동안 자신을 드러내는 속말은 감출수록 침묵할수록 좋다. 스스로 허물을 노출하기 때문이다. 산 자들은 실수하며 죄를 짓지 않고는 살 수 없기 때문이다.
　그러므로 산 자는 신에게 뿐만 아니라 산 자들 만인에게도 죄인이다. 산채로는 자신의 나라에 법률적이든 사회 윤리적이든 혹 신의 경전과 그 율법에 반하는 행위 없이 맑고 거룩하게 결코 살 수 없다. 이것이 인간의 고민이며 죄의 올무에서 벗어날 수 없게 한다.
　따라서 이렇게 책을 내는 행위는 자살하는 행위이다. 살아서는 결코 칭송받을 수 없는 것이 인간이다. 그 누가 이 감옥에서 자신을 해방하며 스스로 자유로울 수 있는가?

지혜 있는 성인들, 똑똑한 인간들은 이렇게 자기 고백서를 내놓지 않는다. 나중에 제자들과 친구들 그 외 친지들이 들은 바를 고맙게 여기며 감사의 행위로 '카더라 방송'처럼 그리 말씀하셨다고 그 들은 바를 기록하고 있을 뿐이다.

오늘도 감히 내 무덤을 파는 행위. 아~, 오늘도 나의 어리석음은 헛되고 헛된 그 무엇에 미혹되어 감히 이 짓을 계속하는가?

용서하는 일은 신의 영역이다. 사람인 자로 감히 용서할 수 있는 자는 신의 아들이요 딸들이다. 나의 이 사변적인 횡설수설을 이해하는 자, 용서의 손을 내미는 자는 복된 자요 복 받을 수밖에 없는 사람이다. 그대의 하는 일에 복 있으라.

감히 이렇게 책을 엮고 싶다고 제안해 주신 신현운 대표와 그 외 이 책자의 편집과 출간에 도움을 주며 관여한 모든 분께 감사의 말을 전한다. 이 책을 손에 쥔 자여 그대에게 놀라운 복과 행운이 깃들기를 바라며 또한 그대와 가정이 강건하기를 기도한다.

2020년 3월 9일
고삼석

| 차례 |

1~10 ·················· 8
11~20 ·················· 62
21~30 ·················· 114
31~40 ·················· 166
41~50 ·················· 223
51~60 ·················· 279
61~63 ·················· 333

시간과 함께
사라지는
생각

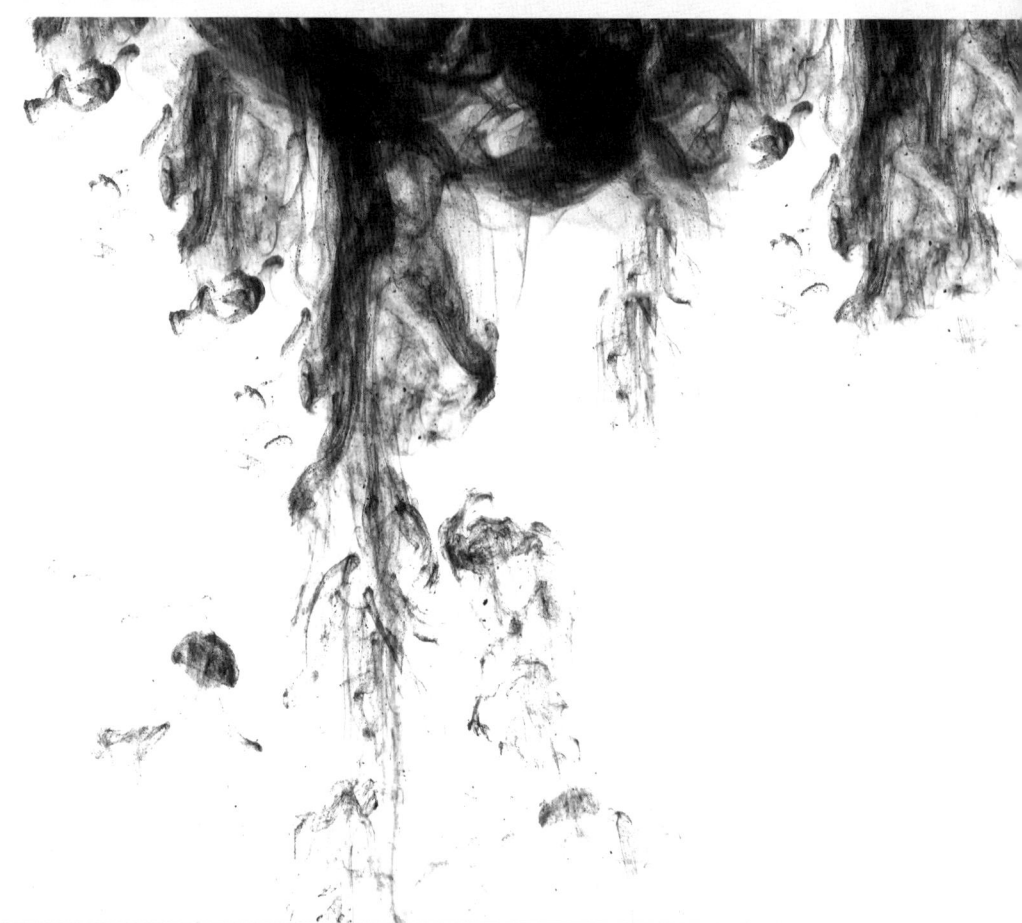

하늘의 별처럼 반짝이는 내 소원, 참 많기도 하다. 그러나 이 소원이 내 사는 이유이고 힘이다. 감사.

제 인생 반듯이 좋다. 좋아야 한다고 내심 생각해도 이것에 걸맞는 행동을 지속적으로 하긴 여간 어려운 게 아니듯이 세상은 제멋대로 굴러간다. 어느덧 연말이 바짝 다가왔다. 올해도 예년처럼 그냥 스치는가? 북의 지도자 방문이 임박하지만 오리무중인 듯 정치란 그런 거구… 또 남북이 한강 하구에 뱃길을 협력하여 찾았다는 보도다. 어쨌든 남북이 사랑을 가지고 치밀하고 섬세하게 협력하여 종국에는 남북통일에 기여하길 고대한다. 감사.

많은 단체 행사들이 점점 임기를 끝내고 임원이 교체되는 시기에 접해간다. 아쉬움과 포부가 맞물리는 달이다. 새해엔 많은 사람의 희망이 성취되기를 소망한다. 감사.

나를 아는 일, 이것이 나의 길을 선택케 해야 한다. 내가 무엇인지? 내가 누구인지? 내가 무얼 잘할 수 있는지? 내가 왜 이 일을 지금 해야 하는지 분명히 아는 자는 보다 여유롭다. 나의 한계를 아는 일 또한 중요하다. 마지막으로 나의 죽음을 예측하며 순응하는 일은 무엇보다 중요하다. 일반으로 각자 모든 일들은 자신 찾기라 할 수 있다. 감사.

타인의 행운은 나의 손실인가.

앞길이 밝기를 원하나 밝기만을 기대한다면 뭔가 어리석은 사람의 사고 아닐까? 지혜자가 되기란 그리 녹녹치 않다. 소원과 대비를 미리 예측하며 준비하는 것이 지혜자의 대처 방법이다. 아자.

궁금해하셨던 자신에 대한 얘기, '사람들이 나를 무엇이라 하더냐? 너희는 나를 무어라 하느냐? 너는 나를 무어라 생각하느냐?' 이다. 일반 생각과 다름없는 이 평가를 요셉의 평가는 기록되어 있지 않으나 육신의 형제들은 무어라 생각했을까? 일가친척들은 무어라 했을까? 어머니 마리아는… 예수님의 고향 마을 사람들은 무어라 했을까? 공생을 시작하신 후 미쳤다고 여기지 않았을까? 뛰어난 인물을 가장 가까이에서 인정하기 어려운 것은 옛날이나 지금이나 같다. 또 미래에도 같을 것이다. 이웃의 평가는 십자가의 죽음을 당연시했을지도 모른다. 아울러 나는 나를 무어라 생각하고 믿느냐에 따라 그 생각과 행위는 다를 수밖에 없다.

모든 것은 승리하거나 성공해야 드라마가 되는가? 실패한 경기는 다시 보려 하지 않는다. 이것이 인생이다. 명분이 좋아도 승리자에게만 환호하는 우리의 얄팍함이 심한 경쟁과 출세 지향적인 성격을 형성하게 하는 게 아닌가 여겨진다. 아자.

밤새에 비가 내립니다. 겨울바람을 부르는 이 비 이후에 몽고발 황사와 중국 발생 오염된 공기의 유입이 우려된다 하네요. 가족의 문제가 나의 생활에 영향을 미치듯 이웃의 문제가 자신의 문제가 되듯 이웃 나라의 문제가 주변국에 영향을 크게 미치고 있다. 이미 얘기되는 대로 세계는 지구촌이다. 모든 나라는 이미 한 마을의 주민이다. 감사.

온전한 의심보다는 믿음이 쪼금 더 많다면 믿음이 있는 것이라는 설교 말씀이 믿음에 그 이해를 더 깊게 한다. 감사.

크리스마스 캐럴 들리지 않는 어둠 속의 빛들… 밤하늘에 별은 반짝이지 않고 상점의 백화점과 번화가에만 휘황한 빛들… 이거, 뭐야! 그래도 감사.

타인들에게 자신을 소개하지 않으면 자신에 대해 아는 바 없다. 대중은 내가 나를 소개하는 정도로 이해할 뿐이다. 감사.

일본 속담에 가족은 '타인의 시작'이라는 말이 전해 온다. 모든 갈등은 가족으로부터 시작이다. 화해도 가족이 시작이고 마무리된다. 그러나 가족과 화해가 가장 어려울 수 있다. 가장 취약한 점을 알고 있기 때문에 사랑보다는 자신의 욕망과 탐욕에 따르기 쉽다. 이 속에 위장과 권모술수가 다 있다. 감사.

긴급구조 신호를 보내며 오염으로 죽어 가는 생명들은 전선에서 교전하듯 이들이 싸움을 걸어와도 대항할 능력이 없다. 오염된 먼지의 기습적 침공을 알아도 현재론 대책이 무대책일 수밖에 없다. 감사.

나는 너에게 무엇인가? 너는 나에게 무엇인가? 아무리 객관적으로 흠없는 선물이라도 속에 시기심과 깔보는 마음이 있으면 탐탁하게 여기지 않고 좋다 해도 좋아 뵈지 않는 것이다. 오히려 괜히 화가 나기도 하는 것이다. 이런 눈초리 시선을 경계하라. 아자.

뭔가 불안한 아침이다. 미세먼지가 심하겠다는군요. 네가 죽어야 내가 산다면 내가 죽어야 내가 산다면… 서정주 시인의 싯구가 가슴에 꽂히는 아침이다. 모두 함께 잘 살아야 하는데 우리는 그 누군가 죽어야 자기가 잘 살 것이라고 생각하고 있지 않은지 아름다운 공영과 공존을 다시 한 번 더 생각하게 하는 아침이다. 감사.

2

　월요일의 시작이다. 도시의 길 위엔 첫눈이 다 녹았다. 뭔가 어수선한 느낌 맑게 시작하고픈 데 미세먼지 나쁨이다. 이거, 참! 감사.

　첫눈이 내리던 날 KT 충무로 지점에서 원인 불명의 화재가 발생, 엄청난 재난을 발생케 하고 진화되었다는 소식이다. 빨리 원상복구가 시급하다. 나도 컴퓨터를 사용할 수 없었다. 언제나 이런 돌발사태가 문제다. 돌발사태에 대항하고 해결할 능력이 저력이다. 아자. 힘내라.

　어려운 문제는 나의 생각이 하나님의 뜻과 부합되는지 생각하며 말하거나 행하는 일이며 어떤 모임이나 무리 중에 내 생각이 받아들여지지 않을 때, 하나님이 일하시게 침묵하는 일이다. 하나님을 항상 의식하며 사는 일이 신앙 생활이라 할 때 나는 작아질 수밖에 없다. 생각할수록 오직 스스로 겸손하지 않을 수 없다. 감사.

힘내라! 일어나라! 다시 걸으라! 그리고 뛰어라! 이제 너의 하고픈 일을 행하라! 감사. 내가 내게 하고픈 말.

대표적인 도박장으로 카지노 홀을 일러 말합니다만 그곳의 특징은 창문이 없는 지하에 거울과 시계가 없는 것이 특징이라고 합니다. 외부와의 일체의 단절 속에 자신과 옆사람의 얼굴, 정상인들의 표정을 읽지 못하게 하고 한정된 시간이 아닌 영원 속에 자신이 놓여진 것 같은 착각을 일으키며 도박에 몰두케 한다는 것이죠. 이것이 인간 간의 소통에 치명적인 결함을 보여 준다는 것입니다. 정신병자가 정신병자를 구원할 수 없듯이 도박에 취한 사람이 도박에 취한 사람을 구제할 수 없다는 것입니다. 복잡한 세상 제대로 살기 위해 협잡꾼과 중개자에 이르기까지 주변을 확인하며 스스로를 경계해야 합니다. 아자.

성공하면 어떤 분은 고향이나 가까이 지내는 사람들을 안 만나는 경우도 있다. 왜냐하면 과거의 부족한 부분이 너무 잘 알려져 있고 성공한 상태를 온전히 받아들이기보다는 폄하하며 무시하기 때문이 아닌가 여겨진다. 이때 과거를 기억하는 사람들이 싫어지는 이유이기도 할 것이다. 여러 어려운 환경에서 어느 정도의 수준을 이루어 냄이 쉽지 않지 않은가. 성경에도 고향에서 인정받기가 어렵다. 편견이 있는 상태에서는 어느 것도 인정하기 어렵다. 사실과 현실을 있는 그대로 인정하는 것이 그렇게나 어려운가. 이는 시기심과 열등감에 기인하는 경우가 대부분이다. 가족 간 친한 친구간 서로 잘되기를 기원하자. 어릴 때 모습은 비슷하다. 감사.

자유인이라면 분명한 희망 하나쯤 갖자! 제 가슴에 오랜 적에 기록한 소명, 뜨겁게 가슴에 불타고 있는 꿈, 그 하나쯤 갖고 있자. 소중한 그 꿈 반듯이 이루자! 언젠가는 꼭 이뤄지리라. 감사.

젊음은 힘이 넘치듯 솟구치나 지식과 지혜가 부족한 탓에 행동함에 불안을 느낀다. 이는 확신할 가치관을 세우지 못한 탓이다. 가치관이라면 무언가? 이 일을 위해 마지막 결론이 죽어야 한다면 감수하고 죽으면 죽겠다는 의지를 갖는 것이다. 자의적인 결심 그 의지로 죽음을 선택하겠다는 뜻이다. 가치관, 그것은 진리여야 된다. 나의 지성과 이성으로 자유로이 제 의지에 의한 선택이어야 한다. 지성인이라면 이런 가치관이 확립되어 있어야 한다. 감사.

지금 어떻게 보내며 지내는가? 잠 안 오는 밤을 보내고 있는가? 그건 대개 예측 장애로 인한 불안이다. 미래는 항상 불안한 것 그것이 무엇인지 알 수 없는 것 그래서 호기심이 생겨 설레이기도 하는 것. 그러나 다른 사람은 전혀 관심도 없는 듯 보이기도 하는 것. 그러나 결국은 타인과의 관계로 드러나는 것. 한 사람의 그 어떤 것은 전 인류에 영향을 미치게도 하는 것이다. 감사.

시를 짓기보다는 시 같은 마음으로 살기가 더 어렵다. 보통 사람 사는 사회에서 시인에게 기대하는 만큼 실수 없이 산다는 것 아니 죄 안 짓고 산다는 것마저 쉬운 일이 아니다. 사람마다 큰 죄, 작은 죄를 짓고 살지만 많은 사람들이 그 행실이 드러나지 않고 가려워지거나 묵인되기 때문이지 신 안에 아니 투명한 과거의 행실이 녹화되었다고 상상하면 죄인 아닌 사람이 그 누가 있겠는가? 성경은 지적한다. 의인은 없나니 한 명도 없다고… 이래서 정죄함이 어렵다. 특히 하나님의 법인 마음 상태에 이르러서야 그 누가 통과할 수 있을까? 이것은 우리가 서로 자신을 돌아보며 가능한 용서하는 마음을 가져야 하는 큰 이유이기도 하다. 감사.

생명이란 이미 화석이 되었거나 혹은 죽어 있지 않으며, 즉 능동적으로 스스로 호흡하며 꿈틀거리며 생각하는 것에 예측 능력도 있어 스스로 명상하며 논리적 추론 능력 외에 영감 능력을 갖는 존재가 인간이다. 비이성적, 비물질적이라 함은 인간 외의 스스로 생명을 지칭하는 것으로 미지의 영역이다. 이제까지 과학적 지식으로 섣불리 단정함은 너무 인간 중심의 사고 습관이다. 여타 생명체 중 인간 능력을 어떤 영역에서는 초과하고 있다는 것에 놀랄 따름이긴 하지만… 어쨌든 인간이 무엔지 인류가 사라질 때까지 풀리지 않으리라. 오직 미스테리로 영원히 남을 것이다. 감사.

식사보다는 그 준비 시간이 오래 걸린다. 먹는 시간은 잠시라도 이를 위해 준비하는 시간이 오래다는 뜻이다. 그런 의미에서 어떤 일이건 그 준비가 오래다. 나라의 일도 준비하는 사람과 일을 완성하는 사람과 누리는 사람이 달라도 좋은 식사가 되게 하기 위해 많은 공이 들어가야 하는 것처럼 나라의 큰 일은 준비하고 계획하는 사람이 중요하다. 감사.

좋은 선생님을 만나면 학생들은 단번에 알아듣기 쉽게 설명을 들을 수 있다. 무엇보다. 학생들이 영특하면 좀 틀리게 일시 가르쳐도 긍정적으로 알아들으려 하고 알아서 듣는다. 영특해도 대개 배우는 사람이 어떻게 수용하느냐에 따라 그 성과가 달려 있다. 우수한 멘토의 중요성과 그 자세도 같다. 감사.

3

    통일을 외치는 시인이라 정치인들이 인도하는 대로 그저 따를 수밖에 그외 방법이 전무하지만 정치인은 정치인답게 면밀히 검토해 추진해야 한다. 이러한 정치적으로 경제적으로 물리적인 결합과 시인과 같은 정서를 공유하면서도 치밀하게 손익계산을 하지 않으면 결국은 낭패다. 정치적 해결사항은 정서적으로 융합하고 논리적으로는 정치인의 협상력을 높이는 데 활용해야 한다. 감사.

    약속이라는 게 그렇다. 똑 부러지게 일을 수행하는 이를 찾는 게 쉽지 않다. 결국 모두가 어설프고 책임 회피적이다. 감사.

    상대의 이해관계에 얽힌 문제를 그의 동의를 얻어서 논리적으로 해결하려고 한다면 협상하기 어려운 문제라 할 것이다. 대개 사람들은 대의 명분보다 자기 유익에 길들여져 있기 때문이다. 이것은 기득권 세력의 양보를 얻어낸다는 것이 결코 쉽지 않음을 시사한다. 감사.

새벽에 그림을 그린다. 글씨를 쓴다. 맥을 생각하며 전체를 봐야 하는데 전체를 파악하며 부분을 채워야 하는데 아직도 따로 논다. 감성적으로 느낄 때, 아직 점과 선이 어설프다. 몸의 유기적 관계와 그 기능이 잘 어우러져야 하는 것처럼 그러나 아직 깊이 들어가지 못한 탓이다. 숲에서 개개 나무가 속삭이는 얘기를 들을 수 있어야 한다. 아자.

자기와 생을 같이하는 분들 단 일초라도 함께 생을 같이한 분은 특별한 인연입니다. 특히 얼굴을 기억하고 그 삶에 영향을 주고받은 분들은 더욱 특별하다 하겠습니다. 과거에 존재하셨던 과거의 인물도 기억함에 큰 의미겠으나 현실의 사람들은 정말 각별한 관계라 친하게 지냈으면 좋겠습니다. 이유없이 미워하고 시기하는 건 열등감의 표현은 아닌지 반성해 봐야 할 것입니다. 자신감을 갖고 격려하며 칭찬하는 모습은 당당해 보여 좋습니다. 만나는 분마다 칭찬해 줄 거리를 하나라도 발견하도록 노력합시다. 오늘은 월요일, 이 아침부터… 나부터. 감사.

시인은 초인이 아니다. 다시 한 번 더 강조한다. 시인은 결코 초인이 아니다. 그렇다고 만능 일꾼도 아니다. 어쩜 가장 연약한 영혼을 지닌 자이고 쉽게 넘어지고 방어할 의지 기력조차 없는 그런 자이고 그래 방어무기가 없는 것이다. 감사.

아침에 약을 먹었는지… 이 헷갈림부터 아침이 꼬인다. 감사.

인간의 몸과 같이 인간 사회라는 것이 방어 능력이 사라지면 병 걸리거나 죽음이다. 기적과 치유 능력과 이적을 보이신 예수님같이 순전한 분도 자신에 대한 사회적 방어구조를 충분히 갖추지 못한 채 사회정의를 외치듯 하나님의 바른 정의를 외치시다가 당시 종교 세력과 정치 세력에 제물이 되었다고 여길 만하지 않은가. 자기 마음 같지 않은 사회에서 선한 마음만으론 충분한 방어 능력이 되지 못한다. 감사.

자유가 있어야 평화가 있고 평화가 있어야 자유로울 수 있는 것이다. 자유가 없다면 평화하다고 하기에는 무리이고 억설이다. 평화 없는 곳에서 자유롭다면 독재자 홀로 자유로울 뿐이다. 모든 이에게는 기회의 공평과 능력 만큼의 생산과 능력 기여도 만큼, 또 평등원칙에 공감하는 분배가 있어야 하며 필요한 만큼 소비할 수 있는 자유가 보장되는 사회를 위해 더 노력해야 할 것이다. 아직은 이를 위해 여러 가지 국가와 사회의 구조적인 개혁과 이를 뒷받침할 자원과 인력 확보를 위해 힘써야 한다. 특히 이런 목표가 강대국과 주변국의 정치와 그 국가 분위기를 감지하며 방어하는 군사력이 뒷받쳐야 한다는 걸 잊지 말아야 한다. 유비무환.

어둠에서 이뤄지는 많은 것들이 우연이라는 이름으로 기적과 이적과 돌발 변형과 돌발 사고로 노출된다. 황당한 모든 사건은 알 수 없는 법칙에 의해 이런저런 형태로 드러낼 뿐이다. 모든 건 우연이 없다. 그 답을 즉시 못하는 것은 그래 알려진 이유가 없는 것은 단지 그 이유를 모르는 것뿐이다. 감사.

TV가 뉴스로 하루의 일상을 준비시킨다. 도시 생활에 뉴스를 보지 않고 버티는 것은 안경 쓰지 않고 거리를 걷는 거나 진배없다. 여러분 오늘도 힘차게! 파이팅! 책상 위에 버티는 파리와 모기마저 약을 올리며 매번 쫓아도 다시 날아와 나를 희롱한다. 파리 모기마저 나를 우습게 보나 보다. 감사.

이제, 깨어 일어나라. 동녘 끝에서 다시 새날이 밝아온다. 시, 시가, 새 시가 다가온다. 감사.

과거에는 없었던 단어 중에 하나가 미세먼지 공해다. 공업과 문명의 진화는 도시의 오염된 공기가 자국의 대기를 넘어 외국과 대주를 넘어 오가며 전 지구적 위협에 이른 요즘, 이를 해결할 방법과 대책이라는 것도 무용함을 깨닫게 된 것이다. 공기오염과 낭비적인 산업구조의 개선과 탈피다. 이는 대량 소비국이며 자원 낭비적인 선진국부터 정신차려야 한다. 아자.

사람이 전혀 생소한 일들이 매일 일어남에도 불구하고 사람들이 그런대로 잘 대처하는 것은 뇌의 잠재적 능력 때문이다. 감사.

밤비가 하루의 시작이 만만치 않을 것임을 시사하는 듯하다. 종일 비가 내린다는 데… 어쨌든 잘 챙겨야겠다.

성경상에 나타난 조상 콤플렉스는 구약의 아담과 이브, 아브라함, 모세, 신약의 예수 등은 육신의 친아버지에 대한 콤플렉스 탓이 아닌가 심리학적으로 접근하고 철학적으로 분석하여도 좋은 주제가 되지 않을까 언뜻 생각을 해 본다. 오직 학문적인 접근을 위해서… 만이다. 성경의 모든 진실의 입증은 오직 성령에 의한 믿음뿐임을 밝히면서 분석적으로 인간의 역사적 지식에 근거하고 학문적 접근으로서 논리적 사유를 해 보면 그렇다는 것이다. 또한 성경에 나타나는 인물 중 서자가 적지 않아 내면적으로 큰 갈등이 분출한 영적, 정신적 해결방법으로서 정신적, 영적 아버지 신을 찾아내지 않았나 하며 짐작하게 되는 이유이다. 감사.

바닥을 경험하고야 안다. 이 처지라는 것이 인간의 축복 없는 새로운 출발임을 깨닫는다. 이때야 오직 신께 의존하며 기도한다. 이것이 인간이다. 감사.

ㄴ

　　대개 본향으로 먼저 가신 시인의 '시' 보다 시인도 이 세상에 살아 계시는 분의 '시'가 활력이 더 느껴진다. 세상은 산 자, 특히 건강한 자의 활력과 능력 발휘하는 만큼의 세상이다. 그러나 돌아가신 분의 시가 언제나 마음에 확 다가오면 이건 명시인 경우가 대부분이다. 몸은 죽어도 오직 시로 살아남는 시, 이것이 진짜 시이다. 감사.

　　위대한 시인들의 시를 읽으며 이 같은 시 나도 짓고 싶고 시가 샘을 내게 한다. 누가 읽어도 좋다 여기고 감탄이 절로 나오는 시 한 편만 짓는다 해도 그 시인은 행복하다. 필연성과 순수한 감성을 품은 시, 위대한 인간 품격의 인간성이 풍기는 그런 시, 언제 가져 보나? 세월은 기도한 날보다 더 오래 살고 있다. 나라는 내게 무엇인가? 민족은 나에게 어떤 의미로 함께 있는가? 곧 크리스마스 캐럴이 불려지면 나는 더욱 외로워지리라. 가족은 나에게 무엇입니까? 나는 가족에 무엇입니까? 하늘 쳐다보면 무엔가 압박하며 조여 오는 죄책감, 하나님 저는 너무 게을렀습니다. 감사.

이기적인 자신의 모습을 본다. 명색이 시인인데 시인이라 불러 주실 때 부끄러움을 진실로 느끼고 있다는 것이다. 어느 시처럼 그 누군가를 불러, 그 이름을 힘차게 불러 꽃이 되게 하고 싶다. 아름다운 꽃이 되어 활짝 피어나게 하고 싶다. 그 이름을 부를 수 있는 이는 행복한 사람이다. 대단한 사람이라 존경하고 싶은 사람이다. 꽃이 되는 데 무슨 꽃인들 어떻겠는가? 꽃치고 아름답지 않은 꽃 있을까? 장미가 아니라도 목련이 아니라도 호박꽃도 좋고 풀꽃도 좋지 않은가? 꽃은 영락없이 벌과 나비를 부르고 화냥기 난 도화 낀 아가씨처럼 벌 나비 찾기가 일이다. 꽃에 꿀과 향기를 뿜어냄은 벌 나비를 부르기 위함이다. 물론, 나도 꽃이고 싶다.

낭만만을 논하기엔 너무 각박한 뉴스가 우리 가슴을 친다. 옛보다 물질적으로 풍요한데 왜 우리는 고독을 외로움을 말하며 옛 풍경을 되돌아보며 추억하며 그리워할까? 시인도 고독을 느껴야 시가 되지만 그 누구도 인간인 한 저만의 고독에서 탈출하며 유유자적할 수 없다. 인간은 가을이 아니어도 외롭고 쓸쓸하다. 아자.

명상의 힘이 필요한 시대이다. 자신의 철학이 뭔지 요구되는 시대이다. 자신의 신앙에 의문을 품기 시작한 시대이다. 확실한 힘 초인의 능력 믿음의 이적과 신앙의 기적을 입증해야 하는 시대이다. 여기서 평신도라는 용어가 탄생된 건 아닐까? 아무것도 할 수 없는 신앙인으로 인정하고저 하는 겸손인지 비하인지 모르지만 성도의 용어를 회복해야 된다고 여겨지는데 여러분의 생각은 어떠신지? 감사.

시인이 되면 정말 참 시인이라면, 그 모든 행위가 시적이라 표현해도 좋을 것이다. 그러나 '시이다' 단적으로 얘기하면 무지의 소치이다. 감사.

깊이 잠들다. 나는 시간을 초월하며 사는 무엔가? 시간이란 인류가 발견하고 체계화시킨 발명품이다. 즉 타인과 조율하고 더 소통하고 더 객관화시켜 존재시킨 무형의 존재다. 감사.

주변엔 뻐꾹새의 속성을 지닌 사람이 적지 않다. 남의 새 둥지에 알을 까 놓으면 먼저 부화된 뻐꾹새가 알에서 나와 제 어미의 둥지에서 밀어내어 땅에 떨어뜨리고 작은 새는 부화조차 못하고 그 어미는 당연히 제 둥지 제 새끼인 줄만 알고 사방을 돌아다니며 먹이를 구해 열심히 갖다 바치는 모습은 인간 사회 모습과 적지 않게 닮았다. 뻐꾸기는 제 어미를 찾는지 아니면 스스로 독립하는지 모르지만 분명한 건 뻐~꾹 뻐꾹 하며 산속에서 처량하게 울며 누군가를 부르는 듯하다는 것이다. 아, 이것 또한 뻐꾸기의 운명인가? 싶네요. 감사.

화를 참으면 만사형통이다. 과학적으로는 3초 내지는 3분이면 대부분 화를 가라앉히는 데 유용하다니 참고할 일이다. 대개는 화가 치솟을 때 숫자 세기를 하나, 둘, 셋을 세 번 하고 큰 호흡하고 다시 하나 둘… 하며 일백까지 숫자를 세어 본다든지, 심호흡을 여러 번 한다든지 장소를 옮겨 가볍게 산책을 하듯 걷는 것도 한 방법이다. 옛 방식과 현대의학과 접목하면 효가가 배가 될 것이다. 아자.

가정 내 화목이 왜 이토록 어려울까? 직감적으로는 무례하기 때문이다. 만약 다른 사람에게도 가족처럼 막 대하였다간 세상살이 더욱 힘들거나 비참해질 것이다. 남에게 하듯 가족 간에도 예의를 지키면서 대화하면 지금보다는 훨씬 좋아질 것이다. 시기하는 마음 대신 믿음을 주고 질투대신 꿈을 기대하며 소망한다면 즉 기본을 지키는 행동과 사랑의 마음이 있다면 다툴 일이 훨씬 적어지리라. 보통 사람들에게서 이를 기대하는 것은 산에서 물고기를 구하려는 어리석은 행동이리라. 아, 어떻게 해. 아자.

역사적으로 뇌 훈련은 종교나 무속 또는 윤리 문제로 이제까지 정신 훈련 마음 훈련으로 대체해 온 것이 사실이다. 사실 용어로는 정신 수양 마음 수양으로 가정이나 학교 등에서 지도를 받고 훈련하면 좋아지는 경우가 많지만 이도 저도 안 되는 경우도 있다. 이는 뇌의 상처 내지는 쇼크로 또는 태아에서부터 뭔가 잘못되어 전두엽이나 기타 부문의 뇌에 정상 활동인 신경매개체에 대한 방해와 장애로 인해 토파민이나 그 외 뇌의 활성물질 등의 분비 장애와 결핍에서 그 이상 증세가 있지 않았나 하는 것이다. 현대에 와서는 뇌 혈류 장애와 같은 치명적인 뇌손상 유발 요인과 함께 지적되곤 한다 할 것이다. 감사.

그 누구를 싫어하고 미워하는 것으로 위로를 삼는 이를 조심하라! 또 미움만이 자기 열등감을 극복의 도구로 여기는 이를 조심하라! 그는 시기와 질투로 다른 이를 이유없이 미워하며 해코지를 한다. 이는 타인의 고통에서 희열을 느끼며 상대의 비명에서 위로를 받는 새디스트다. 대개 이런 류의 인간이 조현병 징후를 나타내고 있지 않나 여겨진다. 감사.

범죄(crime)와 죄(sin)를 구분한다면 범죄란 국가나 집단의 계율과 인간 사회법정에서 내려지는 형벌의 정도에 따라 비중을 두어서 말하는 것이고 경전의 죄란 흔히 신 앞에서 저지른 죄를 일컫는 말로써 감사와 찬양하지 않은 것 신을 망령되게 행한 것 등을 지칭하는 것이라 할 것이다. 종교법정에서 주로 신에 대한 죄를 단정하며 행하여 왔다. 감사.

마음 같아서는 김정희 추사체를 단번에 터득하여 더 힘있고 미학적 수준을 넘고 싶지만 붓을 잡고서 가벼운 수준에 이르는 것도 쉽지 않음을 느낀다. 이는 어려서부터 매진해야 함은 물론이다. 추사의 위대함에 한석봉의 그 달필에 한숨과 열등감과 함께 혀를 내두르게 된다. 어린아이의 그림을 그 얼굴을 타고난 그대로의 모습을 아이같이 그리는 것이 어렵듯이 깨달음과 숙달된 기간과 그 천성의 순전함이 없이는 결코 다가가기 어려운 경지다. 물론 그 문앞에 이르도록 인도해 주신 부모와 선생님이 있어야 함은 물론이다. 서로 돕자. 이웃을 돕자. 아, 천재들을 예찬하라. 그들에게 감사하자. 먼저 신에게 감사해야 한다. 신을 찬양하라!

무의식은 어둠에서 시작되는가? 하얗게 질림은 화이트홀인가 블랙홀 속의 의식의 별인가? 생각 없이 기도한다. 이도 의미 있는 것인가? 감사.

대도무문(大道無門)이라 적어 보며 큰 도둑에겐 문도 문이 아닐 것이라고 상상해 본다. 난 왜 이런 발칙한 상상을 자주하나? 감사.

칭찬에 약했나. 가능한한 칭찬해 주어야겠다. 자신은 칭찬이 반가우면서도 타인에겐 평가만이 발전을 위한 독려처럼 행하지 않았는가? 이 시대에 화두처럼 나이 든 노인에 이르기까지 요즘 사람들은 칭찬에 목말라한다. 감사.

명상 중독중인가? 사색 중독인가 사색 습관인가. 칸트는 정확한 시간에 맞춰서 산책했다고 동네에서 소문이 자자했다는군요. 사유하는 자도 순간순간 사유하며 생각의 단계를 경험하고서야 생각도 계단식으로 발전 단계를 경험하게 되는 것이다. 사색도 일종의 과학 논리를 바탕으로 사유해야만이 생각의 낭비를 막을 수 있고 병든 사유를 예방할 수 있다. 기초과학으로 알려진 수학도 기하학도 그러하지만 한 예로 시를 짓는 일도 그러하다. 습관적으로 시를 짓고 어떤 시에 중독되는 자 있어야, 그 시를 평가할 만한 시라고나 한다 할까? 중독되게 하는 것엔 그 무언가 가치가 있다. 어쨌든 그 누군가 나의 시에 중독되기 바란다. 감사.

오늘 아침에도 첫 붓글씨에 사랑으로 시작하여 사랑이라는 글로 끝냈다. 어느 분의 지적에 본인의 시에서도 사랑의 글을 많이 발견하고 그 연유를 묻기도 하지만 인생이 사랑 아닌가? 만사의 해결이 사랑이지만 정말 사랑을 이해하고 바르게 쓰고 있는가는 누구에게나 화두이다. 우리는 사랑으로 태어나고 사랑을 하며 사랑으로 생을 마감하는 것이어야 하는데 이를 실천적으로 이행하며 생을 마감하는 이 얼마인가? 이것에 슬픔을 느끼는 것이다. 사랑이어야 하는데 쓸데없는 탐욕으로 생을 마감하는 보통 사람들을 보며 어쩜 본능으로 각인된 유전체에 의해 욕망의 늪에서 벗어나지 못하는 것 같기도 하다. 아, 불쌍한 존재, 인간이여! 감사.

　사랑하고픈 사람, 사랑하는 사람이 참 사랑을 찾는다. 사랑함으로 사랑이 그로부터 흐르고 베푸는 은혜를 지상에 뿌리는 것이 된다. 직접 사랑받음으로 사랑도 주고 싶고 또 그 베푸는 사랑으로 사람들은 마음이 명랑해진다.

　누구나 자세히 그 삶을 추적해 보면 그 어느 소설보다 소설적인 생활을 하는 분들이 적지 않다. 감히 소설보다 더 소설 같은 삶이라 단정해도 좋을 것 같은 사람들… 그 고난을 주목하는 사람은 별로 없다. 가족이라 해도 모를 수 있다. 때론 흔들리는 꽃처럼 뭇 짐승처럼 세상을 향해 울부짖고 사는 인생아! 너 이 요상한 인생에서 무엇을 깨달아 알았는가? 수많은 절규가 하늘을 향해 호소하는구나. 감사.

　세계 곳곳 재앙이 빈번한데 이를 용케 피해 아직 살아 있는 이 행복하다. 그대는 복을 누리는 자이다. 감사.

많은 것이 그러하지만 특히 사랑의 선택은 마음의 갈등에 대한 선물이고 자존심의 상징이다. 그 어느 하나의 선택은 그 외 많은 것을 포기하도록 강요한다. 그래서 다른 것을 배제하는 선택에 대해 더욱 귀하고 가치를 두는 것이다. 선택한 사랑과 선택되어진 사랑은 타인에겐 부러움이요 내겐 자랑이다. 현실적으로 선택은 상대의 세속적 가치로 평가가 오르락내리락할 수 있다. 현실에서는 모든 것을 갖고저 함이 욕심이라기보다는 불가능한 사회구조다. 이를 사랑의 시대적 평가라 할 것이다. 꿈을 쫓는 자 끝없이 갈등할 것이며 불안해할 것이고 감성적으로 충족될 수 없는 것이다. 사랑이여, 오~ 불안한 사랑이여! 감사.

농담 삼아 하는 말, 술 나쁘니 마셔 없애 버리자! 담배 나쁘니 피워 없애 버리자! 한다면 뭔가 이상하다. 공기가 오염되었으니 마셔 애국하자! 이것도 이상해! 이 이상한 현상이 이상하게 여겨지지 않는 나라가 독재국가이거나 전체주의국가이다. 감사.

사람은 자기 자녀에 대한 친자 확인이 있고서야 깊은 사랑을 준다. 하기사 세상 동물도 대개 그러한 듯하다. 감사.

시인보다 시를 좋아하세요. 시를 보면 좋아도 시인을 보면 실망하기 쉽죠. 시인도 시처럼 살기 쉽지 않죠. 시인도 털면 정말 먼지투성이입니다. 특히 가까이 있어 보면 때론 이중인격자라 지탄받아도 좋을 만큼 때론 정말 추하다니깐요. 이를 어쩌지? ㅎㅎㅎ. 감사.

비 오는 날 통일전망대에서 안개 낀 북녘을 바라보는 심정 착잡하다. 앞으로 남북 공히 선택될 통일 이념은 무엇으로 할 것인가? 이제까지 존재하며 실현되고 있는 이념 중에서 고를 것이냐, 융합하고 섞어서 어떤 새로운 이념을 창조해 낼 것인가? 이것이 문제다. 문화예술처럼 인간 존엄이 먼저냐? 자유로운 생각과 행동과 경제적 풍요가 먼저냐? 선택이 힘들고 또 더 발전시킬 사회체제인 다른 순리의 이념을 창출하기가 너무 어렵다. 민족과 한반도의 장래를 위해 남북의 전문적 집단에서 답을 갖고, 관계부처 간에 소통 미래에 대처할 준비를 해야 한다. 순리가 무엇인가. 어느 누구나 피해와 억압 없이 수용될 수 있는 상태이다. 감사.

너무 유명해지는 것 좋지 않다. 시기심 많고 질투심이 유별난 사람에게 걸리면 죽는다⁽?⁾. 적당히 알려지고 적당히 넘어가는 처세가 영리하게 사는 방식이 아닐까? 그러나 인간의 욕망이란 대단하고 유별나서 꼭 일등하고 싶고 그래야 만족하며 희열을 느끼는 사람이 있으니 꼭 남의 탓이라고만 볼 수 없게 한다. 자신도 이해 쉽게 되지 않은 독특한 인간의 심리구조이다. 감사.

공개적인 기도에는 은밀한 죄를 고백하기 쉽지 않다. 하나님께 진실한 기도는 자기 방에서 문을 잠그고 비밀리에 하는 기도일 뿐이라 할 것이다. 공개적인 기도에서는 대개 형식적으로 하는 대략 기도나 미리 원고를 작성한 준비된 기도 글임이 이를 간접으로 보여 준다 할 것이다. 따라서 공개석상에서 떨림 없이 연기하듯 기도하는 행위는 착하게 보이려고 하는 위장이거나 자기 자랑일 가능성이 크다. 감사.

모든 감성은 전염된다. 독자에 신세지기다… 우선 밝고 명랑한 아이들처럼 그런 글을 쫓는 독자들이 옳다. 시인도 시도 밝아져야 한다. 이제, 오~, 슬프고 아픈 시는 가라! 나도 밝은 시를 짓고 싶다. 독자에게 나의 슬픈 시를 읽어 주신 것에 보답하는 뜻에서도… 그런데 금방 전환은 쉽지 않을 듯… 열심히 노력해 보련다. 감사.

인간 사회는 자신의 과거를 기억해 주는 이가 고맙다. 그러나 때론 기피하고 싶다. 안 좋은 과거까지도 기억한다면 싫어질 수밖에 없다. 사람에게 좋은 얘기만 해 주는 것도 간신 같아도 싫지 않은 이유이다. 사람들은 무엇이든지 칭찬받기를 기대한다. 가능한 한 좋은 일에서이긴 하지만… 어쩜, 나쁜 놈들도 그 조직의 구성원은 그 목적에 맞게 행동하고서 보스로부터 나름 칭찬을 바라는지도 모른다. 감사.

흔히 갈망하며 쓰는 '사랑'이라는 글은 말은 무슨 의미일까? 혹 생각할 '사' 자와 명랑할 '랑' 자는 아닌지? 매사 좋고 기쁘고 즐거운 것으로 해석하는 힘을 나타내는 언어로 모든 것을 궁극적으로 긍정적으로 생각한다는 사랑이 우리나라에서 지금 흔히 사용하는 사랑의 본 뜻은 아닌가 생각해 본다. 사랑하게 되면 제 눈에 안경이 된다. 콩깍지가 끼였다는 표현이 이를 돕는 글과 말이다. 사랑은 만능 키와 같아서 사랑할 수 있으면 어떤 희생 헌신도 가능하고 목숨마저 던질 수 있는 힘이 있다. 진정 사랑하는 한 모든 것이 해결된다 해도 될 것이다. 가장 사랑할 대상을 잘 선택해야 한다. 자신의 가치관과 연관된 것이기도 하다. 감사.

세상 너무 분석하면 피곤하다. 분석이 정확하지도 완전하지도 않아서 더욱 그러하다. 사실 대충대충 넘어가는 것도 아름다운 처세일 경우가 많다. 특히 예술 분야에서 너무 따지고 분석하면 재미가 없다. 애매한 부분도 있어야 상상과 논박의 여지가 있어 재밌을 때도 많다. 사실 사는 이유는 재미있게 살기 위해 사는지도 모른다. 그래 웃기다가 자빠져 돌아가신 분을 존경하게 되는지도 모른다. 웃자. 감사.

세상 사람들의 공통적인 질문이 있다. "어떻게 살지."이다. 어떻게 먹거리를 구해 먹고 어디서 어떤 옷을 입고 어떻게 집을 마련하여 살지 하는 걸 게다. 즉 의식주의 문제가 가장 큰 문제다. 이를 개인이나 준거집단에 일임하는 사회제도를 취하느냐? 혹은 국가가 책임지고 공급하느냐에 따라 국가사회제도를 달리한다. 요즘은 세계 일부에서 이를 병행하고저 하는 움직임이 있다. 감사.

어느 공원 내의 푯말에 새겨진 말 "성공해야 행복한 것이 아니고 지금 행복해야 성공한 것이다."라는 말씀에 전적으로 동의합니다. 그 어느 순간의 어떤 행복을 꿈꾸고 있는지 모르나 그때까지 너무 삶에 지치고 피곤하다 못해 병들어 죽기까지 한다면 보통 문제가 아닙니다. 지금 작은 일이나마 잘하고 있는지? 제대로 가고 있는지? 우리의 삶을 진실로 돌아봐야 할 때입니다. 우선 자신의 건강을 돌보고 주변도 돌아보며 사랑할 수 있는 것부터 사랑합시다. 사랑해야 될 것부터 시작합시다. 준비됐습니까? 감사.

꽃 한 송이 건네며 "사랑해."라고 말하기 그렇게 어렵나? 세상 너무 진지하게 사는 거 아냐? 그 누군가 "사랑해!"라는 말에 꽃이 되는데, 당신에게 꽃이 되려 하는데, 왜 왜 말 못해? 평생 누군 이 말 한마디 못하고 세상 떠나고, 그 누군 이 말 한마디 듣지 못하고 세상 떠난다. 또 그 누군 이 말 한마디 위해 성공을 위해 매진하고, 이 한마디 듣기 위해 제 목숨을 건다. 감사.

흔히 스님들이 수행하며 사용하는 화두, 나의 수준과 정체성은 어떻게 보여지며 내 속에서 무엇을 봐야 할까. 나의 지금의 상태를 한 단어로 집약하면 어떤 단어를 선택하려 할 것인가? 이 단어에 정말 취하게 될까? 막상 진지하려 하니 준비 안 된 학생처럼 끙끙거린다. 이 인생의 이치를 깨닫게 하기 위해 난 어떤 말을 붙잡아야 할까? 감히 나를 들여다봄이 겁난다. 감사.

대화하며 자신의 말을 상대에게 설득시키고저 할 때 아리스토텔레스가 일찍 설파한 바와 같이 자신의 말이 논리적인가 상대가 나의 말을 들을 기분 자세가 되어 있는가, 또 내 삶이 상대를 설득시킬 수 있는 실천적 삶, 성실하고 정직한 삶을 살아왔고 상대가 이를 간파하고 있는가이다. 이런 심리와 상황 요건이 갖추어진 상태가 아니면 모든 작업은 헛된 수고로 시간 낭비일 뿐이다. 이를 아리스토텔레스는 설득함에 기본으로 로고스, 파토스, 에토스가 있어야 한다고 했다. 이에 로고스는 객관적으로서 설득, 파토스와 에토스는 설득시키고저 하는 자의 자세, 태도와 듣는 자의 감정, 기분, 지적, 지능적 수준에 맞게 해야 설득시키고 설득당한다. 감사.

세상이 악함을 논하는 것이 문제가 되는 것보다 내 속에 수시로 일어나는 분노며 악하고 나쁜 생각이 더 큰 문제다. 분노는 감정조절장애를 야기시켜 충동장애에 이르면 범죄를 유발할 수 있기 때문이다. 종교적으로는 악마 마귀의 활동을 저지할 수 있는 종교 계율과 실천 지침으로 영혼의 단련과 수양이 요구된다. 또 마음수양 정신치료 종교치료가 아니 되면 약물이나 수술치료 자극 물리치료 등에 의존해 보는 것도 한 방법이다. 마음과 정신을 구분하고 뇌와 정신활동의 차이와 관계를 유기적으로 이해할 필요성이 있어 보인다. 특히 행정이나 상담 등 전문 분야에서 일하시는 분들의 이러한 각성이 선행되었으면 더 좋을 듯하다. 감사.

　별을 보며 노래할 수 있는 젊음은 희망의 힘이다. 힘찬 에너지이다. 젊음이여 희망하라. 젊은이는 이 시대의 희망의 별이다. 늘 푸르고 기쁘게 살자꾸나. 그러나 인간 사회라는 곳에서 착하게만 살라고 권고하기 힘든 것은 청년 예수님같이 순전한 양 같으나 상대에게 보복의 두려움이 없는 자를 비겁하게 제물에 쓰임을 볼 때 착하게 산다는 것은 어쩜 어리석은 행위이며 악한 세상을 조성하는 조건일 수 있다. 예수처럼 살기를 원해도 따르기에 망설임은 소속된 작은 집단에서 이지매가 두렵기 때문이다. 이는 가정에서부터 학교, 직장 등에서 흔히 발견된다. 옛부터 종교 제물로는 예쁘고 착하며 보복할 수 없는 처녀 아이로 흔히 바쳐졌다.

　자식도 부모 마음대로 안 된다. 자식적인 시절에는 제멋대로 하고 싶어 하다가 부모가 되어서는 자식은 제 뜻대로 해 주길 기대하는 인간의 심리 참 이상하지 않은가. 인간은 이처럼 이기적이다. 이 계보들 좀 미련스런 인간이다. 감사.

'사랑하라!' 이 말을 여러 번 붓글씨로 쓴다. '서로 사랑하라!' 도 함께 써 본다. 세상에 사랑하는 맘 있으면 모든 게 금방 해결된다. 사랑은 만능열쇠이다. 왜 미워하고 시기하며 질투할까? 열등감 때문이다. 자신의 힘에 부친 것을 갈망하며 반사이익을 얻고저 함이나 남이 잘되면 오히려 상대적 박탈감을 느끼기 때문이나 추적하면 이것도 내면 깊게 잠재한 열등감에서 유래하는 경우가 대부분이다. 준거집단 내에서 우월적인 지위에 있는 사람이 상대적으로 외부의 시선에서 열등감을 느껴 군림하는 절대권능자라도 되듯이 변태적 폭력을 휘두른다. 이 준거집단에 잔혹한 폭력 행사의 제물 대상은 예측반항 불가형인 착한 인간형이 대부분이다.

안심입명(安心立命)— 마음을 편안하게 가져 몸을 지켜 보존한다는 것으로 모든 것이 마음에 달렸음을 알 수 있다. 마음심 자를 아침에 일어나 몇 번 붓으로 한지에 휘갈겨 본다. 잘 안 된다. 감사.

대도무문(大道無門)— 김영삼 대통령이 즐겨 쓰시던 사자성어이다. 큰길엔 문이 없다는 것이다. 사실 정치도 최고의 자리에 가면 횡포라 여겨질 정도로 멋대로 행하는 경우가 많은 것 같다. 스스로 겸비하면 스스로 도를 깨달을 것이다. 어쨌든 국민도 너무 시시콜콜 따져 대는 것은 옳지 않다 여긴다. 최고의 위치에서는 공개하기도 그렇고 공개해서는 안 되는 그럴 수밖에 없는 기막힌 사연이 어쩔 수 없는 이유가 있을 수 있기 때문이다. 큰길 가는 사람에겐 그에 맞는 참아 줌과 국민으로 합당한 대우도 할 수 있어야 한다. 감사.

커다란 스트레스, 마음에 한은 누구엔가 쏟아 놓지 않으면 병이 된다. 그러나 쏟아 놓게 되면 그것이 때론 나의 치명적인 약점을 노출해 놓은 꼴이기 십상이다. 이런 의미에서 비밀을 지켜 줄 사람이 필요하다. 그래서 이를 담당해 줄 친한 친구가 필요한지도 모른다. 답을 알면서도 '답, 답' 하며 답을 찾는 정말 답답해져 가는 우리 인생 길 아닌가? 감사.

장인적인 전문인이란 화룡점정(畵龍點睛)할 수 있는 능력이 있는 사람이다. 이는 마지막 점을 찍을 수 있는 재능과 능력이 구비되어 특정 분야에 살아 움직이는 듯 생명을 마지막 단계를 최종으로 마무리하며 당시 최고 수준으로 기능이나 품질을 최고 단계로 높여 작업을 할 수 있는 사람이다. 아자.

노래를 한다는 건 인간만이 할 수 있는 고도의 재능이고 능력으로 대단한 모습이다. 노래는 가사와 곡의 조화를 이해하는 것 만큼 그 자질과 능력이 표현된다. 이로 그의 성격 지식 기질을 탐색할 수 있다. 자신이 만드는 연출력과 자세는 그의 지혜를 가늠할 수 있게 한다. 모임에서 노래를 시키며 환호하는 것은 노래 부르는 그의 모습에서 많은 것을 추리해 낼 수 있기 때문이다. 아자.

새날이 밝아와도 이미 약속이 있고 그 약속을 지키기 어려울 땐 식은땀이 난다. 감사.

"당신을 사랑합니다." 어쩜 이 말은 죽기까지 들어도 좋고 죽어서도 듣고 싶은 말 아닌가? 다른 사람이 진정으로 사랑한다고 여겨질 때 그 감동과 감격은 어찌 표현하리? 사랑하는 자는 행복하다. 누구를 이 세상 살동안에 고백의 대상을 만나 사랑할 수 있다면 죽어도 여한이 없으리라. 사람은 진심으로 누군가를 사랑하려고 태어났다. 그 누군가에게서 사랑받고 있음을 확인하고 싶은 충동이 있다. 사랑받고저 태어났다는 말에 진실을 느낀다. 서로 사랑하기 위해 우리는 이 시대에 같은 공간에 인연으로 태어난 것이다. 그러니 우리 서로 먼저 지금부터라도 사랑하자. 감사.

약독의 무서움은 낮에도 그만 깊은 잠에 빠져 갇히게 한다. 새벽인가 했으나 저녁이다. 순간 새 아침과 헷갈린다. 시계가 아니었으면 착오로 다른 일을 하였으리… 아, 무서워라! 감사.

스스로 듣고 싶은 것만 골라 들으려 하고, 말하고 싶은 것만 말하려 하고 다른 이에게는 자신의 취향에 맞는 말만 하게 강요한다면 전혀 소통되지 않을 것이 분명하다. 이는 리더의 부재를 낳고 조직을 경색되게 할 것이다. 역시 리더의 자신감 없는 자세이다. 이는 주변을 완전히 우울하게 하거나 분노케 할 것이다. 감사.

어느 조각가는 듣는 듯 그 돌 속에 노애의 비명과 탄식을 드러내며 해방시켜라 외침을 듣고 찾아낸다. 생명들의 고함 소리 때문에 불면에 시달린다. 감사.

늦가을에 겨울바람이 샛길로 슬며시 스며들어 오면 호박꽃 지레 겁먹은 듯 누런 얼굴 황급히 드러낸다. 황금빛도 넉넉한 호박꽃 황금보다 넉넉한 풍모 흠모할 만하도다. 오곡 익어 가는 가을 들판 이미 탐스러운 풍성한 과일, 황금 벼이삭 너부러진 알곡들 보기만 해도 아름답고 풍성해지는 마음이다.

예수님은 문둥병을 치유하고 장님을 보게 한다는 등 치유하는 은사, 예언의 능력, 바다 위를 걷는 등 기적을 일으킴을 보여 주셨으며 부활의 궁극의 능력을 보여 주셨다는 데 있으나 요한에게는 말씀을 외치고 항거하는 능력은 보였으되 제자들에게도 뚜렷한 방법이랄까 순교의 당위성을 제시도 예언도 하지 않았다는 데 요한의 요절의 숨은 원인이 되지 않았을까? 동시대에 큰 인물의 출연은 최고지도자는 오직 한 명이어야 한다는 데 당시 제2인자였던 요한의 비극이 아니었을까. 그러나 자신의 위기에는 마땅히 대처 능력을 보여 주지 못한 것이 정치인과 다르다면 다른 점이다. 인간 사회에서 최고 지도자는 한 사람이어야 한다. 스타 교체다.

꽤 지식이 있는 사람조차 생각하기를 귀찮아 하는 현대인들… 사유와 생각이 힘이 되는 줄 모르는 사람들… 어떤 꿈도 갖지 못하는 청년… 실패에 대한 부담으로 도전을 두려워하는 분위기에 휩싸인 사람들… 그 누가 사명인이 될까. 제 목숨을 던져 가며… 이 시대에 아름다운 예수, 세례 요한을 닮은 젊은이 지금 어디 있는가? 스스로 이 시대의 제물이고저 나서는 이 그 누구일까? 천국도 귀찮다고 여기며 잠자는 사람들… 천국을 확신하는 선지자, 성직자도 만나 보기 쉽지 않은 시대에 산다. 감사.

특히 장로교회에서 장로의 강단 강의를 개척하는 분야로 영어 성경, 일본어 성경, 중국어 성경 등을 강의하는 것과 같이 여러 나라 선교를 위한 언어교육이나 교회사와 선교사를 정리하는 일, 기도를 분류하고 기사화 시키는 일 등 아직도 교회 문화, 종교 문화를 비교 연구 등 개척할 것이 많다. 방언 연구 등도… 같다. 아자.

미래를 준비하며 살아야 하는데 지금이 좋아 이대로 살기 원하는 이 많다. 미래에 잘 살기 위해서는 현재 준비하고 할 일이 많다 보니 자꾸 쉬고 싶은 것이다. 어쨌든 과학 문명의 급속한 발전은 우리를 끊임없이 현장 적응과 과다 경쟁으로 내몰고 있다. 이에 따라 정치, 경제, 문화, 환경도 돌발적으로 변화되는 추세다. 작은 나라와 힘 없는 약소국가들의 대응이 힘겹게 느껴질 것이 뻔하다. 감사.

현실적인 자기 입장을 정해 놓고 얘기하다 보면 보고 싶고 말하고 싶은 것에만 관심이 가고 듣고 싶은 것만 듣고 싶어진다. 이렇게 하면 바른 상식에 근거한 양심의 소리를 듣기 어렵다. 이것도 습관적으로 한 편의 편향적인 견해일 뿐이다. 또 편견없이 판단하고 실천하는 것이 얼마나 어려움이 많은가를 여실히 보여 준다 할 것이다. 사실 현실을 너무 강조하다 보면 미래에 대해 변화나 발전적인 방안을 강구하며 현실적으로 실천하기 너무 어렵게 한다 하겠다. 감사.

　어쨌든 예수와 세례 요한인 이들은 당시 정치권력인 로마 권력에 대항하는 자로 이해됨직도 하나 요즘 평가로 실은 전통 유대교의 종교적 풍토에 반기를 든 종교혁명을 외치는 자로 평해도 좋을 듯하다. 이로 볼 때 반종교 활동에 대한 박해와 기득권층의 시기심과 이권 지키기에 희생된 젊은 풍운아들이라 할 수 있다. 당시 요한은 목이 베이고 예수는 최고 극형인 십자가에 죽임을 당했다는 것은 권력층의 반감과 선지자의 외침의 그 한계를 느끼게 한다. 이는 다시 말해 군중이 깨어 일어나는 진리와 자유롭게 풀릴 의식으로 인해 저항할 옳은 말의 무서움과 그 반기류에 권력자와 기득층의 두려움을 감지케 한다 할 것이다. 감사.

　세례 요한과 예수는 무엇이 닮고 무엇이 다른가? 둘의 생애를 비교하면 재밌을 것 같다. 요한은 들판의 석청을 먹으며 절제의 생활에서 금욕주의자로 일방적으로 하나님의 말씀을 선포하고 외치는 것을 주로 하며 스스로 군중도 오는 자, 따르는 자, 듣고저 하는 자에게만 전하여 나를 따르라고 지도자의 위치를 스스로 자리매김하지 않고 믿고 따르는 자들이 선지자라 불러 주기를 바랐는지 모른다. 그러나 자발적으로 따르는 제자는 그리 많지 않은 듯하다. 그러나 예수는 제자를 찾고 불러 세우며 따르게 하였다. 이들을 앞세워 군중도 반은 조직적으로 모은 듯하다. 예수는 제자들과 군중과 먹고 마심을 자주하여 대중 친화적이라는 데 있다.

가족과 화해하는 법을 익히지 못하면서 남북통일을 얘기하며 글을 쓰고 시를 짓는다는 건 얼마나 모순된 일인가? 그래도 통일을 위해 노력하고 싶은 건 또 뭐냐? 나는 이 혼돈이 현실이라 믿는다. 남북통일이 되도 갈등은 있을 것이고 더 심할지도 모른다. 그럼에도 불구하고 통일을 주창해야 되는 것은 이것만이 우리의 살길이고 최소한의 평화라도 후세가 누리게 하도록 하고 싶기 때문이다. 즉 사회 시스템이 중요하다. 이는 이념을 공유해야 하는데 남북통일에 대한 마땅한 이념을 창조하고 있는가? 그렇지 않다면 기존에 존재하는 이념 중에서 골라야 하는데 이 작업은 착실히 진행되어 있는가? 남북은 함께 묻고 스스로 답해야 한다.

지금은 종교의 환경이 급속히 바뀔 수 있는 적절한 사회적 환경이다. 미래 우리 사회는 어떤 종교를 택하게 될까? 목사님들, 목사님들의 사명이 큽니다. 특히 지도자 큰 교회의 담임 목사님의 사명의식과 실천이 요구된다. 전하는 의무 외에 몸소 실천하는 능력이 일반인이 바라는 능력이다. 자신이 믿지도 않은 신이나 그 계명을 전하기만 한다면 그를 거짓 선지자라 할 것이다. 믿어지면 전하지 않을 수 없다. 이런 거짓 행위는 사기다. 이 땅에 지난 순교자의 피가 헛되지 않게 말씀 실천이 요구된다. 성직자의 부흥회는 없을까? 기독교에서 예수 부활과 천국에 대한 실재적인 확신이 없다면 성직을 맡기엔 적합하지 않다 할 것이다. 감사.

겉은 온화하나 사랑도 없고 미움도 없는 사람, 사랑의 실천엔 게을러 활력이 없어 보이는 사람, 진실과 사랑의 증언에 무감각하고 그저 무던한 사람으로 여겨지는 사람, 좋은 사람이라 평판이 없으나 누구에게 큰 미움도 받지 않은 사람, 어리석다거나 지혜롭다거나 자리매김할 수 없는 사람은 물에 물 탄 듯 술에 술 탄 듯하는 사람이다. 신의 사명도 못 느끼고 악마의 유혹도 느끼지 못하는 사람은 도대체 어떤 사람인가. 살았으나 죽은 사람과 얘기하게 느껴지는 사람 이들은 누구인가. 사실 우리가 닮고자 하는 사람 아닌가. 감사.

예언의 능력은 초능력에 속한다. 이는 일반인은 도무지 이해할 수 없는 영역이지만 당사자에게만 부여된 각별한 능력이 있는 것으로 여겨짐은 선지자 격인 예언의 능력이 있다고 여겨진다. 즉 무당이 점치는 일과 유사하나 마술사가 마술을 하는 것과 다르다 할 것이다. 감사.

인간 신경망의 연결이 잘 되어 있어 그 신경 가속성이 뛰어나서 예측에 대한 능력이 뛰어날 때 지능이 좋다고 하고 말하거나 듣거나 외우거나 보거나 하는 능력이 각별하여 기억 재생 능력이 탁월하거나 시각적 감각이나 상상과 환상의 확산과 그 판단 능력을 구가할 때 천재적 지능을 가졌다 한다. 이는 자신의 재능을 확인하여 놀라운 능력을 발휘하게 된다. 그러나 유리겔라같이 숟가락을 쳐다봄으로 휘게 한다든지, 바라보면 유리가 깨진다든지, 물체가 움직이게 한다든지 하는 것은 의사도 못 고치는 병을 말이나 만져서 치유한다든지 하는 것은 초능력을 가졌다 한다고 말한다. 일반적 예측은 지능과 지혜의 일반적 연결 개념이라 할 것이다.

사회의 분위기가 억압되어 조여 오는 현상이 있을 때 심리적인 해방을 위해 무언가 스트레스를 풀어 줄 얘기나 사건을 필요로 할 때 믿고 싶은 얘기를 임의로 만들거나 조작하여 알리고저 하는 자가 믿고저 준비된 사람에게 던져지는 얘기가 가짜뉴스이거나 유언비어라 할 수 있다. 이런 의미에서 가짜 거짓 정보가 주변에 뒹굴러 다닌다는 것은 불안정한 사회현상이라 할 수 있다. 아자.

착한 일도 해 봐야 선한 생각을 이해할 수 있다. 미쳤거나 바보에겐 분별력조차 없어 판단을 못하니 하는 짓마다 나쁘거나 제 먹을 것만 제 할 것만 생각하고 심지어는 귀가 얇아 쉽게 악한 일에 휘말리기 쉽다. 이런 상황에서 주변에 어리석은 사람으로 꽉 차 있으면 지식과 지혜도 비록 선한 싸움이라 할지라도 쉽게 한계를 느끼게 된다. 현명한 자여 이런 경우 몸을 피하여 신발에 먼지를 털어내며 그곳에서 즉시 떠나라. 복이 있을 것이다. 감사.

선악설은 아니더라도 악마는 결코 죽지 않고 다만 잠시 사라질 뿐이라는 것, 이것이 불안의 요인이다. 또 악마는 돌아와 보복을 시도하기도 한다. 더 교활한 방법과 친절한 설득으로 말이다. 선한 일에 서기 위해서는 악과 맞서 싸워야 하나 그저 안전 추구, 갈등 피하기 등으로 때론 평화의 이름으로 무사안일함과 친선의 이름으로 악과 휴전상태로 마냥 이끌려만 가기도 한다. 악은 결코 죽지 않는다는 사실이 우리를 경악케 한다. 살아 있는 동안은 악과 싸워 이겨야 하나 견뎌 내기조차 벅찬 악의 힘에 선한 당신의 유일하신 신 창조주 여호와에 기댈 수밖에 없다. 이 확실하게 사랑받음과 믿음에는 확고하고 변치 않을 소망과 믿음이 요구된다.

앞에 사막이 전개되어도 해변이나 강변이 있는 곳을 찾아 걷거나 자주 오아시스나 샘물 있는 곳을 자주 만나면 험한 길도 좀 쉽게 갈 수 있으리라. 세상엔 와일드 경기처럼 거친 앞길을 걸어야 하는 사람, 큰 어려움 없이 주변의 도움을 받거나 여러 조건이 탁월하여 쉽게 헤쳐 나가는 사람 어느 것이 좋냐 하는 것은 그의 가치관의 문제일 뿐 인생엔 정답이 없다. 생이 끝나면 신은 공평하다고 토로하게 되는 것도 이 때문이리라. 감사.

한 인간이 제 시각 세상에 출생한다는 것, 엄청난 일이 아닌가. 한 사람이 이 세상을 급속히 발전시킬 수도 파멸에 이르게 할 수도 있기 때문이다. 한 사람 한 사람 모두가 신의 아들이다. 저마다 많은 능력을 갖고 세상에 태어났다 할 것이다. 이 많은 사람의 능력을 연결시켜 극대화시킬 수는 없을까. 어쩜 세계의 발전과 평화 그리고 사랑이 가득한 사회를 이룰 수 있을 것 같기도 한 이 길. 감사.

스스로 깨우쳐야 제것이 되는 화두처럼… 그 무언가 제 손으로 일구지 않으면 도둑질당하기 일쑤다. 모두 아는 얘기지만 세상에는 공짜는 없다. 감사.

좋은 것이고 누구나 이것에 함께하면 좋을 것 같은 느낌은 지식이거나 정보에 속한다. 큰 깨달음이란 자기 힘으로 자기에게 집중하고 적용하며 자신을 변화시킬 수 있는 힘이 있을 때야 큰 깨달음이다. 이것이 참 깨달음인 진각이다. 감사.

시를 짓게 되는 경우란 몸보다 마음이 더 아픈 것 같은 느낌이 있을 때, 분노와 후회가 뒤범벅일 때, 위로와 용서, 사랑이 그리울 때와 누구엔가 부르짖으며 외치고 싶을 때 그리고 내가 나에게 다독이며 위로하고 싶을 때 시를 짓게 된다. 쉽게 강림하듯 내게 오는 시— 뜨거운 사랑으로 품으면 시가 되는 이 시인은 얼마나 행복한가. 하늘에서 메추라기 떨어지듯 하는 양식— 시는 영적 양식처럼 하늘에서 주는 선물이라 공짜다 할 것이다. 아자.

믿음은 기적의 토대이며 신비한 능력을 일으키는 도구이다. 믿음엔 믿을 수 있는 것— 논리적이거나 합리적인 것, 상식적인 것, 과학적 지식처럼 이미 검증된 것을 믿는 것은 믿어야 되는 것을 믿는 것이고, 믿을 수 없는 여타의 논리는 영적으로 믿든지 믿을 수 없는 것이라 해도 무조건 믿어 주는 것이다. 이런 믿어지지 않을 것 같은 것에 대한 믿음이 환상의 세계요 꿈의 세계이다. 여기서 대개 많은 기적이 일어난다고 하는 데 의미가 있다. 감사.

그림 그리기나 시 쓰기는 나의 정신적 치유의 도구다. 시와 그림 그리는 것이 나의 정신적 치유 도구가 아니었으면 정신이상 증세로 벌써 미쳤을 것이다. 어쩜 죽어 있을지도 모른다고 여겨진다. 무슨 죄 때문에 악마는 나에게 욕망으로 시험하며 우울 속에 절망의 늪에서 허우적거리게 하는가. 이것도 사치스러운 생각이다. 어떤 이는 가장 행복해 보인다고 한다. 이 소리 저 소리 들어가며 고민하는 것도 어쩜 호사다. 이미 사람이나 나라나 이 미지의 세계에 홀로 내동댕이쳐진 존재들이다. 어찌할 것인가? 이 모든 문제도 자유의지에 달렸다는데… 이것이 정신적 의지에 관한 것인가. 뇌기능의 약화에서 오는 뇌질환인가. 글쎄? 감사.

헤르만 헤세의 데미안의 내용처럼 알에서 튀어나와야 할 땐 알을 깨야 한다. 알은 기존의 틀이요 질서다. 변화를 꿈꾸는 자 기존의 틀에서 벗어나야 한다. 벗어나기 위해서는 벗어나야 할 이유와 그 지식을 갖고 있어야 하며 그 구조의 틀을 부술 수 있는 자신만의 힘이 있음을 확인하고 작동할 수 있는 때를 잘 골라서 도전하며 벗어나야 한다. 어린 새가 알에서 나와 바로 날 수 없듯이 자신의 능력을 과신하며 시도하다간 죽음에 이르기 쉽다. 감사.

거룩은 우리의 양심을 회복하는 영양제이다. 거룩한 생각만으로도 어느 정도 나쁜 생각이 중화되고 제어됨을 느끼게 된다. 거룩은 신을 의식하는 용어이고 사랑이 깃든 희망의 언어다. 감사.

말귀, 글귀를 이해한다는 것 쉽지 않다. 예수님은 비유로 말씀하셨다고 하지만, 이 참 진실을 꿰뚫고 파악하며 이해하는 분이 얼마나 될까? 대개는 직설적인 앞 말에 대해 돌직구 같은 말에 흥분하고 분노하는 일이 대부분 아닐까? 이런 면에서도 대화와 소통에 있어 어려운 점이 많다 하겠다. 농담과 진실을 이해 못하고 한 단어와 몇 마디에 함몰되어 다 들어보지 않고… 오해하는 일이 얼마나 많은가? 우리말은 끝까지 들어보고 판단해야 하는 경우가 많다. 감사.

사노라면 불길과 물길 어디서 터질지 몰라요. 세상만사 지켜봐야 해, 언제든 도움받을 준비해야 해. 그 누가 홀로 세상 견딜 수 있을까. 사방엔 적군들이 쳐들어 온다. 도둑들이 지켜본다. 허약한 자 견디기 어렵다. 휴일에 터진 기름저장소의 화재 안전 불감의 원인 아닌가? 6.25 한반도 전쟁을 비롯하여 많은 사건들이 안전에 대한 부주의와 제조치의 불감에서 온다. 다시 정신 차리자. 감사.

어둠이 거치는 순간을 하루의 시작으로 볼 것이냐, 빛이 사라지고 어둠이 시작하는 순간을 하루의 시작으로 볼 것이냐, 아니면 한밤 어둠 속의 중간을 하루의 시작으로 볼 것이냐, 한낮 빛이 있는 시간 그 중간을 하루의 시작으로 볼 것이냐가 큰 고민이었을 어떤 시기가 있었을 것이다. 나라, 민족, 지역마다 달랐을 이런 기준에서 우리는 기준을 어떻게 설정하느냐가 매우 중요했으리라. 매사 각자 자신의 기준으로만 얘기하는 이 습관, 어쩜 무식이요 무도이다. 감사.

시장 물건 다 가지라 해도 혼자 못 먹어, 나눠 주기 힘들어 가만두면 썩어 냄새 진동해 어찌할 것인가. 그거야 필요한 만큼 먹고 다른 사람 주면 되지 주는 것도 힘들어. 먹고 싶은 사람, 갖고 가고 싶은 사람에게 던져 주면 속편하고 칭찬받고 얼마나 좋아. 세상 너무 많이 가져도 짐이라는 사실과 하루의 식량으로 족함을 아는 것. 이것이 지혜다. 아자.

우리의 세계는 물질의 세계이지만 반물질도 있다. 인간이 관측하며 추정되는 1000조 개의 별이 어느 순간 함께 사라지는 신비의 우주이기도 하다. 블랙홀, 화이트홀 무수한 천문학적인 우주의 이론과 논리는 먼지 같고 아침 안개 같은 것이 사람임을 실감케 한다. 감사.

사람이 사람을 무시하는 경우는 어떤 경우인가? 어떠한 보복도 없으리라는 확신이 있거나 여타 힘으로 제압할 수 있을 때와 반응없는 물체에 대해 두려움이 없을 때 무시한다. 어떤 정의나 윤리나 도덕적으로 기준 이하라 여길 때 인간의 가치로써 인정할 수 없다고 여길 때 대상을 무시한다. 뭘 모르는 바보라 여길 때와 좌우 위아래를 구분하지 못하는 미친 사람으로 여길 때 무시한다. 제 능력보다 호화를 누려도 다른 이의 위세에 휩쓸려 중구난방 까불어 댈 때 무시한다. 감사.

사회적인 자기 좌표에 대한 인식이 없이 그리고 상식적인 인식과 공유하는 지식없이 무엇인가 설명하려는 것은 깊은 산속 혹은 광야에서 홀로 짖어대는 뭇 짐승과 별 다름 없다. 감사.

낯선이가 내 집에 자리펴고 있을 때 얼마나 당황스러운가.

🍃

난 누구인가? 어떻게 인식되어지길 원하는가? 감추워진 자신의 이미지는 무엇인 줄 아는가? 스스로 묻고 대답하기를 자주해야 한다. 수시로 허무를 느끼는 허무주의자. 자주 희망의 편에 서려고 하는 희망지향주의자. 수시로 왔다갔다를 반복하는 편의주의자 아닌가? 감사.

🍃

타인을 무시하며 무조건 자신의 말에 따르기를 강요한다면 그는 홀로 영리한 듯하나 타인의 시선엔 교활한 바보이다.

🍃

글을 보아 읽고 감동해도 혹 진솔하다 여기더라도 단정적으로 진솔하구나 경탄하지 않는 시대에 산다. 그저 진솔하게 보일 뿐이다. 참인지 거짓인지 알 수 없는 시대에 사는 그럴듯한 가상의 현실인 양 소설 속에 살듯 사는 건 아닌지… 현실은 확신이 부재한 시간의 현장인지 모른다. 그 어디에 진리가 있는가? 단지 너의 진리 나의 진리만을 독백할 뿐이 아닌가? 감사.

🍃

노벨문학상이 미투운동의 여파로 내년으로 연기되었다는 소식인데 이 무슨 황당한 이유인가? 싶다. 어쨌든 황당하다.

타인에게는 언제나 도사처럼 선지자처럼 화끈하게 얘기해도 자기 문제에는 누구나 가장 모르는 미래에 대한 예언이며 자신에 대한 판단이다. 자신을 판단하는 일은 왕후장상이 따로 없고 이를 다시 일반 평민 백성에게야까지 물어 무엇하랴… 같은 흠이라 해도 자신의 것은 티끌로 보이고 다른 이의 흠은 들보로 보이니 신기하다. 스스로 자신의 흠은 들보로 여겨 먼저 보고 스스로 겸손해지는 일이 누구에게나 쉽지 않은 일인 것이리라. 감사.

흘림 기법으로 그림을 그리니 처음은 그럴듯하다가 나중엔 버려야 할 그림이 되었다. 이를 다시 부분을 사진 촬영하니 이것이 웬거야 싶게 어떤 건 그럴듯해… 세상만사 전체로 보면 아무 쓸모 없는 듯해 보여도 부분 부분 살피면 쓸 만한 부문도 혹 생길 수 있다는 것이다. 사람도 어떤 건 별 볼일 없이 느껴져도 가만히 살피면 인정할 부분이 있기 마련이다. 난 아직도 너무 많은 것을 상대에게서 원하고 있지 않은가? 살펴볼 일이다. 간혹 어떤 기대를 포기하면 행복해진다. 감사.

어둠을 풀무질로 밀어내며 그림을 시작한다. 갈붓에 대한 추정을 해 본다. 더 거칠고 더 강하게 한지를 자극했을 그 느낌을 상상하는 것으로 오늘 하루의 벽을 연다. 문학이란 무엇인가. 얘기다. 얘기란 무엇인가. 현실의 설명이거나 과거의 일어난 것을 기술하거나 앞으로 일어날 수 있는 이러저러한 일들을 엮어서 섞고 합하여 상상과 환상을 융합하여 창조적으로 그럴듯한 얘기를 만들어 내는 작업이다. 간단하게 기사화할 수 있는 것마저 살과 뼈를 만들어 가며 길게 서사화하는 일들이 결국 여러 장르에 속하여 문학의 양태를 만든다 할 것이다. 아자.

새벽은 어둠의 벽을 부수며 빛이 밀려오는 때이다. 맥없이 허물어지는 시간의 벽은 어둠에서 빛의 세계로 순간 이동시킨다. 빛은 생명에게 깨라고 명령하는 시간 산 자들의 의무 근무시간이다. 감사.

희망의 언어를 새기며… 어려운 철학적 문구를 어려서부터 생각하면… 어른이 되어서야 인생의 철학적 명제를 화두로 여기며 인생의 키로 삼고저 하는 사람끼리라도 결국은 사고의 깊이와 폭이 다를 수밖에 없을 것이다. 감사.

원천 무효에 해당하면 심의고 판결이고 어떤 결정도 내릴 수 없는 상황에 직면하게 된다. 인간사 결국 헛된 일인데 그 무엇 핏대를 세우며 주장할 게 무언가 싶기도 하다. 그러나 현실은 목숨이 있는 한 최선을 다하라는 거부할 수 없는 명령을 하고 있다 할 것이다. 감사.

하나님께서도 인간이 도움을 요청하지 않고 거부한다면 신도 그에게 도움을 줄 수 없다. 도움을 거부하며 노예처럼 도와주고 의사처럼 치료하며 순전한 연인처럼 보살펴 주기를 갈구하는 사람들… 그 도움 어디서 올지 구경하고 싶다. 스스로 도울 수밖에 없지 않을까? 일상적으로 쉽게 일어나는 분노, 토하는 화냄이 모든 것을 허물어트린다. 감사.

9

알고 있다지만 그림을 그리면 자기도 모르게 자신을 그리고, 시도 자기에 함몰되어 글로 긁적이는 자기 정체의 노출이라 여겨진다. 그러나 자기에게 익숙해질수록 너무 모르게 되는 것이 제 인생이다. 도사도 자기 점은 못 친다는 얘기가 있지 않은가. 뭐 좋은 일이 항시 일어나겠는가. 위기 때 피할 방법을 발견하는 일이 지혜인 것이다. 자신을 제대로 아는 사람은 없다. 선생인 척하지만 자신이 위험부담 없이 떠벌릴 수 있는 자리이다. 당사자가 되어 행동하면 상처와 부상과 질병과 심지어는 모든 모욕을 심지어는 죽음마저 감수해야 한다. 죽음이 떠오르면 본능적으로 피하고저 한다. 이 세상에 죽음보다 더 무서운 것이 있을까? 감사.

밤늦게 웬 전투비행기 같은 괴음. 기분 이상해! 아, 국군의 날이 다가오고 있다. 국가안보 매우 중요하다. 그간 안보를 소홀해하지 않았는지? 돌아봐야 한다. 오늘 무슨 날인가? 추석연휴 끝나 새로운 날 시작되는 날 아닌가? 시를 짓는 일이 만만하지 않듯 시집 출판 또한 더 어렵다. 한도 끝도 없을 것 같은 작업이다. 감사.

뭔가 빠진 듯 혹은 잃은 듯… 웬지 하루의 시작은 두렵다. '열라' 라고 시집 제목을 잡아 놓고 붓을 잡고 쓰니 떨린다 떨려. 감사.

한가위 보름달이 가을밤을 밝힌다. 밤은 조용하고 도시도 아직은 조용한데 고속도로는 더욱 붐빌 듯하다. 조용한 밤이지만 하나님과 자기를 있게 한 뭇 조상들에게 진심으로 감사함이 있을 때에야 예의범절이 중요하게 여겨진다. 청명한 오늘 하늘이 보기 참 좋다.

나의 이름을 거룩하게 하자! 내가 좋아하는 게 무엇인가? 생각하고 생각하자! 내가 진정 하고 싶은 일은 무엇인가? 나의 사명은 무엇인가? 하나님께 묻자? 매일 일용할 양식만 생각하다가 이 세상 준비없이 떠날 작정인가? 곧 죽게 됐는데 세상 걱정 많고 얼굴은 더 사납고 험해져 가는 사람을 보면 답답하지만 스스로가 비웃음거리가 되고 있음을 정작 모르니 더 답답하다. 평소 죽음도 연습이 필요하다. 사람이 죽음 앞에서는 선해지지만 꼭 그런 것도 아니라 생각된다. 감사.

사랑은 세상의 기본이다. 사랑 없는 세상, 세상은 이미 지옥이다. 누군가 사랑하기에 그곳에 희망을 걸고 닮으려는 시도가 있기에 이나마 버티는 것이다. 죽어서 가는 천국보다 살아서 느끼는 이 세상 천국이 더 좋다. 가 보지는 않았지만… 굳건히 믿컨데! 감사.

누군가 미워져 증오하게 되면 오해를 해서라도 그에게서 흠과 결점, 죄상을 찾게 되고 긁어내고 싶어한다. 감사.

성묘길 조카와 단 둘이 갔다 오면서 어쩔 수 없이⁽?⁾ 대화를 그렇게 오랫동안 단둘이 하기는 조카 나이 48세이지만 처음이다. 여러 얘기 속에 서로의 얘기를 하면서 소통이란 이런 거라고 여겼다. 오래 함께 시간을 가짐도 중요하지만 속 얘기를 얼마나 할 수 있고 들어주느냐에 따라 만족도가 달라지는 것이다. 우리는 짧게 얘기하고 나의 많은 일들을 바로 눈치 채어 주길 원하는 건 아닌가. 보통 사람이야 상대를 점쟁이 말하듯이 지식도 예감 능력도 없는데 바로 알아채리기를 기대하는 것은 그 사람이 어리석은 것일 것이다. 많은 시간 여러 얘기를 주고받으며 서로의 속사정을 알게 되게 해야 한다. 이는 여러 가지를 반성케 한다. 감사.

아무리 절규해도 듣지 않는 것은 그것이 정의롭거나 논리적이거나 합리적이 아니어서가 아니라 감당하기 벅차고 그래 스트레스를 가중시키고 짜증나게 하는 경우가 대부분이어서가 아닐까 한다. 사람들은 보통 편하고 생각없이 살아도 좋은 평안함을 원한다. 좀 불편해도 어느 정도 강제된 평화라 할지라도 먼저 안정을 욕망하는 것이다. 건전하고 건강한 평화일수록 더 정의로운 사회이기도 하고. 이것이 깨어 있는 자의 끊임없는 삶의 투쟁의 이유이기는 하다. 감사.

대체 안 되는 하루는 하루다. 하루는 누구에게나 공평하다. 감사.

극과 극은 통한다는 말이 있다. 가장 믿어야 할 사람을 가장 경계해야 될 대상이 될 수 있음을 말한다. 가장 사랑해야 할 사람을 가장 증오해야 될 경우가 있다는 말이다. 이것이 사람의 판단을 헷갈리게 한다. 매사 지혜와 통찰이 필요하다. 정답이 없는 세상사 정답이 있는 양 떠들어 대는 것이 인간사다. 어려서부터 자기 힘을 확장하고 강하게 하는 일 타고남 못지않게 중요하다. 아자.

변해야 할 것이 변하지 않고 변하지 말아야 할 것들이 변할 때 억장이 무너짐을 느낀다. 사람도 세월이 흐르면 직책과 직위에 따라 변해야 하지만 늘 철부지처럼 보인다던가 본다면 이것도 혼돈이다. 그러나 올 추석엔 누구에게서나 그에게서 희망을 찾아낼 수 있기를 기대한다. 아자 파이팅!

선악과를 먹고 선악의 분별을 하며 부끄러움을 알게 될 때, 신은 인간에게 가죽 옷인 패션을 주셨다. 옷은 인간을 위해 신이 손수 선택케 한 신의 선물이라고 할 수 있겠다. 부끄러움은 벗은 맨몸이다. 드러나는 마음이다. 마음조차도 드러나지 않을 때 지혜라 할 것이다. 마음에도 옷이 있어야 하는 건 아닌가. 세련된 예의가 그것일까? 감사.

사람이 거룩함을 추구할 때만이 고상하고 우아해진다. 사람이 정직하고저 하는 정신적 의지와 단아하게 제 몸 가꿈이 있을 때 일반적으로 따르고 싶다. 반짝이는 눈동자 자애스런 몸자세, 그곳에 지도적 카리스마가 탄생하고 있다. 아자.

마태복음 10장 36절 "사람의 원수가 자기 집안 식구리라" 이를 불교에서처럼 제 인생에 '화두'인 양 여기고 평생을 이 문제에 매달려 보면 어떨까 생각해 본다. 사랑의 대상이고 그 목표일 수 있는 식구가 왜 적이 되어 서로에게 협력자가 되지 않고 서로 시기하고 질투하기를 남보다 먼저 하며 양심은 있어 왜 스스로를 괴롭힐까? 인간의 원초적 본능에 대해 생각해 볼 일이다. 감사.

　개인이나 나라나 우주에 던져진 존재이며 그 신세는 미아다. 스스로 돌봐야 하는 운명인 것이다. 그 누가 도움을 줄까? 그 도움 하늘의 도움뿐 아닌가? 세상의 그 누구도 배반을 의심하지 않아도 좋을 인간은 세상에 없다. 감사.

세상은 사랑이 문제다. 사랑을 어떻게 정의하며 사느냐에 따라 그의 삶의 질이 결정된다 할 것이다. 감사.

진실로 사랑한다고 하는 것은 다른 모든 것의 우선순위에서 제일로 치는 것을 말한다. 마지막 하나 그 하나의 존귀를 위해서이다. 위기가 닥쳤을 때 처음으로 챙기고 싶은 존재가 사랑하는 사람이다. 경외하고저 하는 자를 위해 자신을 위해 기타 다른 것은 기꺼이 포기할 수 있어야 한다. 이는 두 사람을 동시에 사랑한다는 것은 불가능한 것임을 일깨운다. 감사.

짧게 짧게 더 짧게. 이거 하라는 얘기야 말라는 얘기야. 고삼석입니다. 다 알고 있는 걸까? 내가 말하려는 것. 없어도 좋다는 징조인 듯. 잔소리로 들린다 이거지. 이제껏 잔소리로 들렸다 이거지. 이제 떠나 주어야 할 때다. 감사. ㅎㅎㅎ.

어제 북쪽 개성에서 남북공동연락사무소가 개소되었다는 소식이다. 이는 민족사적으로 환영하며 반길 일이다. 이어 제3차 남북 정상회담이 열리면 통일에 한발 더 가까이 가게 되는 것이라. 한 걸음 한 걸음 차분히 주변 국제정치 환경도 살피며 남북이 주도적으로 큰틀을 만들어 가기를 기대한다. 남북 관계만큼은 역대 정권에서 최고로 잘하고 있다. 매우 기쁜 일이다. 계속 앞으로 나가라. 감사.

리더십이 훌륭하게 관철되기 위해서는 오피니언 리더들을 목표를 잘 이해시키며 다독이고 추진하는 것이다. 특히 민주주의사회에서는 현장의 하부구조의 사람들을 격려하며 불만을 줄이고 적게 하는 데 있다. 할 수 있는 데까지 시대 환경에 어울리게 복지를 증진시켜 줄 수 있어야 한다. 감사.

타인과 만날 때마다 증인이 필요한 여인과는 데이트를 삼가해야 한다.

세상 보는 눈이 난조현상을 일으키며 헷갈릴 때… 침묵이 약이 아닐까? 그 침묵이 무지에 가깝던지 혹 사유의 난맥을 드러내는 것이라 할지라도… 세상 모르고 사는 것도 때론 복이다. 감사.

주변 간섭 없이 제 방법대로 살기 원해도 하루 삼시 세끼도 세상 의식하며 주변인 눈치보며 해결해야 하는 것이 현대적 삶이다.

호기심과 성취하고픈 이상이나 욕망으로 흥분하지 않고 그 무엇 이루랴⋯.

❀

안개 속을 헤치며 날으는 산새 골짜기 시냇물 졸졸 흐르는 농촌 마을 어귀에 들어서면 새벽이면 어김없이 장닭 홰치며 하루가 시작되는 아침. 도시는 자동차 전조등과 경적이 지하철의 진동이 아침임을 알린다. 감사.

❀

태어나면서 명석한 뇌나 특이 분야에 독특한 뇌 구조를 지녀 알 수 없는 분야에서 새롭게 뛰어난 재능을 보이는 사람이나 하늘의 영감으로 알 수 없던 영역에 새로운 비전을 제시하는 능력이 드러나는 사람을 우리는 천재라 한다. 꿰뚫어보는 직관이나 선지자처럼 예언하는 능력을 보이는 지혜자를 하늘의 재능을 지녔다 하여 천재라 부른다.

❀

이제 여름 속에 가을인 듯 밤바람에 열기가 사라진 듯하다. 찬얼음 커피를 마시니 기침을 한다. 올 단풍은 한 열흘 늦을 듯하다는 뉴스다. 바람에 코스모스 흔들리듯 흔들리고 싶은 계절이다. 감사.

❀

생물학적으로 타고난 대로 사는 게 좋다. 이미 개로 닭으로 태어나서 늑대나 갈매기로 살기 원하는 개와 닭의 불행, 있는 그대로 감당하며 살아야 하는 거 아닌가. 그러나 꿈인들 못 꾸랴⋯ 후에 꿈꾸는 자의 절망은 어쩌란 말인가? 감사.

예수님처럼 살다가는 3년도 못 살 것 같은 예감에 목사의 길 마다하고 딴 길을 갔다. 사실 목숨 하나 건지려 했는데 그 어느 것 하나 쉬운 일 없다. 사실 모든 게 무엇인가 이루려 하면 제 목숨을 걸어야 한다. 옛날에 바보인 줄 모르는 바보와 지가 바보인 줄은 아는 바보가 한집에 함께 살았데요. 그러나 사람들을 모두 바보라 그랬다. 나 뭐라 나… 감사.

뉴스, 치료약 없는 메리스 재등장. 함께 조심해요. 아자.

총알보다 빠른 세월이다. 어 어 하는 순간 한 달이 가고 일 년이 가고 10년이 간다. 장례식에서 그 누가 허무를 느끼지 않으랴… 그러나 절대로 자신은 죽지 않고 버티리라고 다짐을 하고 있지는 않은지… 오직 자신만이 예외의 영생을 경험하게 되길 기도하는 건 아닌지. 원하는 바 기도하는 대로 되시길… 석양은 항상 아름답지 않다. 비 온 후나 구름 많은 날 그리고 태풍이 지나간 그날 저녁 황혼이 아름답다. 감사.

술집 여인의 사랑, 기생은 기생이다. 매우 끈질기다. 뼛골이 다빠지도록 상대의 골수와 금전을 뽑아낸다. 그러나 서로 사랑하는 자의 웃음은 다르다. 남자들이여 여자의 교태와 그 가증스러운 웃음에 속지 말라. 아자.

내 시 광고 표어 "닥치는 대로 쓴 시, 쉽게 읽어 주세요!"

나는 초원의 어린 양. 깊고 험한 골짝도 두려움 없네. 아, 위험하도다 위험하고 위험해. 그곳은 죽음의 골짝 사망이 친절히 다가오는 곳 음침한 길 사망의 길이라네. 찾으라 안위의 길, 평강의 길, 천국의 길이라네. 견디고 게으르지 말라 힘내라 힘. 두려워할 때 두려워하는 자 복이다. 사랑으로 축복하소서 오 주님. 오, 할렐루야. 할렐루 할렐루야! 다 찬양하자. 창조주 하나님을, 존귀하시니 온 정성으로 찬양하라. 사랑이 설렘을 잊고 감사를 잃어버리면 아, 재앙이다. 눈동자에 감사는 사라지고 증오의 눈빛이구나. 이는 재앙이다. 회개하고 회개하라. 처음 사랑 첫사랑의 설렘을 회복하라. 그대 기쁨과 즐거움이 사라진 마음을 위로하라.

미워하는 마음이 가득하면 스스로 평정을 잃는다. 미움이 가득하면 스스로 악마가 되고 싶다. 격동하는 마음 스스로 진정할 길 없을 때 미친 것이다. 아, 누가 이 허깨비가 지랄하는 마음을 진정시켜 미친년 제 굿하듯 설침을 끝나게 할까? 아, 누가 이 미쳐 가는 혼을 가엾게 여겨 깊이 사랑해 줄까? 모두가 사랑이 필요하다. 처방해도 제 사랑은 풀 줄 모르네. 그래서 이것도 운명인가? 감사.

분노를 두려워하라. 스스로 만든 분노, 자신에게 던져진 분노, 특히 밤이 되도 사라지지 않는 분노를 경계하라. 분노는 악마의 부추김이다. 그대를 지옥 가까이 기쁨으로 인도하는 전령이다. 감사.

별들이 모이는 밤에 별 얘기를 합니다. 별에는 별마다 별 얘기들이 많습니다. 별의별 얘기들이죠. 감사.

시 제목은 "환상 즉흥시" 괜찮은 시제 아닌가? 어디 시를 지어 봐야겠다. 쇼팽의 즉흥 환상곡을 떠올리며 떠오른 시제… 그런데 환상이 떠오르지 않아 시를 못 짓고 있다. 감사.

읽어서 유익한 글이면 좋겠다. 넘치는 언어 그리고 상상언어 아니면 침묵이다. 점점 흥미로워지는 사람들….

시인은 개인적인 불행을 확대 재생산하는 과정에서도 세상을 향해서는 결코 희망 없는 절망이 그의 최후의 결론이어서는 아니 된다. 왜냐면 시인은 이 세상 최후의 날이어도 인류에게 희망이 있노라고 노래해야 한다. 비록 그 말이 진실이 아닐지라도… 이는 어제 정식으로 가입하게 된 시가연의 동료들도 같은 생각인 것 같습니다. 한 참석자도 시인이 다른 장르보다도 우선적으로 거론되다 싶이 하는 것도 사회에서 시인을 높이 그리고 그만큼 신뢰하는 탓이라고 힘 주어 강변 발언하는 시간이 있었습니다. 또 앞서 언급한 것과 같은 비슷한 생각도 함께 발언했습니다. 너무 부담 느껴요. 감사.

🍃

올해는 빨리 9월이 와야 한다. 세상 이렇게 더울 수가 없었다. 8월은 여름이라 여기기 때문에 심리적으로라도 9월이면 가을이 되고 보다 선선한 바람이 급히 올 것 같은 예감이 있기 때문인지도 모른다. 아자.

🍃

착한 젊은이의 잠재된 분노가 뒹굴며 적어 낸 시 한 편으로 위로가 될 수 없다. 때론 몽유병으로 도져 분출하는 저 아픈 몸짓을 지켜보는 것만으로도 죄의식이 생긴다. 감사.

🍃

약발도 받지 않는 이 아침에 허무에 짓눌린다. 감사.

🍃

생명 지향적이면서 내재된 이기적인 마음 심요한 탐욕적인 생각은 스스로 절제할 수 있을 때에 그 인격의 척도를 가늠해도 좋을 것이다. 그러나 타인의 마음과 그 행동에 관심 없는 사람이 멀쩡한 사람인 양 지도자의 위치를 빙자하여 인격을 논한다면 이는 정상은 아닐 듯한데… 아자.

어릴 때 사이가 안 좋은 형제는 죽는 그날까지 서로 으르렁거리며 분노하는 습관과 미움을 가속시키며 싸우다가 죽어 가는 것 같다. 무슨 오해인지 모르나 각인된 편견이 사람을 미치게 한다. 결국 형제간의 다툼은 가인과 아벨의 다툼의 모습 아닐까? 사람은 원래 악하다. 그 악함을 자기 조명 없이 상대에게만 조명하며 자세히 보기 때문이다. 이곳에 이해관계가 더해지면 세상은 더욱 험해진다. 가족 관계에서 우위에 있게 되면 거의 불가침이기 때문에 맘껏 자기주장을 펴며 상대를 무시하기 일쑤다. 제제하기 어려운 권력이기 때문이다. 그러나 다른 사람에게 같은 반응을 보였다가는 외톨이가 되기 십상이기 때문에 타인에겐 상냥하다.

바다는 인간의 쓰레기를 처리해 왔으나 이제 인간 동물의 배설을 받아 소화를 시키지 못하는 지경에 이르렀다. 작은 편리함과 임시변통이 돌이킬 수 없는 재앙으로 후손에 앙갚음하는 것 같다. 아자.

태풍이 피해를 적게 하고 물러나 감사 감사.

상대의 작은 호의에도 흔들리며 중대 결정을 내릴 상황에서 정에 이끌리어 대의를 저버리는 것이 일반인 것이 보통 사람이다. 아자.

함께 한밤을 지새면 정이 별처럼 반짝인다. 아자 아자.

제일 상대하기 힘든 대화 상대는 자기 감정이 원칙이고 기본이며 정의로 간주하고 힘으로 밀어부치는 사람이다. 아자.

나이가 들수록 말은 적게 해야 하는데 또 필요한 시간을 오버했습니다. 듣지도 들으려고 하지도 않는 얘기를 굳이 하려는 이유는 무엇인가? 매우 어리석은 처사다. 오늘은 보다 조용히 보내도록 해야겠다.

덕산에 비가 내립니다. 논산에는 아직 비가 안 온답니다. 협회 세미나가 시작되는 날입니다.

자고 일어나도 몇 시간 안 되고 하루 그 아침을 기다리게 된다. 헌실 하루하루에 새벽을 기다리고 아침을 기다림은 뭔가 문제가 있다. 충분히 잠을 확보하고 숙면을 취할 수 있는 건강과 생활 습관이 복이다. 잠 잘 드는 일상을 위하여! 아자.

성실한 집사님 한 분으로부터 안부전화와 함께 사귐이 계속됐으면 좋겠다는 기대와 요청… 교회에도 이런 몇 분을 만날 수 있어 애정을 갖고 봉사도 하는 게 아닌가 한다. 서로 신바람을 불어넣어 주는 관계, 인간관계에 최대의 기대라 여긴다. 아자.

주일이다. 주의 날이다. 그러나 나는 준비되지 않았다. 아자.

🍁

당신은 누구십니까? 나는 누구입니다. 무엇이든 그 이름이 아름다운 이름, 아름답게 기억될 그 이름 원합니다. 아자.

🍁

낭만적 사랑 얘기, 황진이와 벽계수 얘기를 많이 들은 바지만 황진이 몰래 벽에다 지금까지 먹어 논 술값, 돈 계수하다가 이거 큰일이다 하면서 벽계수 그만 줄행낭을 놓은 게 아닌가 생각하여 본다. ㅎㅎ. 돈 앞에는 낭만적인 사랑도 맥을 못 춘다. 그렇다고 황진이가 벽계수 술값까지 매번 시중하긴 힘들었으리라. 하지만 황진이와 계속 사귀었다면 모 서생원처럼 폐가망신할 수도 있었으리라. 예나 지금이나 여자를 조심해야 한다. 모름지기 여자의 미모의 늪에 빠지는 자 구원의 손길도 없다. 일찍이 나의 할아버지는 "여자는 요물이다. 그러나 없어서는 안 될 요물이다."라고 말씀하셨다는데… 확인할 수 없는 주워들은 얘기일 뿐이다.

🍁

누군가 곁에 있어 줌으로 도움이 되는 사람으로 산다는 건 좋은 일이다. 감사의 마음을 가지고 사는 건 행복한 일이다.

🍁

자주 피곤하다. 쓰러질 것 같다. 쉽게 잊는다. 건망증, 치매가 두렵다. 아자.

광복절은 지났건만 뭔가 아쉬운 나라 상황, 태극기 꽂는 마음 둔해져 가고… 독립심 옅어져 가는 모습 속에서 스스로 옷깃을 여미여만 될 것 같은 느낌. 불안하다. 시대적으로도 불안하다. 아자.

야, 이게 가을바람인가. 열탕 같던 어제까지의 날씨가 느닷없이 아침 바람이 차갑게 느껴지는 오늘이다. 아, 내 사랑하는 이여 가까이 오라. 너의 체온이 싫지 않을 것 같구나. 아자.

새벽바람이 차가와질 것 같다. 오늘은 한결 지낼 만하리다. 많은 것들이 제 위치에서 제 역활을 해 줘야 세상이 평온하다. 날씨 특히 그렇다. 이상한 날씨가 계속되니 세계가 난리다. 이런 비상사태는 싫어, 정말 싫어요. 아자.

남 잘되는 꼴 못 보는 심보는 왜 생기는 것일까? 이게 사실 태생적인 것 같고? 특히 주변에 가까운 이들이 잘되면 시기하는 마음 왜 생길까. 사촌이 땅을 사면 배 아프다잖은가? ㅎㅎㅎ. 부모 자식 간, 형제간에도 있다는 사실 이것이 우리를 괴롭게 하는 경우가 많다. 아자.

인사동에서 그림을 감상하고 돈까스를 먹고 있다. 지금 나는 무엇에 취해야 하는가. 아자 아자.

산다는 건, 몸짓이 대부분이다. 몸짓 없는 삶은 허무하다. 흔적이 없기 때문이다. 성인의 말씀이라 해도 바르게 전달하느냐에 문제가 있다. 그래 현명한 제자들은 선생님의 말씀을 당시 나는 이렇게 들었다고 말한다. 혹 스승에 누가 될까 함이다. 책임 있는 말은 직접 하고 듣고 하는 과정에서 서로 확인하며 비유적으로 접근한다. 철학적인 사유에 있어 똑 부러지는 명쾌한 답은 세상에 없기 때문이다. 그 누가 이 지혜의 문답을 수용할까? 그래 옛 성자들은 스스로의 글과 말씀을 스스로 기록하지 않았다. 왜곡될까 두려운 때문이었으랴… 그러나 요사이는 모든 행위가 기록될 수 있다. 이런 시대에 행동과 사유의 영역은 어떠해야 할까?

우울하면 천국 가는 일에도 관심이 없다. 우울하면 대개 천국도 가기 싫은 법이다. 자살을 유도하기도 하는 이런 우울을 조심하라. 우울의 특징은 노래가 싫어지고 움직이기 특히 운동하는 것, 걷거나 움직이는 것과 보는 것마저 흥미가 많이 삭감된다. 우울하면 많은 것들이 귀찮고 짜증스럽다. 충동에 약하며 정리가 잘 안 되고 주변에서 논리의 이상과 엉뚱한 행동을 돌발적으로 행한다. 본인은 극단적인 생각을 자주 하게 되고 주변에서는 성격 이상 정도로 이해한다. 이런 경우 정신과 의사와 상담원의 도움을 받으라. 아자.

영성과 종교, 종교에서의 영성, 영성만으로 깨달아 알기. 심오해지는 듯하다가도 아무것도 모르기. 만약 무인도에서 태어났다 하자. 얼마나 그리울 건가 세상 사는 재미 이 복잡거리는 도시와 시골이… 매우 부러운 천국이지 않겠는가? 이 신기한 세상, 신묘한 지옥, 부러울 수 있는 천국. 너무 재밌다 그지? 아니요! 하나도 재미없어요! 이게 정답 딱이다. 아자.

겸손한 척하기도 힘들 때가 있다. 아자.

사람과 대화도, 통화도 안 되면서 하나님과 소통을 원한다니 참 어이없는 일 아닌가. 마음에 겸손이 먼저고 하늘 무서운 줄 알아야 한다. 신의 진노를 겁낼 줄 아는 인간, 그것이 그렇게 어려운가? 아자.

일없이 모여, 일없이 헤어지다.

고마워요. 만나는 이마다 진심으로 정중하게 예의를 더해 인사하고 싶다.

믿음의 시, 소망의 시, 사랑의 시여! 쏟아져라!

지난날들을 돌아보면서 내일과 훗날을 기대하면 현재의 일들에 불만인 경우가 대부분이다. 적은 정성으로 많은 것을 얻고저 한 생각을 분석하면 도둑의 심보요, 강도의 심보다. 너무 경제원칙에 맞게 노력하는 것이 그 누군가는 얄밉게 느껴질 거란 생각이 든다. 아자.

새로운 8월— 어때? 견딜 만합니까? 서로 잘되기를 빕시다. 기도는 능력이 된다. 아자.

시원섭섭한 7월이여! 오늘이 마지막 날이다. 매월 마지막 날엔 마지막을 연상케 하는 날이다. 길어야 2일, 3일 차이 나는 날이지만 이것도 때론 꽤 긴 시간으로 여겨지기도 한다. 오늘은 아닌 내일 하루 길게 느껴진다. 아자.

별들이 아니라도 가까이 오거나 다가가면 더 커 보인다. 사람은 오히려 가까이 다가오거나 가면 작게 보이기 십상이다. 사람들은 가까이 있으면 자기보다 큰 인물을 구분해 내는 일이 어려운 것 같다. 대개 자기 수준에서 평가가 임계선이다. 그래 천재만이 천재를 알아본다는 말이 있다. 꽃밭에 장미꽃을 심으면 장미가 피고 들국화를 심으면 들국화가 핀다. 장미 가지에 들국화 피어나는 일 없다. 아자.

못 믿을 건 사람 마음 형제 마음 가족 마음, 결국 인간은 쉽게 변해 버리는 연약한 존재들… 친구도 변하고 지인도 변한다. 사람 쉽게 안 변한다. 믿는 자가 어리석다. 아자.

The war, 더위 더위도 더위도 너무 덥다. 과히 전쟁이라 해도 좋을 듯하다. 경산이 40.5°C란다. 아자.

아침이 다가온다. 새 일이 파도처럼 밀려 홍수 앞의 둑처럼 터져 오리라. 오늘도 무사히! 살아남는 자 되십시오. 아자.

참되게 살기 위해서는 참새 혹은 참새처럼 살아야 된다? 당신의 생각은 어때요? 아자.

🍂

노회찬 의원의 자살 소식은 온 국민을 당혹케 한다. 완벽에 대한 집착과 약간의 판단 실수일 수도 있는 것이 어떤 이에겐 치명적일 수도 있다는 것을 반증하는 건 아닌가. 커다란 이상이 때론 사소한 것이나 작은 돌에도 치명상을 입기도 한다. 마치 대장군 골리앗이 꼬마 목동 다윗에게 당했듯이… 현대생활에도 사소한 일을 무시하면 곤란한 경우가 많다. 우리나라를 위해 아까운 한 분을 바삐 이 땅에서 보냈다. 천국에서 뵙기를 바라며 그의 명복을 빕니다. 아자.

🍂

그 누가 질문하거나 묻는다고 꼭 구체적으로 답해야 되는 건 아니다. 적당히 침묵하거나 웃거나 미소로 혹은 눈치로써 대답에 응하는 법도 있는 법이다. 정직이나 진실을 말해야 할 때는 더 그러하다. 아자.

🍂

아직도 많은 것을 갖고저 하는 난 바보다. 열정 많은 젊음이 있다 해도 세상에 좋은 것 모두 가질 수 없듯이 무언가의 힘에 의해 적당히 포기할 것을 은근히 강요당하고 있다. 집중하기 위해 할 수 있는 것만 선택해야 하고 힘이 부쳐서 일부 포기해야 한다. 또는 주변의 눈치와 무언의 압력 때문이라도 포기해야 한다. 시기와 질투 속에 강행한 선택은 저주가 되고 불행의 씨앗이 되기 때문이다. 아자.

가볍게 쓰여진 시들이 뿌끄러워지는 아침이다. 불안— 그것은 오직 정신적인 것이냐?

세상에 제일 어려운 일 중 그 하나가 자기 관리이다. 주변에 지적질하긴 쉬워도 자기에게 스스로 지적하며 반성하기가 이리 어려워서야… 품성도 타고나야 한다. 나이 들어도 마찮가지이다. 그 누가 자기를 이김이 성을 빼앗는 것보다 어렵다 했는가? 아자.

오늘도 누군가는 미친 놈이 된다. 흔한 다혈질은 일종의 충동장애인 정신병이다. 사람들은 자기가 정상인임을 증명하기 위해 자기와 다른 성격이나 타인을 정신이상자로 몰기도 한다. 인간은 어쩜 기묘하다. 집단 히스테리인 집단으로 행사되는 가학집단 폭행도 이에 해당한다고 봐야 할 것 같다. 아자.

세월, 그 흔적 밟기 겁난다. 아자.

14

지혜만큼 사랑도 느끼는 법, 어리석으면 사랑도 느낄 줄 모른다. 아는 만큼 사랑하고 그 사랑도 느끼는 법, 사랑하기 전 먼저 생각과 배려를 배우라. 아자.

🍃

범사에 감사의 마음을 결코 잊지 않기를 기도한다.

🍃

예배 시간을 맞추지 못하고 설교 끝만 엿듣고 딴 일을 하다… 찝찝하다.

🍃

오늘 의미의 날이다. "연세찬시" 시를 행정춘추 연세대학교 행정대학원 원우회 1982년도 발행 제2집 표지 내면지 기록에서 찾았다. 자작시란에 다시 적는다.

시는 기도 역정이다. 천국을 찾는 외로운 외침이다. 신을 부르는 절규다. 아자.

외침에 외침을 더하고 더하여, 함성이 되는 날까지 질러대는 외침이여, 말이여, 소리여… 안개 걷힌 눈부신 아침이여!

시인들도 궁금하지 않는 시를 짓는 시인의 시는 무슨 의미가 되나?

이미 널리 알려진대로 내가 나에게 정직하고 진실한가. 내가 좋아하고 내가 가장 잘할 수 있는 것 그리고 다른 이에게도 유익한 것을 골라내는 것 이것 참 쉽지 않다. 자신이 무엇을 좋아하고 있는지 아는 일은 자신을 파악하는 일의 첫 입문이다. 그리고 무엇을 정말 잘할 수 있는지 아는 것도 지혜의 중요 관문이다. 이를 위해 좋은 스승 조력자가 필요하다. 아자, 아자.

스스로 만들어 낸 업적과 자랑스러움이 거만하게 보이고 오만하게 누군가 느끼게 될 때 스스로 찾아낸 겸손이 찾아 낼 모습이 어떠냐에 따라 장래에 회자될 그 인격의 스타일을 만든다. 대개 부러움을 넘어 시기와 질투심은 그들의 위치와 야망과 욕망에 의해 좌우되는 경우의 사람이 많다. 아자.

사랑이라 글 쓰면 기분 좋아, 사랑이라 조각을 해 놔도 보기 좋아… 이상해 사랑하는 느낌만 있어도 그림이 좋아, 정말 좋아진다니깐. 이상한 일이지 부적처럼… 사랑스러워진다니깐.

❋

아침에 나의 기도가 무엇이 되어야 하는지 아는 것이 중요하다. 아멘.

❋

생각과 행동에 절대로 오류가 없어야 한다. 온전하듯 완벽해야 한다. 가시로 매 맞는 말이다. 우리는 스스로 죄인임을 자청해야 한다. 신이 온전하므로 스스로 비하하여야 한다. 겸손이라기보다 자기 비하요 열등감을 불러내야 한다. 그래야 하나님이 상대적으로 높아지신다. 존엄은 스스로 낮아질 때 우러나오는 깊은 신앙심이다. 자유로운 영혼을 그냥 방치한 채 내버려 두면 절대 스스로 겸비해지지 않고 스스로 통제되지 않는 미치광이 심리인 오만과 자만이 들썩이게 되는 게다. 하나님을 미워하기 전에 스스로를 먼저 미워할 줄 아는 지혜라 할까 그 용기가 필요하다. 이것이 신앙심의 기본이니깐. 말씀은 상호충돌적이고 역설적이다.

❋

읽고 싶은 것만 읽으면 편식처럼 병에 걸리기 쉽다.

❋

반갑다. 우리의 반쪽들… 우리의 마음엔 너의 마음 나의 마음 뜨겁게 포개어 있다. 아자.

요 얼마 짧은 기간 동안 개인적으로 이렇게 많은 통일에 관해 시를 써 본 것은 평생 처음이다. 통일에 관해 시를 지으면서 통일을 노골적으로 반대하는 분들도 상당함을 느끼게 된다. 나름대로 상당한 이유와 타당성도 확보하고 있음을 안다면 통일은 시인의 일방적인 부르짖음 못지 않은 일반의 절규도 듣게 된다. 따라서 정치와 사회과학을 하는 학자들은 이 점 각별히 염두에 두고 연구해야 할 것이다. 시인은 외치고 종교인은 화해를 권고하고 정치인이나 법률가들은 그 후유증에 대해 대처한다면 이 문제는 보다 대중적이며 합리적인 해결을 모색할 수 있게 될 것이다. 통일에 아름다운 마음이 있어야 바람직한 통일을 하게 될 것이다. 아자.

시의 생명력은 스스로 생명이 있음이 아니다. 시는 시인의 체험언어이기 때문에 어떤 시인이 시를 토로하느냐에 따라 그 의미와 가치가 달라진다. 시인의 발설로 시가 되지만 시가 시다울 때 그 시인을 찾게 되고 그 시인의 이름을 살피게 되는 것이 시에 대한 일반 접근법이요 생명력이다. 시가 먼저인가 시인이 먼저인가는 닭과 계란의 관계와 같다고나 할까. 어째 쉬운 결론은 아니다. 그 누구에게나 완벽한 윤리의 잣대를 들이밀면 살아남을 위인들은 그 누가 될까? 적당히 알고 적당히 모르는 것이 약이 될 때가 있다. 적당히 미치기보다 살짝 가야 재밌게 느껴지는 것이 예술의 세계다. 예술가란 귀엽게 봐 주어야 하는 어설픈 인간이다.

위대한 시인이 있건 없건 간에 사는 데 상관없는 사람들이 있어요. 불쌍하지도 않은 사람들이죠. 그 누군가 잘난 척하는 사람들이죠. ㅎㅎㅎ. 아자.

우리나라 한 이비인후과 의사님이 콧속의 점막과 면역에 대한 역학관계를 연구하여 괄목한 성과를 올리고 있다는 뉴스가 있었다. 저도 동의하고요 장, 위, 대장 등에 점막이 한 인간의 면역력에 상당한 상관관계가 있는 느낌이다. 입속의 점막도 이상이 있으면 전신의 피로를 가중시키고 있다고 여겨도 무방할 것이다. 이 말은 저의 개인적인 임상적 증상을 덧붙여 말씀드리면 사람 인체 내부의 각종 점막과 개인의 면역과의 관계에 상당한 연관성과 인과관계가 인정되고 추측된다 할 것이다. 아자.

위선이라도 비록 연극처럼 배우 노릇인 듯하여도 칭찬하고 좋게 봅시다. 어쨌든 세상에 선한 일로 가득했으면 합니다. 그 누가 착한 일을 할 때 비난을 삼가합시다. 세상에 위선조차 부리지 못하는 악행들이 가득하니깐요. 어쨌든 착한 일은 흉내내어도 좋은 것입니다. 그 누구든 일하다 보면 진실한 마음으로 하게 되는 순간이 속히 올 것 같지 않아요. 아자.

　술 취한 듯 가볍게 해대는 독백이나 쉽게 내뱉는 뒷골목 아이들의 얘기보다 또 도시의 할아버지보다 아이 사라져 가는 농촌의 할머니들의 말씀이 더 시적이게 느껴짐은 웬일인가? 시는 삭힌 식혜 같다고나 할까? 오래된 된장이나 간장이라고나 할까? 어찌 보면 시란 이런저런 얘기를 받아들이는 항아리라고나 할까? 시 항아리 속에 지금 무엇을 담고 있나?

　현대에서 이런 5G 시대에 불편은 직무유기인 경우다. 이미 시스템적으로 작동되는 시기엔 에러가 발견되기 어려운 환경이다. 누구나 제 직분에 충실하다면 세상은 웬만하면 잘 돌아가게 되어 있다. 조는 사람 없거나 게으름 피우지 않는다면 나쁜 마음을 갖지 않고서야 어찌 탈이 날 수 있나. 완벽해 가는 이 시대에도 사람 마음이 언제나 제일 큰 문제다. 아자.

　비 오는 날 냉면을 먹다. 물냉면, 평양식으로···.

인기란 순간의 영광을 열광적으로 누리게 되는 순간순간을 모아 놓는 시간이랄까? 피곤을 느끼는 순간 영광은 이미 영광이 아니다. 영광이란 자기 마취 내지는 혼미해지고 싶은 충동을 주변에 허락하는 순간이며 함께 취하는 시간이다. 아자.

❦

내 마음 추스리기가 너무 어렵다. 명색이 시인인데 이게 뭔가? 다른 이에게 이래라 저래야 좋다고 말하기는 뭔가 부담은 되어도 책임감이 적어서일 게다. 헛 내공이라 여겨진다. 작은 바람에 큰 흔들림으로 답하는 저 쉽게 흔드리는 코스모스처럼… 누군가에 흔들리는 나. 중독된 듯 비바람에 나부끼는 깃봉에서 떨어진 깃발인가. 잠시 바람에 나는지 제 힘으로 하늘을 날고 있는지 모르는 거 아닌가? 아자.

❦

모처럼 새벽녘에 비가 그친 듯 멈췄다. 태풍이 북상하고 있으나 내륙을 약간 빗나갈 듯하다고 방송은 예보 수정을 한다. 그러나 장맛비는 계속 내리고 있다. 어쨌든 감사할 일이다. 아자.

❦

앞으로 우리나라가 보다 더 성장하기 위해서는 국민과 공무원들에게 민족의 자존심과 국가에 대한 사명감을 고취시켜 월급을 위해 혹은 개인적인 영달을 위해 일하려는 의지보다 민족과 국가의 목표 달성과 국민의 복리증진과 인간다운 삶을 추진하려는 사명의식과 강한 의지로 충만하게 무장해야 한다. 아자.

분실된 나의 시는 언제나 명시다. 앞으로 쓰여질 시는 아마 당대 최고의 시가 될 희망이 있다. 광부가 광석을 캐듯 나는 나의 시 광산에서 시를 캔다. 오늘은 어떤 시가 내게 걸릴까?

젊은 날의 옛 시는 나의 판도라 상자인 듯하다. 내가 공개하고저 했던 시들을 공중에 뿌리는 듯하다. 그러나 시원하면서도 아쉬운 것은 적지 않은 시가 사라졌기 때문이다. 아자.

어제는 어제의 일, 그러나 개인적으로는 역사적인 날일 수 있는 날입니다. 그 누구의 생일이고 회의가 있었고 사건이 터진 날일 수 있다. 귀하께서는 어땠습니까? 행복하셨습니까? 오늘은 기쁘게 보내요. 아자.

6월의 마지막 날입니다. 금년의 절반을 마무리하는 날이기도 합니다. '시작이 반'이라는 말이 있습니다. 이 말이 사실이라면 신년 원단, 반으로 시작한 금년 목표가 지금쯤은 온전히 이루어질 때가 된 건 아닌가요?

러시아 월드컵 축구 한국 독일에 2골 넣고 완승— 와, 이럴수가. 대한민국 만세! 만세! 아자!

자신이 사는 이유가 이웃을 위해 살겠다 결심을 하고 하는 일이 허업이 될지라도 자신이 하는 일을 즐길 수 있다면 대단한 사람이다. 내공이 가득하고 시대의 기회를 얻지 못했지만 항상 제2인자로서 자신의 직무를 다한 듯 여겨지는 사람 김종필 전 총리의 영결식 날이다. 추측컨대 개인적 타입으로 르네상스적 인간형으로 정치보다 예술이 더 어울릴 것 같은 사람이던 그대여, 영면하시라. 정치는 언제나 적을 만든다. 아자.

파킨슨병의 흔적인가? 일단 말이 나오면 조절이 잘 안 된다. 주변의 기분이나 분위기를 감지함이 둔해진다. 일명 충동장애 현상인 듯하다. 침묵하고저 노력하나 지나치게 말을 많이 하게 되니 실수가 잦다. 동료에겐 핀잔을 후배들에게 존경을 받지 못하는 이유가 되고 또 선배들의 사랑을 번번히 놓친다. 인지장애 판단력장애라 아니할 수 없다. 습관은 관성이 있다. 성격을 다시 다듬어야겠다. 이는 아무래도 자랑 아닌 자랑을 늘어놓게 되고 혼자 잘난 척하는 꼴이 되기 일쑤다. 왜 이럴까? 반성하고 반성하자. 노파심 얼마나 황당한 상상인가? 오히려 다른 이들과 젊은이에게서 배우려 하고 경청하는 것이 이 시대를 살아가는 지혜다.

시를 읽고 싶지 않은 사람들 시가 불편한 사람들… 이 시대는 시가 없어도 충분히 살 수 있어, 또 즐겁고 낭만적으로 살 수 있다 여기는 사람들이 늘어나는 추세다. 시는 존재 이유가 무어냐. 시가 없어도 나름 재밌게 사는 동네가 있다. 나라가 있다. 그럼 시는 인격에 사치인가 의식의 사치인가. 이 시대에 써야 할 시들이 고갈되어 있어도, 거 눈치 없는 사람들은 하루종일 재밌다. 눈치없이 시인 홀로 짓는 시들… 아무도 보지 않을 때까지. 자칭 시인이시며 돈키호테적 시인 그래도 아직까진 재밌다. 아자 아자.

올해도 벌써 과반이 다 된 6월 말이 바짝 다가왔다. 나는 생을 어떻게 마감하게 될까?

🍃

이른 아침부터 비가 온다. 하늘이 어제 일을 생각하고 대신 흘려주는 눈물인가. 개인적으로 상기하지 못한 채 6.25를 그냥 보낸 듯하다. 몸 아파 드러누운 몸이든지 치료받으러 병원에 가서 치료받는 둥 하니 하루가 훌쩍이다. 아무래도 오늘은 통한의 눈물을 되의식해 봐야겠다. 아자.

🍃

작품을 읽을 때 제목만 봐도 그 내용을 훑을 수 있는 이가 있고 아무리 읽어도 도대체 무슨 말인지 이해할 수 없는 분도 있게 마련이다. 작품을 읽는다는 것은 어쩜 작가를 세밀히 읽는 작업인지도 모른다. 세세히 알려면 자세히 봐야 하지 않나 여겨집니다. 아자.

　잃어버린 젊은 날의 시를 찾은 후 그 감회란… 나는 울먹여져 눈물이 쏟아질까 봐 말을 잇지 못하겠더라구요. 아, 나의 손이 떨리고 차오르는 감격 젊은 날의 한 시인의 역사이지만 이는 그 시대의 젊은이를 위로하는 시이기도 하다. 당시 젊은이가 지워진 흔적으로 가볍게 매도됨을 막아 주는 세대 변론의 근거며 시대를 사는 고뇌와 저항의 역사를 웅변하며 그 회복 기원을 위한 자료이기도 하다. 특히 양명문 같은 시인이 모든 것을 걸고 감히 추천한 시대의 무모한 용기의 흔적이기도 하다. 지금 이 시대에서도 감히 교수시던 양명문 같은 시인을 다시 찾기 쉽지 않을 것이다. 떨리는 마음으로 감사의 마음을 다시금 올린다. 아자.

　남북통일, 이 말조차 거부감을 느끼는 사람들… 통일을 미워하고 싫어하며 당당히 거부하는 사람들이 늘어나고 있는 추세가 아닌가 여겨진다. 왜 통일을 해야 돼? 젊은이들에게 통일의 정당성과 필연성을 설명할 이 그 누구인가? 나라의 중요성 민족의 중요성! 아, 힘 빠지는 이내 모습… 아자.

함성에서 외침으로 그 외침에서 함성 듣기— 대학 시절 대학보 구하기도 포기한 채 있다가 겨우 국회도서관에서 학창 시절 신문을 발견했을 때의 그 기쁨은 이루 헤아릴 수 없었다. 역사를 발굴한다든가 역사를 찾아내게 됐을 때의 그 희열이란… 아, 역사란 이런 거구나. 역사를 말살한다는 건 기록을 없애는 일이다. 족보가 없는 사람은 자기 정체를 설명하기 어렵다. 인간은 신과 달리 스스로 있지 못하고 관계망 속에서만이 존재를 입증할 수 있기 때문이다. 국제대학 법률과 3년, 제5회 국제문학상 공모에서 시부에 입선된 입선작 "외침"이 있었기 때문이다. 각 학교, 기관들은 그 역사성을 깊이 인식 재고할 수 있기를 기대해 본다.

2000년대 들어 다문화가정이 확산된 지 이미 오래다. TV 등 뉴스 매체로부터의 소식은 농촌은 물론이고 도시에서도 이런 가정이 늘어나는 추세인 것 같다. 한민족의 민족주의, 한겨레의 전통이 무너지고 있음을 실감있게 느끼게 한다. 이는 민족분리주의를 잉태하고 정당성을 증폭시키게 될 것이다. 나라의 체제에 대한 회의는 나아가 민족통일 열망을 희석시키게 될 것이고 이기주의는 확산될 가능성이 크다. 이러한 문제를 정부는 어떤 틀로 막아 낼지 이미 고민해야 할 시점이 지났다. 무너지는 민족문화 전통… 아, 그리워질 것들… 아자.

신앙에도 근육이 강해야 한다. 신에게 바르게 접근하는 태도는 무엇일까? 신의 은혜를 막연한 은혜로만 받아들이고 있는가? 신의 음성이란 무엇인가? 영감은? 그 구분법은? 신의 존재를 의심하는 것과 그의 실체를 인정하는 것의 차이는?

사람들은 일반적으로 자신이 하고 싶은 일은 가장 적게 일하고 가장 많은 성과를 올릴 수 있는 그런 일들을 찾는 것 같다. 성과란 의식주의 해결은 물론 안전과 그 질에 있어 풍요함을 말함이다. 덧붙여 명예와 권력이 함께하면 더 좋은 것이리라. 사람 대개 이런 이유로 열심히 한다. 경제원칙은 사람의 행동과 자세에 결정적 영향을 준다. 이를 뛰어넘는 것이 삶에 대한 각자의 가치관이요 종교관이다. 예를 들어 대개 나를 위해 공부하지만 남에게 좋은 것을 베풀기 위해 공부한다고 작심을 하면 가치관이 건전하다 하고 세계 미래에 희망을 갖게 되는 것이다. 젊을수록 성현의 말씀으로 열렬한 정신으로 더 매진한다면 얼마나 보기 좋을까.

글을 쓰고 다시 보면 자꾸 고치고 싶다. 원하기는 한번 휘갈겨 써도 딱! 그만 하고 싶은데 살펴보면 미인(?)이 흉터를 보인 듯 자꾸 늘어나는 상처들… 또 늦게 발견되는 크고 작은 흉터들… 아, 부끄럽다. 아자.

기쁘고 기쁜 날이란 구속에서 해방된 날이다. 종교적으로는 원죄 본능 죄에서 해방 받은 날이요, 사회 법에서는 감옥이나 구속 상태에서 풀려나는 날이요 묶임에서 놓임을 당한 날이며, 기독교적으론 원죄에서 그 씻음 받고 구원 받은 날이겠다. 즉 해방의 날이다. 새롭게 태어난 날이다. 새로운 생각으로 살면 새생명으로 사는 것이다. 생명만큼 존귀한 게 있을까? 우리가 사는 것도 결혼 생활을 하는 것도 알고 보면 새로운 생명을 얻기 위함이다. 무의식적으로도 자식을 갖게 될 때 모두 기뻐하는 것이다. 어린 생명을 보기만 해도 보호해 주고 싶고 귀엽고 예뻐 보이는 이유도 새생명에 대한 잠재적인 감탄과 찬사가 나오게 되는 것도 그 이유이다.

밤이다. 새벽이기를 바라는 밤이다. 아자.

이번 지방선거에서 야당은 왜 참패했나? 아직도 그 원인을 모르는 듯 야당은 어쩔 줄 모르는 것 같다. 그것은 통조림 같은 당의 이념체제와 박제된 조직 때문이다. 야당은 시대의 흐름을 무시하고 자신의 정치생명을 아전인수식으로 생각하고 있다. 이러구서는 희망을 줄 수 없다. 세계는 이미 변했고 이념마저 디지털화되어 실용화는 물론 서로 얼킨 체제에 산업적 로봇화, 드론화를 이곳에 바이오적인 새로운 정치 이념을 요구하고 있다. 살아 있고 역동적인 정치체제와 그 이념을 요구하고 있는 것이다. 죽어 가는 야당이 소생하며 부활할 기미가 없다면 재탄생하는 것 이외에 그 무엇이 있을 수 있단 말인가. 그 누가 새롭게 재창조할 건가?

철학적으로 산다는 건 어려운 일인가. 창조적인 일상을 꿈꾸며 사는 건 피안의 일인가? 정말 그런가? 아리스토텔레스, 소크라테스, 공자, 장자, 예수, 마호메트, 석가모니 이들이 지금 이 시대에 동시에 태어났다면 그들은 어떻게 살게 될까? 궁금하지 않은가? 같은 또래로 같은 동네에 살게 됐다면 그들은 어떻게 살게 될까? 참 궁금하다. 아마 결과는 그들의 살던 그 시절의 그가 아닌 엉뚱한 사람으로 살게 되는지도 모른다. 사람은 환경의 동물이기 때문에 같은 성품이라도 환경이 다르면 그것은 또 다른 문제라 할 것이다. 지금의 그들에게 같은 삶을 기대한다면 그것은 때론 최고의 폭력일 수 있겠다. 이들 말씀도 제 특성에 맞게 수용해야 한다.

자신을 바라봐 주는 것 간절히 바라는 마음이다. 오죽하면 "날 좀 보소"라는 노래가 유행하겠는가? 특히 속마음을 누군가 눈치채고 도와준다면 정말 고맙지 않던가? 그 누군가에는 속마음이 들키기를 바란다. 아, 사랑하는 이여 나의 마음을 알아주오. 아자.

부활에 대한 이해— 부활은 육신이 완전히 죽고 난 후 다시 죽기 전 상태인 온전한 몸으로 회복되어 살아나는 것인가? 아무리 썩어 무너져도 태초의 인간 아담처럼 온전히 회복되어지는 것을 말하는 것인가? 아니면 그 몸이 어떤 상태의 것인가 상관없이 주님의 빛는 모습으로 생명으로만 회복됨을 말하는 것인가? 궁금하다. 아니면 육신의 부활만을 말함이 아니고 영적 부활만을 의미하는 것인지 알 수가 없다. 부활의 문제는 기독교의 신비한 교리이며 의문을 온전히 상상할 적확한 성경구절은 없다고 본다. 명령처럼 따르며 믿는 방법 외에는 아무것도 없다. 아자.

천기누설— 세상에 최고 제일은 사랑이다. 어떤 권력 명예 돈(황금)보다 더 좋은 건 사랑이다. 그런데 사랑의 약점은 오직 순수한 사랑만으론 충분하지도 완벽하지도 않다는 것이다. 사랑은 정신적이며 영혼의 언어에 가깝기 때문에 구체적이기보다는 추상적이고 이미지 지향적이다. 그래서 사랑에만 매진 못하는 이유가 되기도 한다. 그러나 명예나 권력과 돈은 구체적이고 몸에 감각적이다. 그 유형이 시각적이고 세속적이다. 그 파급력이 객관적으로 측정된다. 사랑과 다툼에서 먼저 선택되는 이유이기도 하다. 사랑으로 채워 권력, 명예, 돈을 움켜쥐면 기적이 되고 권력이나 명예와 돈에 사랑을 더 하면 세상에서는 왕같이 살 수 있다.

권력자가 되면 아첨인 줄 알면서도 칭찬의 말을 더 듣고 싶어한다. 자신의 실적을 자신의 의도대로 평가받고 싶기 때문이다. 의도와 실적의 차이를 인정한다는 것이 쉽지 않다. 인정하지 않음은 자신을 해치려는 의도로 단정하고 적대감을 갖게 되는 것인지도 모른다. 인간은 최고 권력자가 되도 칭얼거리듯 국민의 칭찬에 굶주려 있는 것은 마치 부모의 인정을 갈망하는 아이와 같다. 아자.

사는 맛이란 자랑하는 맛이 아닌가? 특히 제 자랑 맛이 최고라 여겨진다. 천재라는 분도 연단에 서면 제 자랑 일색인 걸 감안하면 사람마다 제 자랑, 제 가족, 제 자식, 제 부모, 조상 자랑으로 사는 재미며 의미를 갖고 있는 것이리라. 사람마다 자기 자랑을 염두에 두고 그것을 구현하기 위해 사는 것이 인생이기도 하다. 세상 좋은 맛 아무리 찾아도 제 잘난 맛에 사는 재미만 할까? 살아가며 자랑거리를 많이 누리고 또는 만들며 사는 것은 삶의 의미를 창조하고 풍요케 하는 행위다. 다른 이들도 인정하는 자랑거리를 더 하자. 사람마다 자기 자랑할 수 있는 기회를 주는 것, 이것이 기회의 평등이요 인간 자유 보장의 핵심이다. 아자.

미북 정상회담 후 세계는 평화의 세계가 될 것인가? 북이 핵을 포기하고 폐기하면 다른 나라들과의 관계는 자연스레 좋아질 것인가. 이후 미중과 미러 간의 경쟁과 다툼은 오히려 증폭될 가능성이 크다고 본다. 미북 간의 분쟁과 설전으로 오히려 세계의 강대국 간의 경쟁이 숨겨진 면이 크다. 북한만 신난 꼴이 될 가능성도 있다. 미북 정상회담은 양국의 국내 국민 설득용일 가능성이 크다. 어쨌든 정치적으로 재미있는 세기의 회담이다.

뉴스마다 하루 사이에 선거 이슈다. 평화의 쓰나미라 할 남북 정상회담에 이은 미북 정상 간의 회담은 한국의 지방선거에 엄청난 파장을 일으키고 있다. 이는 평화의 바람이라기보다 가히 태풍이라 할 것이다. 태풍이 되면 경계해야 되고 조심해야 한다. 너무 좋은 것도 많으면 독이 될 수 있다. 아자.

학창 시절 내내 새벽밥을 지어 주시던 모친 모습이 떠올라 목이 메인다.

감사합니다. 여호와여! 나의 하나님이십니다. 또한 주는 나의 목자이십니다. 이 고백이 변치 않기를… 이성적으로 믿어지지 않아도 사실로 믿어지는 기적이 있는 이는 복되도다. 믿으라시는 하나님의 명령, 따르며 복종부터 하는 것이 믿음이다. 그러나 믿기로 작정해도 의심이 고개를 들고 일어난다. 이게 문제다. 기도가 필요한 인간 바로 나다. 아자.

　누가 알 수 있나 내일의 미북 정상회담의 결과를… 알다가도 모를 일. 모르지만 알 것 같은 그 결과를 감히 앞질러 말할 수 없음은 묘한 변수가 많기 때문이다. 남북미회담이나 남북미중 회담으로 이어지느냐도 변수다. 종전선언과 평화협정도 새로운 기대다. 아자.

　척 봐도 어리숙하기 짝이 없고 아무리 봐도 영리한 구석이 없는 인간으로 치부되면 여러 수난이 문 앞에서 기다리고 있다. 괜히 시비 거는 인간이 많다는 점이다. 이래서 당사자는 조용히 편히 살기가 어렵다. 사람 편해 만만하면 좋아라 하고 이용하려 하니 사람마다 신경에 각을 세워 살 수밖에 없는 듯하다. 사랑도 어느 수준의 공유함이 있어야 가능하다. 사랑은 고도의 지적 능력을 요구한다. 지혜가 높은 자만이 의미 있는 사랑도 할 수 있다. 어쨌든 사람을 삶의 수단이나 도구가 아닌 목적으로 교제하며 사귐 자체가 즐거운 이런 관계가 좋은 듯하다. 원래 못된 인간의 심성 속에서 이런 날들을 행여 기대할 수 있을까요. ㅎㅎ. 아자.

역사적인 미북 회담이 시작되려 하고 있습니다.

우리는 서로를 모르면서 자기 입장에서만 생각하니 상대는 나쁜 놈이고 자신은 신의 아들인 양 혼자 치고받고 하는 게 아니냐 이거죠. 알고 보면 그렇게 나쁜 놈도 그렇게 좋은 놈도 없는 게 세상사 아닌가요? 흔히 남불내로— 남이 하면 불륜이고 내가 하면 로맨스라나요. 북미의 요즘 관계처럼 치고받고 할 땐 가장 나쁜 놈이였지만 큰 거래를 하자니 수위도 낮추며 서로 치켜 세우는 듯한 모양새까지 연출하는 게 정치 아닌가요? 옛날이건 요즘이나 '정치' 란? 앞으로도 마찮가지일 겝니다. 어쨌는 세계 평화를 위한 나름 살바싸움이라 여기며 내심 웃어 보는 것도 삶의 여유가 아닌가. 가장 선한 곳에도 감춰진 악은 있게 마련이다.

인류의 번영은 전쟁 종식 여부에 달려 있다. 한반도에서의 전쟁 종식 선언은 세계 평화의 큰 물꼬가 될 것이다. 이념과 체제의 차이를 사람 간의 성격의 차이로 보면 어떨까 생각해 본다. 세계사에 영원한 이념이나 절대 체제는 없고 또한 완벽할 수도 없다. 불안전한 우리 인간 서로 이해하며 살자구요. 세상에 적을 만들지 말자. 힘있는 자일수록 좀더 양보하고 사랑하고저 애쓰며 연약한 자일수록 감사한 마음으로 지내면 얼마나 좋을까. 아자.

오늘 사전투표일이데, 사전투표할까 봐. 누굴 찍을까?

암은 적과 아군을 구분 못하고 아군을 공격하는 자기면역결함 세포라 합니다. 현대에는 자가면역질환자가 많은 것이 특징입니다. 적은 적이기 때문에 공격의 대상이 됩니다만 아군의 군복을 입고 자신을 공격한다면 맨붕이 올 수밖에 없습니다. 적이 아군에게 있고 동료에게 있고 가족에게 있다면 끔찍한 일일 수밖에 없습니다. 가족 특히 부모가 자식을 학대할 때 그 자녀는 어찌해야 할까? 정말 끔찍한 일이 아닐 수 없다. 운명이란 말은 이런 데를 비유하는 말일까? 아자.

하늘에 계신 여호와여 지금 이 시간 내게 임하소서! 간절한 나의 기도를 들으시고 나를 구원하소서! 살고저 하는 나를 살리시고 제가 기도하는 이웃과 형제에게 치유의 은사를 베풀게 하소서! 저들의 고통과 근심 걱정에 그 슬픔에 위로하는 능력과 기적과 이적을 행할 수 있게 하시고 이를 사람에게 자랑하지 않게 하소서. 이 모두를 예수님의 이름으로 부르짖으며 여호와 기도하게 하시고 야훼 여호와 성령이여 이곳에 함께하소서. 기드온과 함께하신 여호와 하나님이시여! 기도 능력을 충만케 하시고 부르짖는 저의 입술에 치유 능력이 있게 하소서. 또한 분노와 저주의 능력에도 하나님이시여 부디 개입하소서. 아멘.

한낱 인간에게서 위대함을 기대하는 것은 신을 닮아 가려는 자를 신처럼 떠받드는 심적 행위가 아닐까? 사람으로서 가능한한 진실하고저 하는 의지와 사회의 정의로운 것에 끝없이 도전하는 행위는 사실 거룩한 행위이다. 위대해 보려는 그 모습으로 겸손을 더해 추구하는 사람이 있다면 보통 사람의 희망이요 시대의 선구자요 선지자라 해도 좋을 것이다. 닮아 가고 싶은 그의 얼굴에서 행복을 느끼며 바라보게 될 것이다. 아자.

누미노제— 절대 성스러움, 최고의 신, 순수한 영혼을 나타내는 말로 라틴어로는 numen이라 이르는 말이다. 절대자 앞과 같이 최고 권위자 앞에서 자연스레 무릎 끓어지는 행동을 이르는 말이다. 요즘 드라마에서 흔히 여자 앞에서 잘 생긴 남자가 쉽게 끓는 그런 무릎 끓기가 아니다. 흔히 상남자 중에 상남자 할지라도 압도당하는 절대권위 앞에서 자연스레 무릎 끓어지는 현상이라고나 할까? 옛 선비나 남자들은 쉽게 무릎 끓지 않았던 것 같습니다. 세상이 변했다. 변해도 너무 변했다. 세상 뒤집힌 듯 변했다. 아, 옛날이여! 아자.

북미회담이 곧 열리게 되리라는 소식이다. 한반도의 위기인 동시에 기회이고 기회인 동시에 위기일 수도 있는 날이 다가온다 할 것이다. 남북은 이번 기회가 절호의 기회로 삼아 영구평화의 주춧돌을 놓는다는 각오로 임해야 할 것이다. 한반도의 비핵화와 북의 완전복구 불가의 비핵화를 추구함이 성공을 거두고 한반도의 영구중립을 목표로 회담이 진행되었으면 하는 것이 나의 소망이다. 남북 휴전협정을 남북 전쟁 종전선언으로 대체하고 남북 평화협정, 북미 평화협정이 체결됨으로 한반도가 세계 평화에 더 기여하는 영역으로 남길 기대한다. 이번 기회에 중국과 러시아 그리고 일본도 이를 적극 수용해 주어야겠다. 꼭 동북아 지역에 평화를! 아자.

현충일이다. 나라를 위하고 다른 사람 이웃을 위해 제 몸을 아끼지 않고 헌신한 분들을 기억하는 날이다. 그 희생해 주신 정신과 모습에 오직 감사의 마음을 드릴 수밖에 없다. 감사 감사. 어느 곳이나 어느 사람이나 희생과 헌신이 있어야 발전하고 변화한다. 서로 감사하고 배려할 때만이 함께 성장하며 서로의 믿음도 자란다. 아자.

아름다운 꿈을 위하여— 보다 영적인 꿈, 하나님 마음, 그 성령이 항상 내게 있기를… 지나친 욕심인가? 제 아무리 열심히 해도 성령의 도움 없이는 아무것도 할 수 없다는 것을 느낍니다. 안 좋은 상태임에도 불구하고 도전을 감히 기쁘게 받아들일 수 있음은 성령을 믿기 때문이다. 성령은 모든 능력의 근본 에너지이기 때문이다. 성령을 주도적으로 모실 수 이끌 수 있기를… 아자.

하늘에 계시는 나의 영혼의 아버지 이름을 거룩하게 하시고 나의 육신을 있게 하신 나의 몸의 아버지께 감사히 여길 때 하늘이 나에게 축복함이 있으리라. 세상의 권세와 온 영광의 뿌리가 여기에 있는 것이다. 친어머니의 기도는 자신을 다스리게 하고 부드럽게 하며 온유한 마음을 갖게 한다. 아자.

쉽게 변덕이 심한 이를 가리켜 갈대와 같다고 이르기도 합니다. 여자의 마음이 쉽게 변한다 하여 여자의 마음은 갈대와 같다고 흔히 얘기합니다. 쉽게 변하는 마음은 환경에 따라 감당할 수 있는 것을 취하는 현실적 방안인지 모릅니다. 변하지 않기 위해서는 죽기를 각오하든지 역경을 감당할 능력이 있든지 힘든 과정을 거쳐야 합니다. 변한다는 사고 매우 지혜의 처신일 수도 있습니다. 변해야 할 것은 변해야 하고 그 자리에 있어야 할 것은 그 자리에 버티고 있어야 됩니다. 그러나 만사 신의 섭리로 생각하면 세상 흐르는 대로 내버려둘 수밖에 없습니다. 그냥 그대로… 부디 저나 제일 잘 챙기며 살 수 있는 능력이면 족합니다. 아자.

예수님이 우물가에서의 사마리아 여인과 대화는 유명한 것이라 이미 아시죠? 당시 예수님은 이 여인에 대한 소문이나 정보를 입수하시고 이곳에 오셨을까요? 아니면 우연히 만나 척 보고 점 보듯이 아셨을까요? 영감으로 이 여인을 만나시고저 일부러 이곳 우물가를 방문하셨을까요. 어찌 보면 흥미로울 수도 있는 이런 생각을 해 봤습니다. 아자.

자신을 위해 기도하는 사람 그가 부모일지라도 좋다. 단 한 사람의 기도가 개인의 존재 이유와 가치를 생명에 대한 존귀한 사명을 갖게 하기 위해 충분한 이유가 된다. 이제 부모들은 그 자녀에게 아들아, 딸아 너를 위해 기도한다고 말해 주자. 그들이 하고저 하는 일을 존중해 주자. 무엇이든지 잘될 것이라 말하며 격려해 주자. 칭찬과 소질에 대한 기대는 소망처럼 잘 자라게 할 것이다. 표현하자. 자신을 위해 기도하는 분이 있음을 확인할 때 어긋나지 않은 삶을 살려고 할 것이다. 사람은 기대한 만큼 성장한다. 아자.

흔히 배우를 스타라 한다. 배우는 자기 배우의 삶을 살아내지만 배역과 그 취지나 성격에 따라 크게는 선한 역과 악한 역을 정해진 시나리오의 배역에 따라 잘해 낸다. 그 드라마의 성격과 주인공의 심정적 묘사와 사건의 상황에 따라 그에 걸맞는 역활을 아주 잘해 내는 이라서 스타라 하지 않는가 싶다. 우리 각 개인이 자기의 직업과 환경에 따라 좀 유들유들하게 이 인생무대에서 좀 객관화시켜 가며 역활을 해 낸다면 지금보다는 더 재밌고 편한 인생이 될 수 있지 않을까? 생각해 본다. 배우의 자세로 어떤 인생이 다가오건 진정성 있고 보기 좋은 모습으로 늙어 가기를 기도해 본다. 아자.

더위는 사람 미치게 하는 것 같아! 너무 덥다.

　판단과 비평, 하나님이 최종적으로 판단하실 사항을 인간 그 누구도 비록 형제라 해도 판단하지 말라는 것이다. 비평이란 인간이 인간의 위치에서 구분하고 평하는 것을 말하는 것이고 심판하듯 최종적인 판단은 신의 영역이라는 건 아닐까. 따라서 축복과 저주에 대한 권세는 오직 하나님의 권한이므로 그 누구도 대신할 수 없다는 것일 게다. 그 누가 축복의 권세만 있다면 그를 무조건 따를 것이다. 그에게 저주의 권세만 있어도 노예처럼 그를 두려워하며 복종할 것이다. 아자.

　교육감을 선출하기도 하는 이번 지방선거에서는 인간 기본 교육을 확실히 할 수 있는 교육감이 선출되기를 기대해 본다.

　사람의 욕심이 한없다고들 한다. 욕심의 충전을 위해서는 부모 형제 혹은 자신마저 속이는 걸 마다하지 않는 것 같다. 법을 전공한 나이지만 법 이전에 사람 사이에 믿는 관계가 지속되기를 기도한다. 믿음에 대한 배신은 때론 험한 생각에 이르기까지도 하게 하는 것 같다. 조심 매사 조심조심해야 한다. 아자.

　어떤 기업이든 잘못된 지적질은 그 기업을 순간에 무너트릴 수 있다. 한 사람에 대한 지속적인 지적은 그 배경을 의심케 한다. 사람이나 기업은 그 이미지로 성패가 갈라지는 시대이다. 개인의 명예와 이미지 관리도 연예인 못지 않는 경우도 더러 있다. 이 시대는 타인의 명예에 더 관심을 가져야 할 때다. 서로 존중해 하기를 게을리하지 말자. 아자.

시를 위해 시를 짓다. 시를 쓸 수밖에 없어 시를 짓다. 어찌하다 보니 시가 되었다. 이 중 어떤 시가 가장 좋은 시가 될까? 시는 영감을 흡입하고 사명을 뿜어내는 열기를 좋아하고 또 시는 열정을 좋아하고, 인간의 필연적인 우연을 또한 사랑한다. 독자의 입장에서도 시를 읽고 또 읽고 싶은 시 이런 시를 도자기 굽듯 짓고 싶다. 나의 경우 통일시를… 의도성이 다분하다. 오직 사명의식으로 짓는다. 민족에 보은하는 심정으로 짓는다. 아자.

공직이건 개인 업체건 자기 직책에 책임감을 갖고 행한다면 역사적인 사명감이 아니라도 그 직분에 걸맞는 수행을 야무지게 할라치면 보다 나라의 살림은 더욱더 좋아지리라 여겨진다. 개인의 이런 책임 회피성 안일주의는 직무태만, 직무해이, 직무유기로까지 이어지기 십상이다. 이런 분위기가 확산되면 그 체제는 붕괴되기 쉽다. 모쪼록 군대에서부터 관료, 기업, 각 가정에 이르기까지 마음을 새롭게 가다듬어야겠다. 내가 주인이라는 인식이 충만해야 나라가 부흥한다. 약한 나라엔 따뜻한 손을 내밀며 도움을 주는 나라 찾기 어렵다. 결국 어느 나라도 최후의 우방이 되어 주기 어렵다. 그러니 우리는 항상 새롭게 뜨는 나라가 되자.

지속적인 지적질은 그에 대한 사랑인가 관심인가. 지나친 지적질은 당하는 이에겐 엄청난 스트레스다. 비록 자식에게라도 하나님의 훈계로 하되 노하지 않을 정도로 해야겠다. 말이 그렇지 샤방샤방하며 기분 좋게 지적하기 어렵습니다. 남 지적은 쉬워도 내 지적질은 싫다. 너무 싫다. 안 그런가요. 아자.

지금 언론도 시인도 학자도 연예인도 심지어 정치인도 통일을 말하지 않는다. 지금은 침묵 터널 시대 속이다. 아자.

각 사람마다 무언가 기억되고 경험되는 것이 있었다면 어떤 것이 경험되건 그것도 인생이다. 인생은 자신이 경험한 만큼 성장하며 깨닫는 것 같다. 독특한 인생은 특별한 경험을 겪으며 나름 유별난 인생을 경험케 한다. 인생은 그 인간의 크기만큼 지나온 흔적을 남긴다. 아자.

가게를 그만두고 있으니 얼굴이 편하다는 사람이 있다. 장사를 한다는 것은 스트레스의 연속이다. 지금 차지하고 있는 사람이 영업장을 리모델링한 탓에 훨씬 보기 좋다 한다. 나 없어야 세상은 더 잘 돼지 않나 여겨지기도 한다. 내가 움켜쥐고 있어 다른 이가 더 좋은 일을 못하고 있지 않나 반성이 되기도 한다. 내가 아니면 안 된다는 생각은 참 위험한 발상이다. 그러나 책임을 맡으면 나만이 최선을 다할 수 있다는 사명감도 필요하다. 다시 겸손하게 저마다 맡은 직분을 잘 활용하며 최선을 다 해야겠다는 다짐을 해 본다. 아자.

해마다 오월은 가정의 달이다. 사실 오월처럼 날씨 좋은 날이 많은 달도 많지 않을 듯하다. 특히 올 5월은 나라적으로 기쁨과 우려가 폭발하는 달인 듯하다. 돌다리도 두드리며 그러나 순발력 있게 박력 있는 지도력이 기대되는 날들이다. 한반도에 평화와 번영이 가득하길 기대한다. 아자.

하나님이 도와주셔야 평화와 행복이 있다. 하나님의 절대 주권을 인정해야 한다. 이것이 신앙이다. 아자.

선생이 필요하다. 나라엔 지혜의 선생이 필요하다. 정치와 사회 제문제에 방향을 제시하며 따라야 할 권위의 선생님— 스승이 필요하다. 각 분야의 스승이 있어야 한다. 어른이 있어야 한다. 지금은 어른 부재의 시대이다. 어른은 어른답고 부모답고 자식답고 학생은 학생답게 살도록 하자. 또 국가를 국가답게 국민을 국민답게 교육하고 훈련되지 않는다면 사회에 원로인 선생이 없어지고 그 국가에 지도자가 지도력인 강력한 힘을 잃고 그 중심체가 없이 흩어지거나 스스로 소멸한다. 아자.

시가 문맥이나 시어에 있어서 보다 친근감 있고 미적이면 더 좋을 듯하다. 그러나 시가 철학적인 명상이어도 좋고 향토적인 구수한 언어도 좋고 미학적이다 싶게 아름다운 언어의 조합도 좋다. 작가의 기분과 취향에 따라 취사선택하는 것은 작가의 고유 권리이기도 하다. 읽는 독자가 많으면 좋지만 그렇지 않아도 어쩔 수 없다. 시가 이래야 된다고 정의해도 좋지만 제멋대로 써 보는 것도 재밌다. 고정된 개념보다는 창조성을 발휘하게 되는 형식도 좋을 듯하다. 아자.

내 이름을 우연히 검색해 보니 생각보다 알려지는 것 같아 기분이 묘하다. 앞으로 더 열심히 진지하게 글을 써야겠다. 아자.

아인슈타인은 어느 날 도우미 차장에게 버스값도 제대로 계산 못하는 사람이라 면박을 받았다는 얘기나, 지혜의 선구자 소크라테스스는 "너 자신을 알라." 하신 말씀으로 유명합니다. 그런데 이분도 아내에겐 설거지물로 벼락을 맞았다고도 합니다. 가장 가까이에서 보면 모두가 어리숙하고 한참 모자라 보입니다. 좀 떨어져 관찰하면 어쩜 아름답게 보이는 것이 세상사 아닐까요. 가까이 있는 사람 귀엽게 보면 귀엽고 순박하게 보면 순박합니다. 가까이 사귀는 이를 너무 몰아치고 있지는 않은지 돌아봐야겠습니다. 그가 천재일지 모른다고 생각해 보세요. 가능한 한 좋은 쪽으로 생각합시다. 아자.

검은 약속 그 하나만을 기대한 채… 세상살이는 암담함 속에 희망을 만들어야 하는 곳이다. 제 얘기만 하고 싶고 제 얘기만 외롭다고 세상에 외치고 싶고, 다른 이의 얘기는 다 알고 있다고 여기는지 들으려 하지도 않아요. 제 사연만 세상에 있네요. 아, 무식유식한 사람들… 너무 유식무식해요. ㅎㅎㅎ 아자.

결국 소통부재는 경제적인 손실로도 이어지기 십상이다. 당연한 판단, 당연한 얘기한다는 것도 당사자들이 상당한 수준에 있고서야 가능하다. 아자.

19

　예의를 잊기 시작한 때부터 가까울수록 마주하게 되는 그 사람의 습관이 무섭다. 첫인상을 그대로 유지하며 상상의 이미지를 민낯과 부합시키며 스스로 그 실상과 이미지를 비교하면 지금과 미래의 실체를 종잡기 어렵다. 특히 남자의 입장에서 여자들이 그렇다. 여자 입장에선 남자도 그러하리라. 사실 제 관리 부족 탓이다. 세월이 나이를 먹는 것이 아니고 내가 나이를 더해 간다는 것이다. 나잇값 하기가 참 어렵다. 아자.

　눌린 자에겐 자유를… 살고 싶은 사회를 만드는 것이 그 시대의 공동체가 할 일이다. 살자 살자 다짐을 해도 막연한 채 방법을 찾지 못하고 있는데 가령 자살을 개인의 탓만으로 돌린다면 갖고 있는 조건이 약하여 경쟁력이 취약한 인간은 비난에 직면하게 한다면 의지박약자는 삶을 포기하여 경쟁에 낙오하는 자들로 추락하게 되고 또 그 사회는 스스로 무너질 것이다. 따라서 이 사회에서 사랑으로 이들을 감싸안아야 해결의 단초가 열릴 것 같다. 이 세상에 태어난 인간은 신이 주는 생명의 시간을 누릴 자격이 있다. 하나님의 사람이면 쓰러져 가는 인간을 살피며 함께 살도록 협력해야 할 의무가 있다. 이것이 전도이며 복음이다.

잠 속에 꿈마저 감당키 어려운데… 황당한 일이 밤사이에 세계 곳곳에 나타난다. 오늘도 미국이 미북 정상회담을 파기했다는 소식이다. 참 애석하다. 평화는 그 문에 들어서기까지도 험하고 이렇게 어렵다. 평화를 자기주도로만 하려 하기 때문인 듯하다. 참 어이없다. 그렇지만 어느 정도는 예상했던 충격이다. 상대를 의식하고 배려하는 예의 있는 모습이 힘의 논리에 이끌리는 세계 정치에서는 이상 더 어쩔 수 없는 듯하다. 이 사태는 평화를 싫어하는 배후 세력군이 있다고 봐야 한다. 아, 핵무기 갖고 핵 핵 하며 장난하는 이 그 누구인가? 아자.

오늘도 은혜의 날이었다. 부질없는 꿈을 꾸다가 현실을 직시함에 감사한다. 늘 그렇다. 충동에 약하고 참을성이 부족하고 주의력과 집중력이 약하고 산만하고… 지능도 약하고 지식도 일천하고 남 꾀심에 너무 잘 넘어가고… 영혼은 여리고 정신력도 약하고… 아 몰라 몰라, 돈 만드는 재주 너무 약해 핀잔 또 핀잔… 늘 가족만 날 싫어해! 가족은 늘 십자가 타령. 아자.

나를 위한 복음이 어디 있는가? 나에게 적합한 말씀은 무엇인가? 내가 해야 할 일은 무엇인가? 돌아보면 헛되게 산 듯하다. 그 누구의 감동도 못 얻음은 스스로 반성해야 한다. 나는 누구인가? 내 책임 없이 그 누구의 도움으로만 사는 듯도 하고 아니면 그 누구의 이유 없는 해코지를 경험하며 쓸쓸히 지낼 때 왠지 허전하고 공허하다. 스스로 우뚝 서지 못하더라도 이렇게라도 살아야 할 분명한 이유가 누구에나 있는 것인가. 이것이 인간사인가. 묵묵히 잘도 사는 듯한 이 사람들의 그 속 얘기가 궁금하다. 아자.

자유가 있는 나라의 강토 속에서 태어난 건 큰 복이다. 평화의 시절에 태어남도 복이다. 노년의 장수가 문제인 듯한 뉴스다. 아이의 웃음과 재잘거림과 끽끽거리는 머스마 아이의 순박한 웃음 모든 게 지나고 보면 보물 같은 장면이다. 그 누가 보물처럼 아름다운 이 시대를 꾸미고 있는가. 다 우리다. 아자.

고구마가 맛있었다. 쏘가리 매운탕이 맛있었다. 피곤하고 지친 몸들… 나이들어 여행이라니… 한적하여 그렇다. 사실 한가한 사람처럼 예술만 논하다가 세월 보내는 사람 가득한 도시가 아니다. 시골 도시에 문학과 예술이 요동쳤으면 좋겠다. 농촌에 의식 변화에 큰 영향을 미칠 디자인과 예술이 요동쳤으면 좋겠다. 대한민국에 예술이여 요동하라.

일반은 취미 삼아 글쓰고 짓고 그림 그리고 노래 부르고 하지만 글쓰기가 직업인 사람은 그러고저 한다면 노래나 그림처럼 집중하여 전념하는 것이 맞다. 재능이 있는 것과 직업은 다르다. 전념해야 하는 것이다. 이 단순한 이치를 젊었을 때 깨닫고 매진했어야 했는데 돌아보니 지혜가 없었다. 아자.

부모 자식 간에도 목숨을 거는 기도가 있을 때만이 송달되고 상달이 되는 경우가 많다. 완악한 마음을 가라앉히게 하는 힘이 사랑이지만 자식조차도 이를 위선이라고 의심하려 들어 대책이 없다. 그 어디서 그 속의 참을 발견할 수 있을까. 분별력이 사라져 가는 이 시대에 어찌 살겠는가? 가족을 일으킬 때다. 개개인의 삶을 분석하여 함께 대처하도록 해야겠다.

한강변 마을에 한 별장을 방문했다. 끓이는 커피 한잔이 낭만이다. 그러나 밤에는 홀로 무섭겠다. 귀가 중 비가 내리고 모두 급한 듯 귀성 차량으로 꽉 채워진 도로, 주차장이 따로 없다. 비는 계속 지 할일 하는 듯 꾸준히 내린다. 아자.

※

지난날 통일 염원을 위한 시 한 편을 컴퓨터에서 실수로 휑하니 날리고 그래 기억이 죽고 그래서 되돌릴 수 없이 잃고 지워진 흔적에 애만 통통거리다가, 무언가 남북회담이 꼬일 때면, 무슨 연유인지 마치 내 탓만 같다. 아자.

※

개개인의 지식과 지혜만으로 세상만사를 해결함엔 문제가 많으나 자기 의견을 제시해 보는 것은 지혜의 창출을 위한 표현인지도 모른다. 이래서 다들 민주주의를 좋다고 말하지 않나 싶다. 아자.

※

사회학적 사상이나 종교적 교리가 이념으로써 국가 이념의 주춧돌로 사용될 때 법보다 무서운 무기가 될 수 있다. 국가의 지도 계층과 기득권층은 이를 주목하며 중시하여야 한다. 창국 당시 꼭 필요로 했던 개념이 시대의 흐름에 따라 변화한다는 사실을 도외시할 때 마치 처음엔 따스해서 즐기던 개구리 동화처럼 편안함에 젖어 위험 감지의 시간을 놓치고 그 뜨거운 물에 삶아져 죽을 수밖에 없는 그런 경우가 생기기 쉽다. 주변의 쓴소리를 감지할 수 있는 사상의 자유와 논리의 과학적인 추론이 가능하도록 법률적 제도를 정치적인 것도 아울러 제도화시키는 일이다. 시대가 변해 가는 것같이 정치 이념도 당연히 함께 변해야 한다. 아자.

신앙인이 모인 곳에서는 그 교의 교리와 근본적인 신앙문제가 중요하다. 특히 개인적인 견해보다 공유할 신앙의 토대인 근본 교리가 더 중요하다. 사회적인 이론과 논리는 그 이후의 문제다. 사회문제 해결을 종교의 문제로 사회통합적으로 해결하는 의지는 개인적으로는 이해하나 통합적인 논리로써는 적합하다 볼 수 없다. 사회운동은 사회학적 접근법으로 이뤄져야 한다. 정경분리의 원칙은 매우 지켜져야 할 덕목이며 원칙이다. 아자.

복잡한 일이 터질 땐 잠자는 게 최고다. 잠에서 깬 후에 해결되든지 또 많은 진전이 있든자… 좀 기다리는 것도 해결 방법에 하나다. 아, 흘러가는 게 세월이다. 영원한 시간에서 멈추며 다시 영원한 시간 속으로… 여기는 고요와 침묵 속이다. 아자.

하루 종일 비가 오고 또 오고, 비 맞으며 빈거리를 맨정신으로 홀로 쏘다니지 못한다. 무언가 미치고 싶은 날이다. 빗속에 서는 사람 간에 얘기가 없다. 밤비 소리만이 정적을 깨뜨리고 있다. 거리마다 사람들이 말을 잊고 판토마임을 한다. 왜 그럴까? 잘 나가는 듯한 나라 일과 세계 일이 가끔씩 삐그덕거린다. 왜 그럴까. 알다가도 모를 일투성이다. 산 자에게는 제 근심 아니어도 도처에 걱정거리 쌓여 있다. 내일은 어떤 근심거리가 기다리고 있을까. 이것도 팔자인지 모른다. 아자.

하루의 시작이다. 일어나자. 게으른 마음을 던지며….

친구나 가까운 자의 허물을 모르는 척하거나 다른 이에게 발설하여 옮기지 않는 자세는 그와의 믿음을 두텁게 한다. 털면 털리듯 헤아리면 그 누구나 파헤칠 죄나 허물이 있다. 그 누가 이에 자유로우리. 홀로 온전한 척하다가는 왕따 되기 십상이다. 그 허물과 죄가 가리워지는 자 복이 있다 하지 않습니까. 자신에 대한 나쁜 이미지를 형성케 하는 여러 사실들이 알려지지 않도록 하는 것도 자기 관리이다. 홀로 있을 때 그대는 무엇을 생각하며 또 어떤 행동을 하는가? 아자.

오늘 낮 장대비 내려 마치 여름날 장마철처럼 청개구리 울음을 울어 본다. 관계자들과 논쟁도 하며… 살펴보면 뭐 그리 어려울 것 같지도 않건만 담당자 바뀔 때마다 하소연 협박(?) 내사 모르겠다. 될대로 되라지. 아휴… 아자.

악이 선인 줄 알고 혹 악이 악인지 모르고 저지르는 사람은 구원의 대상이 될 수 있어도 그러나 악이 악인 줄 알면서 어쩔 수 없이 목숨을 담보로 끌려가 저지르는 경우는 연민을 느끼게 하거니와 결심한 듯 자기의 이익과 탐욕을 위해 과감히 행하는 악은 그 얼마나 끔찍한 일이며 또한 무서운 사람 아닌가. 이런 사람은 정말 악질인 경우가 많다. 아자.

껄끄러운 상대와 대화를 하려거든 기본적으로 상호존중하고 자존심을 손상시키는 각종 행위를 중단하며 인격적인 모욕을 하지 말아야 한다. 즉 예의를 갖추기 전 무례에 대해 먼저 생각해야 한다. 인간은 자기중심적인 인격적인 주체이며 동시에 객체다. 아자.

귀하고 거룩한 일에 마땅한 이로 추천받는다면 좋은 일꾼으로 칭찬받게 되고 그 같은 천거가 보상으로 그 일에 추천받게 될 때 사람은 사는 보람을 느끼게 되리라. 아자.

아침은 남은 밥에 라면 넣고 끓이면 끝. 이렇게 오늘 하루는 시작될 거라. 내 오늘도 멋진 하루 보냈다고 고백할 수 있기를… 아자.

상추를 심고서 가끔 뜯어먹으니 반찬 없이도 잘 넘어간다. 아자.

산다는 건 회개이고 회개하는 것이다. 삶이 왕성한 5월 흐드러지게 핀 꽃들의 잔치가 한창인 요즘이다. 아자.

※

항상 제 분수를 알아 사태를 직시하며 겸손하게 현실을 감사함으로 받아들이는 자는 얼마나 은혜스러운가. 이런 자에게 하나님의 축복이 더하며 오래 머물리라. 지금이 겸손해야 할 상황인가 아니면 사명으로 받아들여야 할 시점인가? 사람에 따라 이것이 문제가 되는 경우가 많을 수 있다. 아자.

※

이제 4차산업이 이미 도래한 듯 얘기되고 확산되고 있는 가운데 자기세대에 다양한 산업을 경험하고 있다는 것은 그만큼 산업 발전과 변화의 속도가 빠름을 말하는 것이다. 산업이 그 시대 인간의 수준이다. 지금이 혁명이 지속되는 곳은 각종 산업 분야이며 따라서 산업혁명 시대이다. 앞으로는 산업 간 융합하거나 접목하여 새롭고 다양한 산업을 만들어 갈 것이다. 이에 주목할 것은 기술과 예술적 접목 외에 고가치 창출을 위한 철학 있는 아름다운 예술산업의 도입이다. 그 누가 이와 접목하느냐에 따라 그 성공의 수준을 달리하게 될 것이다. 아자.

※

지난밤에 비 잠시 내리고 떠나간 구름, 짓궂은 사내아이가 오줌 싸고 도망간 듯하다.

평화회담, 혹 그것이 거짓이라 해도 진실이라고 믿고 싶다. 평화, 만일 그게 쇼라면, 그게 전쟁 쇼보다는 나으리라. 비록 그것이 연극처럼 각본처럼 만들어 가도 남북, 북미, 남미북, 북미중 등 어떤 회담이 되건 한반도에 긴 평화가 보장된다면 이보다 좋은 일 있을까? 비가 오면 생명은 활력을 얻고 자란다. 한반도의 번영을 위해 더 힘쓰자. 우리 민족은 위대하니깐. 짠. 아자.

생각하는 사람마다 자신의 죽음을 생각해 보지 않은 이 누구랴… 죽음을 생각하면 우울하다. 아름다운 여인도 늙고 죽는다는 것이 참 신기할 때가 있었다. 저렇게 예쁜 여자가 왜 죽어야 해, 저 늠름한 청년이 왜 죽어야 하는 걸까? 그럼 왜 이 땅에 태어나게 했을까? 이해가 안 되는 거다. 예쁜 꽃도 시들고 또 죽어 가고 귀여운 생명들도 한낱 풀처럼 사라져 간다. 이 역사의 당연함 속에 새삼 감탄은 뭐야? 이런 아름다움은 영원해야 하는데… 아자.

시인은 자기 글이 자기 고백을 넘어 독자의 마음에 행복한 위로가 되거나 평화가 되어야 한다. 아자.

많은 이가 여러 분야를 많이 꿰뚫고 깨달아 아는 이를 박사님이라 말하기도 하지만 학문적으로 박사란 특정 자기 분야를 홀로 주도적으로 연구할 수 있는 능력이 있다고 여기는 사람이다. 아자.

내 속에 귀한 생각으로 채워야 한다. 먼저 하나님이 독생자 아들을 십자가 보혈로 구원하고파 하시는 그렇게 귀한 존재라는 인식으로 이웃들을 구원해야 한다는 사명감으로 무장되어야 한다. 자기를 사랑할 수 있는 만큼 자존감이 있고 자존심이 형성된다. 아자.

기억해 낼 수 없는 사라진 시, 잊어버린 시, 불태우거나 쓰레기로 버린 시들 어느 날 아까와라. 모두 모두 아까와라. 그곳에 명시가 있었을 거야. 불후의 명작이 한두 편은 있었지. 암 있었지. 꿈속에서나 찾을까 하는 기막힌 시 무릉도원에 혼자 있어 써 논 명문장들. ㅎㅎㅎ. 아자.

내버려 둬요. 이것이 자유다. 자유가 필요한 자 자유케 하라. 가르치려 하지 말라. 스스로 깨우쳐 알게 하라. 깨달은 자 자유가 있다. 평화가 있다. 행복이 있다. 아자.

성경의 등장인물을 사후에라도 성경의 기록만 갖고도 지금의 현실의 법정에 세운다면 죄없다 하며 무죄 방면될 분 얼마나 될까. 부정적으로 보면 죄 안 되는 것이 없을 듯합니다. 역사의 법정에서는 떠오르게 하는 게 죄뿐인 경우가 많다. 그 누구를 정죄하는 것부터가 죄이다. 죄란 시각을 달리하면 모두가 죄로 규정할 수 있음이 죄의 구성원리의 취약성이다. 좋게 보면 다 좋게도 해석하지만 나쁜 저의를 가지고 올가미를 씌운다면 벗어나기 쉽지 않은 것이 인간사의 범죄사이다. 아자.

마음의 정화를 위해 시원한 전화 한 통화 받기도 하기도 쉽지 않은 세상이다. 가족이나 친구라도 그렇다. 행복한 마음의 평화가 점점 사라지는 세계요 사회이다. 그러나 어찌 보면 가장 행복한 시대요 지난날에선 찾아보기 어려운 역사적으로나 경제적으로는 풍요와 안정을 누리는 시대이다. 아자.

고대 위대한 수학자 아키메데스, 그가 무식한 로마 병사에 의해 살해되지 않았다면 인류 역사는 엄청난 변화가 있었을 것이다. 한 사람의 천재가 세상을 변화시키고 진보케도 하지만 이처럼 무식한 자의 무모함과 어떤 행위가 역사를 전적으로 퇴보시키는 역할을 하고 있음을 본다. 악화가 양화를 구축하듯이 무식한 자들이 군중의 힘으로 역사를 퇴영시키거나 망쳐 놓는다. 그 예가 중국의 문화혁명이거나 그 유사한 사회운동이기도 하다. 이런 덧을 조심하라. 민주주의라는 미명하에 경제계나 문화에 술계, 과학계 등 탁월한 이름 모를 한 천재를 죽일 수 있다는 사실도 깨우치고 알아야 한다. 안타까운 일이지만 무식에도 흑암 같은 힘이 있다. 아자.

내가 하나님이 된다면 무엇을 할까? 당신이 하나님이 된다면 무엇을 하고 싶습니까? 당신이 세상의 왕이라면 또 무엇을 하고 싶습니까? 내가 왕이라면 또 무엇을 할까? 이 질문 앞에서 그대 대답해야 한다. 내가 대답할 수 있어야 한다. 무엇보다도 내 자신의 문제에 더 집중하며 몰두할 수 있어야 한다. 나는 내 문제 해결을 위해 지금 무엇을 할 수 있는가? 이것이 문제요, 지금 가장 큰 문제다. 아자.

어버이날을 앞당겨 연휴를 즐기는 이들… 서울은 한가롭다. 어버이날 제 부모를 추억하는 자식을 둔 부모는 자손 잘 두었다. 어버이날이 되어도 부모를 추억하는 자식 하나 없다면 참 불쌍한 부모다. 자식 또한 불행한 자식이다. 어리석고 사람으로 태어나 사람 구실 못하고 사는 사람이다. 사랑받고도 사랑인지 모르는 자식, 사랑을 배신하는 자식 이런 자식들이 사회에도 애물이 되어 문제를 던진다. 아자.

친구 간에는 이해관계 못지 않게 의리라 여겨지는 동료의식이 있어야 하고 결정적일 때 감성적으로 일체감이 느껴지기를 원한다. 그러나 이런 순수감정을 이용하려는 간악한 사람도 있으니 바로 사기꾼이 그다. 사기꾼은 순수감정을 부추기거나 자기 유익을 위해 교묘히 감정을 유도하기도 한다. 이런 이는 가까운 사람일 가능성이 많다. 취약한 여지를 항상 파악하고 있기 때문에 사기당하지 않기도 아주 힘들다 할 것이다. 따라서 보통 알고 당하기 일쑤다. 아자.

꿈이란 잠들어 본 자의 한때 추억이다. 잠든 자만이 꿈을 꾼다. 꿈을 꾸려는 자 잠을 청할 것이다. 잠자지 않는 이는 꿈이 무엇인지도 모른다. 꿈을 꿔 본 사람만이 서로 꿈 얘기가 통한다. 꿈을 꾸는 것은 산 자의 새로운 세계를 이해할 수 있는 가교다. 때론 현실 같은 경험, 체험 없는 체험, 놀라운 세계다. 사람들은 꿈을 이해하므로써 그의 환상의 세계를 또 불안과 두려움을 이해할 수 있다. 아자.

그렇고 그래, 세상 일 별것 있어? 내 생활에 큰 영향 없으면 있으나 없으나 그만그만이다. 결국 나의 행동은 나의 이해관계에 따라 방향과 형태를 나름 결정하기 따름이기 때문이다. 아자.

시인은 초인이 아니요. 그냥 초인을 기다리는 자이다. 시인은 성인이 아니다. 단지 성인을 찬미하는 자이다. 시인은 왕도 귀족도 아니다. 겁 많은 선비이고 한량일 뿐이다. 시인은 신의 영감으로 떠들어 대는 나팔수이거나 뭔가에 미쳐 외쳐대는 헛소리일 뿐인지도 모른다. 그러나 오늘도 시인은 그의 신이 영으로 들어오시기를 원한다. 아자.

협상은 상대가 있다. 일방적인 주장과 지나친 요구는 협상을 결렬시키기 위한 트릭으로 여겨질 수 있다. 협상은 힘보다 예의가 먼저다. 상대를 배려하는 애틋한 마음과 진정성이 있어야 한다. 그래야 좋은 성과를 기대하게 된다. 아무리 강한 힘이 있어도 원하던 바의 80%의 달성이면 내심 만족할 준비가 되어 있어야 한다. 이것이 협상에 임하는 자들이 갖추어야 할 덕목이 아닐까. 아자.

지금은 혁명시대 산업혁명, 농업혁명, 기계혁명, 무기혁명, 종교혁명, 예술혁명, 의식혁명 등 내걸린 깃발은 수도 없이 많아 보인다. 반면에 오염으로 폐허가 되어 가는 지구이다. 산업을 말하면 인구는 적으나 지구 적정 수용 인구는 지나치게 폭발적으로 많다. 국가는 제 국가의 이기적 욕심에서 떠나야 한다. 그리고 향후 산업과 인구의 균형을 다시금 생각할 때다. 아자.

5월 주일 후 첫 주를 시작하며… 온 세상 울리도록 힘치게 찬송가를 부르고 싶다.

새로워진다는 건 이기적인 마음이 내 속의 이타적인 마음에 매일 조금씩이나마 더 배려한다는 것이다. 잠들면 곧 잊어버리는 마음들 매일 새벽이면 동쪽 끝 둥근 해처럼 또 밝음이 생겨 씩씩하게 오늘이 처음인 양 하루를 새롭게 시작할 수 있는 상태로 이를 유지하는 능력이며 격이다. 아자.

서기 1919년 3.1운동 당시 유관순 열사형의 소녀소년들이 생각하면 적지 않았다고 여기는 연구가들도 있다. 개인의 각성보다 학교교육을 통한 지도자들이 있었다는 것이다. 물불 안 가리는 당시 10대의 어린 열정을 이용하려는 정치가 정치인 정객들도 있었으리라 여겨지기도 하고… 정치는 백성의 우울한 삶을 들여다보며 고통을 느끼는 마음이 있어 해결방법을 뜨거운 가슴과 열정으로 지식과 지혜를 지니신 분이면 아주 좋겠습니다. 정치는 시대철학이 확고한 인물로 나라 안팎에 지도력과 더불어 판단력 식견이 탁월한 분으로 합시다. 그런데 이런 분 찾기 쉽지 않아요. 아자.

스스로 찾아내는 의문과 문제가 삶의 방향을 찾아내는 열쇠다. 내 인생의 목표를 어디에 둘 것이냐? 홀로 찾는 것이 겁날 때 강한 자의 추종자가 됨으로 생활과 목숨을 보전한다. 그러면 그 리더에 스스로 길들여져야 한다. 무슨 문제에 직면해도 홀로 해결하려고 하면 먼저 누구보다 스스로 큰 책임을 져야 한다. 주도적인 삶을 산다는 게 그리 만만한 게 아니다. 아자.

자신의 선생은 누구라 할 것이냐? 먼저 재능과 가능성을 알아채리고 칭찬과 격려로 그리고 훈계로 이끌어 주는 분이라 할 것이다. 자신의 장점을 단점화시켜 조롱하는 자는 시기와 질투에 얽매인 경쟁자이거나 적이다. 칭찬을 듣지 못하고 자란 사람은 자기 정체성에 혼미해 있기 쉽다. 이럴 땐 자기주도로 스스로를 자극하며 단련시켜 긍정적으로 자신을 이끌 수 있는 사람이 되어야 한다. 이런 이들의 특색은 근심과 걱정을 초월한 자신감에 차 있으며 밝고 명랑하다. 아자.

대학에서 처음 시를 지을 때 황당하지만 몸부림친 그 주제는 '나는 신이 되고 싶다', '산채로 신이 되고 싶다'이다. 지금 생각하면 심한 조울증세 아니였나 싶다. 신이 되고 싶은 궁극적 이유는 뭣보다 신은 선천적으로 지니게 되는 초능력을 탐하여 인간의 게으르게 살고 싶은 본능과 맞아 그런 공상과 상상을 하게 된 듯하다. 아자.

명상시, 그럴듯한 용어 아닌가. 생각을 시로… 어설픈 듯 어눌하게 쓰여지는 글이 되새겨지면 또 다른 의미가 연상되는 시, 멋진 시가 될 것 같은 예감 아닌가. 아자.

고속으로 밤길을 달리는 버스도 쉬어야 한 듯 질주를 한다. 기사님은 떠 빨리 달려가서 쉬어야 할 몸이라서 긴장만큼이나 가속페달을 밟고 있다. 인생이란 옳음을 정의를 정직을 가까이하면 할수록 십자가 짐 같은 고생임이 진실이다. 성실하면 더 고단해지는 듯한 삶 이것이 자기를 스스로 허물어트리게 한다. 긴장해야 한다. 세상살이도 뇌의 정교한 작동이 멈추면 차선을 수시로 이탈하는 고속버스와 같다. 아자.

늦게 일어나 세상을 저울질함은 얼마나 모순된 일인가. 현실을 모르고 자기만의 주문처럼 경문을 외우는 일 얼마나 헛된 일인가? 헛된 일도 사명처럼 행하면 그럴듯하게 보이는 건 아닌지 혹 그런 것을 바라보고 있지 않은지? 나의 아픔을 눈치챈 이들도… 때론 옳은 말도 매우 개인적인 아픔으로 간주하고 있다. 아자.

빨간 꽃잎의 목련을 대량 재배하는 기술을 개발했다는 뉴스다. 실물을 한번도 보지 못했지만 생산만 되면 인기 있는 상품이 되기도 할 것이다. 이번 기회에 식물이나 곤충 등에서 돌연변이, 특이한 모습의 여러 품종들을 눈여겨보자. 사람도 좀 특이한 성격이나 지식을 가진 사람을 눈여겨 활용해 보자. 정말, 빨간 잎의 목련이 있었단 말인가? 언제부터였을까? 아자.

흔히 자존감과 자존심이 긍정적인 요소로 많이 거론된다. 자존감이란 자기 스스로를 높이며 사랑하는 능력이라 할 것이고 자존심은 다른 사람에게 무시당할 경우 매우 기분 나빠 하며 타인에 대하여 스스로를 높이는 인격적 자부심이라 할 것이다. 타인을 사랑하는 배려와 함께 스스로에 자부심을 강화시키는 자기 사랑만이 자존감을 높이는 요인이 될 것이다. 자존감이 높으면 뭐이든지 긍적적인 자세로 일을 추진하려 들 것이다. 자존감과 자존심을 높이면 오만하기 쉽고 자부심이 결여되면 열등감에 사로잡히기 쉽고 그러면 무슨 일이든지 추진력을 얻기 쉽지 않다. 적당히 이를 잘 활용 겸손한 사회생활로 원만히 드러내게 해야 한다. 아자.

어쩌지 어쩌지. 바람 불어도 파도 밀려와도 난 몰라. 어찌 해야 할지 나 몰라. 정말 몰라 뭐라 해야 할지. 곧 바람 잦아지겠지. 파도 잔잔해지겠지. 아자.

오월의 첫 비가 서울에도 내리고 있다. 건조한 날씨를 안타깝게 여겨 베푸시는 하늘의 배려다.

꽃을 좋아한다든지, 멋을 구가하며 예쁘고 멋지게 차려입으려고 애쓰는 행위는 고도의 지능이 발현되어야 하는 본능이다. 조숙한 아이들이 나이를 넘어 맵씨를 구가하려 든다면 고도의 미적감각 발현 중이라 여겨도 좋을 것이다. 아자.

자신의 인생에 대해 회의도 해 본 적 없는 사람이 있을까 싶지만 어느 정도 깊이와 회수를 감안할 때 일천하다면 습관화되지 않는 행위는 제 생각마저 스스로도 각인시키지 못함을 알 수 있다. 어떤 특정 기억이 재생될 만큼의 습득은 모든 공부의 핵심이다. 아자.

휴전협정과 평화협정의 차이는 크다. 남북뿐 아니라 주변 4개국의 이해관계에 어떻게 대응할 것인가가 초미의 관심사이다. 각 나라들이 어떤 반응을 할 것인가도 문제이다. 각 진영 다툼 분위기가 아닌 협력의 분위기로 특히 주변국은 남북의 평화에 협조해야 할 것이다. 남북 지도자의 탁월한 지혜와 역사적인 사명의식이 요구되는 시점이다. 아자.

지금 세상은 엄청난 변화로 폭풍우 치는 듯한데, 너무 조용함이 이상하다. 그러나 상상을 초월하는 변화의 바람이 불어오고 있다. 아자.

23

가깝다고 막 대하는 사람, 이것이 친함의 척도인 양 마음 놓고 험하게 스트레스를 뿜어 대는 사람, 어찌하오 때론 같이 휩쓸려서 스트레스가 더 증폭된다. 이래 평소 이미지 관리가 중요하다. 지금 나는 타인에게 어떻게 각인되어 있는가? 스스로를 돌아보자, 다시 살펴보자! 아자.

지사는 자신의 말과 행실에 책임져야 한다. 정치인은 최소한 자기 이념과 소신에 모든 걸 걸어야 한다. 때문에 정치인은 소신 있는 정치를 해야 한다. 신앙인이 신앙으로 순교하듯 목숨을 던질 각오로 정치도 혼신을 다해 정치해야 한다. 보수건 진보건… 아자.

한반도 10년 주기 맞나 보다. 드디어 남북 정상회담 등이 개최되리라는 것은 한반도에 긍정적인 신호로 여겨야 할 것이다. 무엇보다 각국의 정상들이 정직과 신뢰로 화답함이 정답일 것이다. 약한 자만이 약속을 지켜야 하는 것이라면 불공정하고 심각한 불신만 야기할 것이다. 아자.

우리나라 왕 배경에 자주 쓰이는 일월도와 같이 특히 우리나라 동양화에는 산속에 작은 산들이 많다. 아자.

통일에 있어 한 장애는 이기심을 숨기지 않고 자유 개인적인 자유를 무한이 주장하며 평화와 공존보다도 탐욕 같은 이기적인 개인적 유익 확장이 우선이라 여기는 일을 어떻게 설득할 것인가가 문제다. 이는 합리적인 논리로는 설득할 수 없는 정서적인 문제 같기도 하다. 아자.

용서와 화해, 이해와 사랑, 소망과 믿음, 오해와 미움, 편견과 증오, 겸손과 오만, 의미와 무모… 아자.

실물 인플레를 심각하게 느끼게 된다. 임금인상이라는 그 속마음은 적극 찬성이지만 이로 인한 인플레 현상은 아주 심각하게 느껴진다. 커피 음식값 인상폭과 고기값 등을 일 년 전과 비교해 보고 또 보라… 어찌할 건가? 아자.

생각도 생각하는 습관이 있어야 생각하게 된다. 생각하지 않고 살게 되면 쉬운 생각마저 하지 못하게 된다. 생각하고 성실하게 정직하게 살아야 희망이 있다. 말같이 쉽지 않은, 말보다는 훨씬 어려운 실천해야 할 덕목이다. 아자.

이 시대에 예수 같은 인물이 태어나 똑같이 유사한 행동을 할 때, 이 험한 시대에 그의 목숨은 언제까지 유지될 수 있을까. 착한 마음이 어리석음으로 이해되고 이용의 대상으로 간주하게 될 때 우리는 이 시대가 악하다 말한다. 오래전에 가인은 오직 시기심으로 아벨을 쳐죽였다. 아벨이 죽어 갈 당시 왜 하나님은 지켜만 보시고 침묵하셨을까? 아벨은 당시 자손이 있었을까? 이후 가인의 자손만 이어져 나온 걸까? 궁금해? 아자.

활기찬 하루다. 커피집 손님이 와글거린다. 마치 비치된 소설, 죄와 벌을 읽으며 소설을 쓰고 싶은 충동이 인다. 뭐— 색다른 그 무엇을 주제 삼아야 새롭게 이 시대의 감동이 되게 할 것인가. 홀로 되뇌이는 생각에 갑자기 용기가 사라진다. 글쓰기 위한 글이 아니라 창조적인 글을 빼어나게 쓰고 싶은 욕심이 뭐든 망설이게 한다. 꾸준히 성실히 한다는 것이 말같이 쉽지 않다. 아자.

새날이다. 아침이 푸르게 맑다. 그리고 화창하다. 무지갯빛이 온누리를 감싼다. 물에 물 탄 듯, 술에 술 탄 듯 산다고 평하시던 모친의 말씀이 생각나 싱긋 웃게 된다. 사실 이게 좋아서 그리 살라 했던 것이 누구에게는 밋밋한 인생처럼 보이기도 하나 보다. 나라의 변화가 기대되며 주목된다. 아자.

화창한 봄 날씨입니다. 즐거운 시간 보내서요~

오늘 판문점에서의 역사적인 만남인 남북 정상회담과 그 선언을 적극 지지하고 환영한다. 나무랄 데 없이 기획되고 연출되었다고 본다. 준비자들의 노고를 치하하고 싶다. 이대로 꼭 실현되어 한반도가 앞으로 전쟁 없는 지역이 되어 세계의 공동 번영의 사례로 또 평화지대가 되기를 기도한다. 아자.

남북 정상들이 회담을 위해 많은 이의 주목을 받으며 역사적으로 비중이 엄청난 남북 정상회담이 어쨌든 남쪽 지역인 판문점에서 열리리라는 것은 많은 기대를 증폭시킨다. 흔히 남북 평화와 공동 번영의 변곡점으로 여기고 싶을 만큼 엄청난 사건이라 할 수 있다. 이는 한반도에 흔히 10주년마다 큰 사건의 발생주기를 연상하지 않더라도 6.25전쟁 휴전 후의 최대사건이 될 것이라는 예측이다. 이를 위해 모든 일정이 순조롭기를 기대하며 회담의 가시적인 성과도 많이 도출되기를 기대한다. 아자.

예술가가 자기의 작품을 스스로 맘에 차지 않아 결국 부수거나 찢어 버리게 되는 경우는 상당한 자기 점검을 확신하지 않고서는 어려운 일일 것이다. 어렵게 완성한 작품을 자기 수준을 혹은 객관적인 시각으로 자기자신의 작품을 평가할 수 있다는 것은 심미적으로나 작품의 완성도를 어느 상당한 수준에 이른 것이라 할 수 있다. 프로의 긍지를 느끼게 되는 출발점이라 할 수도 있다. 하기사 꼭 예술작품만 그러하겠는가? 어떤 일을 종사하건 상당한 수준을 의식한다면 대충 이루려는 마음을 억제하고 성실과 정직이라는 덕목을 사수할 수 있을 때다. 물론 작품을 확신하면 부술 때도 작품 제작의 필연성이 있어야 하듯 부숨에도 필연성이 요구된다.

내일이 남북 정상이 회담을 한다. 이미 많은 것들이 합의된 상태일 것이다. 회담 후 엄청난 변화를 실감하게 될 듯하다. 사실 형식적인 조인만 남았다는 것이 일반적일 것이다. 일선에서 활약하는 기업인 중 자유시장 논리가 일거에 무너질 것을 두려워하는 사람들이 의외로 제법 있는 듯하다. 신중하게 임해야 하는 변화와 그 속도이다. 어쨌든 이 시대에 겪어야 될 시련이라면 나라 경제에 충격이 적었으면 좋겠다. 아자.

내일 모레 있을 남북 정상회담을 위해 기도하자. 그들의 고뇌를 이해하려고 하자. 협상엔 상대가 있기 때문에 일방적인 소원의 관철은 삼가하자. 점차적인 진보를 위해 통일의 한 걸음 한 걸음이길… 기도한다. 아자.

24

누구에게나 무엇이든지 고마움을 느끼며 "고맙습니다."라고 말하며 감사하는 마음이 떠나가지 않기를… 오늘도 즐겁고 행복한 마음으로 보내세요.

지난 시절 옛 주일학교 성탄기념으로 연극을 하였는데 10계명 중 제5계명 "내 부모를 공경하라"를 한 어린 유치부 아이가 "내 부모를 공격하라"로 대사를 바꿔 말하므로 모두 한바탕 웃으면서 큰 은혜가 되었던 기억이 있습니다. 어쩜, 이런 듯 정반대의 의미로 해석하는 것이 세상이 우리에게 생존의 법칙인 양 가르치는 교훈인지도 모릅니다. 아자.

오직 성령, 내 힘으론 안 돼요. 보이지 않는 손 그 손길이 필요하다. 다 이룰 수 없는 길, 그곳엔 지목하기 어려운 시기도 질투도 있었다. 하나님을 위해 사는 삶, 이것이 진정 나의 삶임을 진작 확신할 수 있어야 했다. 아자.

이 아침 "나는 성령으로 다시 새로워져 새것이 되었다." 기쁨으로 외치며 세상일을 할 수 있기를… 기도합니다. 겸손한 마음이 행동에 드러나기를… 굳건한 믿음으로 내게서 하나님의 기적을 바라볼 수 있기를… 아자.

어떤 분은 세상을 장난하듯 남 괴로워도 제 몸 편한대로 살기도 하고 타인 괴로움이 본인의 즐거움의 일부인 양 그 괴로움에 기쁨과 위로를 받는 이가 있다. 참 인간이란 묘하고 묘하다. 아자.

세상이 고해인 양 선입견으로 어렵게 살려 하기에 어렵지, 편하고 쉽게 자연스럽게 살면 편하게만 살 수는 없어도 그런대로 재밌게 살 수 있는 거 아닙니까. 즐겁고 재밌게 기쁨으로 삽시다. 아자.

사람 얼굴 다르듯 그 성정 또한 다르다. 현사회의 여러 사건들은 사회 과학적인 측면에서 관찰함이 중요하다. 이럼에도 불구하고 여러 분석들은 너무 정서적 인문학적 접근에 몰두함으로 사회 전체의 거시적인 큰 흐름을 놓치고 있다 할 것이다. 급변 아닌 돌발적인 변화라 할 남북 정상회담도 그러하다. 세계가 공동의 번영을 위한 화해와 협력은 힘있는 나라들의 모임처럼 보이나 어쨌든 과거와 비교할 때 세계는 전쟁에서 멀어져가고 있는 평화를 목표로 한다. 이런 의미에서도 한반도는 상징적으로 평화를 이룬 공영과 번영을 추구하는 비핵화의 지역이 되어야 한다. 다가오는 판문점에서의 남북 정상회담은 이를 위한 전략 장소가 되기를 기대한다.

영성을 느끼는 하루이시길… 성령이 내게 있어 병 고치는 능력만 있어도 세상 살기 겁 안 날 텐데… 내심 가끔 이런 욕심을 가져 본다. 자기 신앙에도 공짜를 원하는 마음인 것 같다. 세상엔 공짜가 없다는 데 왜 이런 황당한 생각을 할까? 아자.

이 시대의 컴퓨터는 세계의 각종 언어를 통합해 가는 지식과 지혜의 바벨탑은 아닐까? 컴퓨터의 급속한 발전은 만화 같은 사회를 현실화시키고 있다. 각 사람마다 자기 나라 말로 해도 상대가 알아듣고 상대의 얘기를 내가 알아듣는 시대가 된 것이다. 놀랍지 아니한가. 이는 이 시대가 이미 지식의 유토피아인 셈이다. 그러나 배우지 않으면 무용지물일 뿐이다. 아자.

지도자가 되면 수하에 제갈량, 장비, 조자룡 등이 필요하다. 지금도 마찬가지 제도적으로 누가 참모진과 장수들을 먼저 확보 유지하느냐가 지도자의 핵심 리더십 요소이다. 만사는 인사에 있다는 말에 동의한다.

중요 부문에서 새판을 짜야 살 수 있는 혼란의 시대에서 각 문제의 정서성을 어떻게 공유할까가 문제이다. 신앙과 철학적인 자기 입장은 다를 수 있다. 이에 근거한 정치 이념이나 체제의 판을 수용하는 태도도 다를 수 있다. 신앙은 그 종교의 신 중심으로 접근하는 것이고 철학은 개인 중심의 각 사람 마음과 신념 중심인 인간 중심적 접근이라 할 수 있다. 신앙과 개인 철학, 정치 이념은 매우 배타적이고 철저한 도그마이며 자기중심주의적이고 매우 독점적인 자가확장성에서 그 성질은 유사하다. 아자.

격동하는 한반도에 새로운 세계가 전개될 것 같은 요즘이다. 예술하면서 살짝 미치면 재밌어 하지만 과하면 미투운동 등에 등장하여 곤혹을 치르게 되리라. 그러나 정치에서는 확고한 자신의 이념으로 제대로 미쳐야 영웅이 되든 미치광이가 되든 회자되며 드러나는 정치인이 되는 것 같다. 우리의 제갈량은 누구일까? 모호한 이 평화에 요령 있게 게임하듯 이 국면을 헤쳐나갈 마땅한 정치인은 누구인가? 이 시점 전략과 전술이 창의적이어야 하는 이유이기도 하다. 그 누구도 공개적으로 자신의 의견을 피력하기 곤란한 막중한 국면이다. 이는 너무 막중한 사태임에도 불구하고 이미 서로 상대의 패가 공개된 카드게임이기 때문이다. 아자.

최고의 믿음은 어떠한 것일까? 역설적으로 자신의 구원보다 다른 이의 구원을 바라며 하나님께 자신의 구원마저 포기의 조건으로 기도하는 것이라 할 것이다. 스스로의 구원을 위해 하나님을 찾지만 종국에는 하나님 마음으로 확정된 스스로 구원을 제 자발적 의지로 포기하며 진정으로 다른 사람을 사랑할 수 있을 때만이 하나님의 사랑을 제대로 체험했다 할 것이다. 사실 이것이 신앙의 최고 경지가 아닐까? 아자.

전쟁을 외치면 위태함과 다급한 마음을 느끼게 되며 평화를 주창하면 느긋해져 게으름 피우게 된다. 사람 마음이 원래 이렇다. 전쟁을 일으키든 방어를 하게 되든 간에 급하고 급하다. 평화를 외치면 항상 편안할 것 같은 착각이 들고 위기 때는 반골로 느껴져 적대감이 생긴다. 이래서 전쟁은 계속되는 것이다. 평화를 원하면 전쟁에 항시 대비하고 있어야 한다. 무엇보다 진리는 제힘만큼 평화를 누리는 게 상식이다. 아자.

바람은 언제 창조된 것일까. 혼돈 속에 바람은 이미 존재한 것일까? 빛이 있어 바람이 있는가? 태초부터 어둠 전에 바람은 있었을까? 어둠이 있어 바람이 있는 것일까. 소리는 있었을까? 보이는 것과 들리는 것 중 무엇이 먼저 창조되었을까? 보이지 않아도 들리는 음성 태초에 하나님 말씀이 들렸다. 하나님은 그 모습을 드러내지 않으시고 말씀으로 창조하시고 만물은 시각적으로 드러내며 창조하셨다. 인간은 직접 신의 손으로 창조하셨다. 간접적으로 신의 모습을 인간의 형상을 만드시면서 스스로 드러내셨다. 그리고 당신을 위하여 인간을 위하여 특별히 안식일을 만드셨다. 이것이 성경에서의 핵심 드라마가 아닐까요? 아자.

보통 마음에 가득한 건 따뜻함보다는 흉폭한 마음이다.

사회적 혼란은 그 결과의 모호성에 구체적인 질문을 던질 수 없는 데 따른 증상이다.

오랜만에 아침 예배 사회를 보면서 크게 찬송을 하였더니 마음이 뻥 뚫린 듯 시원하다. 찬송은 이런 능력이 있다. 사실 교회에 가도 예배 중 힘차게 찬송하는 경우가 드물다. 우리에게서 찬송과 기도를 걷어 가며 이 마음을 지우고 있는 이 그 누구인가? 교회가 우선 찬송과 기도를 되찾을 때가 아닌가 여겨진다. 아자.

한반도 문제의 해결을 위해 이미 북미회담을 마쳤으며 곧 남북 정상이 공개석상에서 회담을 하고 북미회담 남일, 북일, 남러, 북러, 북중회담 등이 이어질 전망이다. 어쨌든 자주 만나는 것은 우호와 상호 이익에 도움이 될 것이며 평화에 기여하게 될 것이다. 어쨌든 이처럼 짧은 기간 중에 다자가 여러 국면으로 회담하는 것은 분단 후 처음인 듯하다. 따라서 이때까지와 다른 차원에서 여러 회담을 지켜봐야 할 것이다. 이 국면은 다시 찾기 쉽지 않는 회담 분위기인 듯하다. 이를 통일과 안정에 호기로 활용하며 한반도의 평화 구축에 힘을 쏟아야 할 것이다. 왜냐하면 평화를 말하면 한편이 되기 쉽지 않지만 전쟁을 의식하면 쉽게 한편이 된다. 아자.

무기력해진다… 아직 이 나이에도 다른 이들의 기분에 휘둘린다. 참 어른되기 쉽지 않다. 사명의식을 느낄 만한 속의 필연성을 발견하고 있지 못할 때에 자기 행위에 대한 회의가 있다. 아자.

새벽에 기도로 시작하고픈 다짐이 슬며시 다짐으로만 끝나려고 한다. 스스로 자기를 속이지 않는다면 보다 나은 삶을 살았다 할 것이다. 아자.

인생 문제 뭐 있나? 자신의 건강에 대해 걱정이든지 옥죄여 오는 경제에 관하여 자유롭지 못한 경우 등 가까와도 평소 소통이 부족하면 가정의 불화로 많은 문제들이 섞여 터지는 것이다. 이는 견고한 성 어리고성이 우리 각자의 마음속에 있다는 것이다. 이는 아집과 편견 지혜롭지 못한 지식 등이 내재된 이 견고한 성이 각자 마음속에서 모두 무너져야 할 성인 것이다. 아자.

죄를 짓지 않은 사람이 없으나 그 죄가 가리워져 드러나지 않는 사람이 복된 사람이라 합니다. 죄를 하나님과 스스로에게 부끄러움을 느끼며 고백은 하되 용서받음을 느끼는 사람은 겸손하게 그 은혜에 감사하게 된다. 이런 사람이 복된 사람 아닐까. 그러나 깊이 알지도 못하면서 주변에 타인의 죄를 너무 까발리는 것은 덕이 되지 못하고 명예를 훼손하는 것이 된다. 아자.

하루가 그냥 그냥 가는 것 같다. 그 누구를 의식하고 사는 것이 행복이라 여기고 싶을 때가 있다. 얼마 전 택시를 탔는데 족히 80세는 되어 보이는 분이시다. 감히 나이는 묻지 않았지만 그녀의 용기에 감탄한다고 말해 주었다. 신이 나셨던지 자신이 행복한 이유를 들려주었다. 저녁에 들어가면 남편 되시는 분이 수고했노라고 얘기해 주면 그렇게 좋을 수 없단다. 이에 자기가 애교를 부리면 기분이 더 좋아진다 합니다. 이런 할머니, 어머니, 여성, 아가씨들 때문에 이 나라가 성장하며 우뚝 빨리 선 것이 아닌가 합니다. 우리나라 여성들에 박수를 보내고 싶은 날이었습니다. 아자.

타인이 관찰할 수 있고 객관적인 기적이라 하더라도 자신에게 일어날 수 있는 암시로 스스로 치유되고 복을 만들 수 있는 능력이 있다면 최상의 초능력자라 할 것이다. 자신의 단점을 장점으로 변화시킨다든지 이적을 보인다는 것은 자기 암시에 탁월한 재능을 겸비한 능력자다. 그러나 이런 문제를 떠나 주변에서 나의 진정한 복을 위해 기도하고 있는 분들이 많을수록 시기와 질투를 하지 않은 사람들이 많을수록 내게 많은 일들이 복이 될 것이다. 아자.

사회생활을 할 때 자신마저 교묘히 속이는 솔직하지 못한 위장된 자신 때문에 자주 고통을 느끼는 모습에 스스로 얼마나 괴로운가. 이건 심리적 정신적으로 우울증이다. 우울을 슬퍼할 일이로되 오히려 기쁜 듯 즐거운 듯 포장해 노출시키는 자신을 본다. 심리적인 이런 포장은 자기방어 기제라고도 할 수 있다. 최소한 자기에게 솔직할 수 있는 힘, 이것이 진정한 행복으로 인도한다. 아자.

기도가 안 된다는 것은 잠시도 집중할 수 없다는 것이다. 스스로에게 집중할 수 없다는 것은 너무 피곤하든지 병이다. 아자.

궁금하면 무언가 알고 싶다. 무지는 욕망을 세우고 만용을 부리게 하며 자신을 과대하게 여겨 스스로 용감하게 하고 안하무인격인 절대무지로의 절벽으로 내몬다. 아자.

음악하는 사람은 득음 과정을 거쳐야 하고 그림이나 글씨를 쓰는 사람은 득필의 과정을 통과해야 만이 나름대로 자기의 세계를 구축하는 것일 것이다. 예술에는 특히 득예 과정을 암묵적으로 중시하는 것이다. 흔히 말하는 끼는 기의 충만함을 말하는 걸 게다. 문학이건 그 글자 단어 선택 표현력과 춤에서의 동작 하나하나에 이르기까지 끼가 있어야 자연스럽다. 또 연극의 배우들도 끼가 있어야 원초적으로 자연스럽게 돋보인다. 아자.

찬송가를 소리 높여 힘차게 부르니 은혜가 된다. 함께하는 사람도 마찬가지다. 이런 행위는 성령을 애타게 찾는 것이 된다. 성령이 임해야 권능을 받게 되고 새 힘을 얻게 된다. 성령이 임하면 바른 생각으로 채워지고 바른 행동을 하게 되므로 세상에서 미움을 받기 쉽다. 인간은 악함으로 역설적으로 성령을 받으면 육신의 목숨은 담보해야 할 듯하다. 감정적으로 순교도 흔들리는 믿음, 불안해지는 사랑, 포장하고픈 평강이요 결국엔 남북통일과 세계 평화가 나의 소원이요 소망이긴 하다. 그럼 도대체 난 무엇을 위해 기도할 것인가. 오직 하늘의 영광을 위해 기도할 수 있는 것 외에 사람이 할 수 있는 일이란 그 무엇이 있을 수 있단 말인가?

타인을 평가하면 스스로 주눅이 들어 스스로 돌아보게 되고 그러면서 아무것도 못하게 되기 쉽다. 어떠한 행위도 완벽한 것은 없기 때문인데 높은 수준으로 온전한 자신의 평가기준을 드리내기 싶기 때문에 먼저 자신이 허물어짐을 경계해야 하는 것이다. 어떤 분야든 타인을 이해하고 허물 속에서도 칭찬해 줄 요소를 찾는 그런 평론도 때에 따라 오히려 의미 있다 하겠다. 좋은 비평은 깎아내려 폄하하는 것이 좋은 것은 더 좋게 하고 부족한 면은 축소 조정하는 게다. 이는 흔한 말로 진정한 비평이라 함은 피할 것은 피하며 평가할 만한 가치가 있는 것은 제대로 평가해 주는 것이리라. 아자.

자신의 말이 논리적인지 아닌지 혹은 자신의 생각이 바르게 작동하는지 알려면 또래 친구에게 물어보면 좋을 것 같다. 혹 자신만이 옳다고 여겨질 때 고착된 편견은 아닌지 점검해야 한다. 자신을 객관화시켜 스스로 평가해 보는 일이 말같이 쉽지 않다. 아자.

죄 없는 의인은 없다. 하나도 없다. 살아 있는 사람 중에도 없다. 죽어 간 사람 중에도 그 아무도 죄 없는 자는 없다. 앞으로 태어날 사람도 죄 안 지을 자 없다. 세상 구조 인간의 심적 태생적 이유로 하여 죄를 지을 수밖에 없다. 죄 없어 보이는 사람은 있을 수 있다. 그러나 결국 그도 알고 보면 죄인이다. 태생적 죄인이다. 아자.

또박또박 반박하는 것이 똑똑한 거냐? 발표하는 자가 미숙하나마 그런대로 표현하게 내버려두는 일 또한 배려다. 아자.

"가까이 있는 사람과 사이가 좋으면 이 세상은 천국 생활이요, 사이가 험하면 그곳이 지옥이다."라는 말에 동감한다. 매일 부활하듯 아침에 일어나야겠다. 그러나 이런 성실이 쉽지 않다. 가까이 있는 사람은 나를 가장 많이 아는 듯해도 가장 모를 수 있다. 제일 먼저 인정받을 수 있는 곳이기도 하지만 가장 늦게 인정하는 곳이기도 하다. 가까운 사람을 사랑하고 인정하면 행복할 수 있는데 왜 우리는 이를 마다하는가? 인간의 미련과 탐욕 때문이다. 인격이 성숙해질수록 가까운 사람들을 챙기게 되는 건 아닐까. 아자.

나는 누군인가? 나는 누구라 불리워져야 하는가? 아무 무기도 없는 전쟁터에 내몰려 싸우는 가장 계급 낮은 전사처럼 항시 불안하고 떨리고 두렵다. 오늘은 또 무슨 일이 터질까. 아자.

영원한 생명, 부활을 믿기만 하면 편안이 있다. 믿지 못하는 가장 큰 요인은 죽음을 담보로 해야 하는 경우다. 죽음은 일회성이고 영원한 생은 보장되지 않고 있다는 사실을 경험적으로 확인하고 있는 지식이고 인류 역사적 지식으로 인간 부활엔 확신이 없기 때문이다. 아자.

한 달에 한 번 대학 동창 선후배끼리 갖는 성경공부는 언제나 도전을 준다. 특히 오늘 모임에서 나의 신앙에 대한 여러 증후를 설명하며 온전한 믿음을 갖고저 하나 믿어지지 않는 성경의 여러 부문들에 대해 얘기하며 결론으로 믿음을 소유하고 싶어도 가질 수 없는 이유로 성령이 내게 임하지 않아 권능을 받지 못하고 있음을 후배들에게 실토하며 내 믿음 없음을 고백했다. 권세 있는 믿음, 진실로 하나님의 은혜로 능력을 발휘하는 믿음을 갖고 싶다. 어찌해야 할까. 기도의 시간이 필요하다. 중보기도가 절실하다. 절망과 좌절을 넘어… 희망, 소망의 응답이 간절해지기를 바라며 이 땅에 주님이 귀히 쓰여지는 일꾼이 되고 싶다. 아멘.

사회 교통법규는 때론 이 생의 인생교본이 되도 손색이 없어 보인다.

인간 심리학자들이 모여 제 의견을 피력해도 공통의 각 개인의 심적인 창고에는 사람마다 그 일생에 사용하는 어느 정도의 용량이 있다는 것과 대개의 경우 사람이기에 느껴지는 감정과 시대의 정서가 있게 마련이라는 것이다. 그래서 한번은 꼭 사고를 치고 싶은 경향이 있는데 사전에 미리 이를 예측하면 미연에 작은 사고를 치는 것으로 마무리되는 것으로 되어 있다. 이런 의미에서도 여러 면에서 지식이 있으면 큰 사고칠 일도 작게 건디며 넘어갈 수 있다는 것이다. 따라서 스스로 지식이 없거나 적으며 각 분야에 믿을 수 있는 좋은 사람을 옆에 두는 것도 한 방법이라 하겠다. 아자.

자신을 위해 묵상하며 떠오르는 영감이 가르치는 생각을 지금보다 나아지는 자신을 위해서라면 하나라도 실천해야 한다. 아자.

타고난 기질은 변하지 않는 유전자인 듯하다. 소나무에 아무리 정성 들여도 잣나무가 안 되듯이 타고난 천성은 어쩔 수 없어 보인다. 실수 또한 하는 사람이 습관적으로 하는 것인데… 믿음도 때론 관성에 의한 믿음과 자신이 깨달아 믿는 믿음 또 결심과 다짐으로 하는 믿음과 구별 됨이 있어 보인다. 우리는 엉뚱하고 불가능한 일을 기대하고, 믿음이면 다 되는 것으로 착각하며 어리석어질 때가 있다. 무엇보다 자기 속에 타성적인 이 어리석음을 찾아내야 하겠다. 아자.

며칠 전 집터밭에 꽃을 심었다. 상추도 심었다. 어제는 쑥이며 민들레도 심었다. 잡초인 양 흐드러지게 피는 토종 풀들이 왠지 정겹다. 오늘도 비가 온다. 이젠 봄 가뭄 해갈은 충분히 된 듯하다. 고개 숙였던 장미며 튤립이 꽃대를 세운다. 에너지가 공급된 탓이렸다. 아자.

사람은 자기 주장 속에 그 생각과 행동을 한다. 이는 절대적 믿음이기도 하다. 가끔은 자신을 의심해 봄이 건강한 자신을 위해 거쳐야 하는 건 아닐까. 신앙과 개인 철학인 가치관은 같을까?

약물이나 알코올, 마약중독에서 해방되기 어렵듯이 이념이나 특정 생각의 중독에서 헤쳐나오기 어렵다. 알게 모르게 이런 중독 상태에 처해 있는 경우가 많다. 이럼에도 불구하고 스스로는 객관적인 평가를 하고 있다고 여기고 있는 경우가 허다 하지 않은가? 근본적으로 모든 가설은 의심받는다. 아자.

기독교에서 인간에게서 가장 바라는 하나님의 생각은 무엇일까? 너 인간은 네가 누구인지 즉 자신의 근본을 추적하라는 것이며 그래 인간이 세상에 실존하는 그 이유가 무엇인지 깨달아 아는 것이다. 결국 하나님에 대한 지식과 그 지혜를 찾고 제 속에 하나님의 마음을 품으며 갖는 것이다. 어쩜 사랑은 인간이 하나님께 구하는 첫 번째 소망 기도이지만 하나님이 인간에 바라는 첫 번째는 당신에 대한 믿음, 절대 믿음일 것이다. 이런 소망이 당연히 이뤄지면 결국은 소망 자체가 없는 것일 수 있고 소망하는 것이 부질없는 것이리라. 아자.

기억되는 것으로 과거를 평가하고 스스로 소망하며 현재 기다리는 것이 있을 때 그 미래에 대한 가치에 의미를 찾게 되는 것이다. 아자.

뭔가 힘들다. 감당하기 어려운 현실이 게으름 아닌 무능같이 무작위를 유도한다. 마무리를 소홀히 하게 되는 것은 일종의 정리장애라 할까? 집중력과 치매 같은 기억장치가 둔감해지는 경향의 결과이다. 내 경우 바지 지퍼를 올리는 일을 자주 잊는다. 이는 짐작컨대 혈류장애로 인한 집중력 소홀이 아닌가 여겨진다. 아자.

가까운 사람들이 친구나 동료가 되지 않으면 적이거나 암묵적인 적이 되어 비수를 준비하고 있는 자이기 십상이다. 아첨이라도 칭찬을 갈망하는 지도자나 충언이라도 비난을 두려워하는 지도자는 그 조직의 지도자의 자신감의 여부와 그 능력의 차이에 있다. 아자.

최근 우호적인 남북 관계를 시기하고 오히려 달갑지 않은 마음으로 대하는 인구가 많아지는 듯하다. 남북통일을 싫어하는 사람들도 적지 않다. 왜 이 지경이 됐을까. 지난 세기 동안 남북 관계로 희생과 손실을 많이 본 사람들이 대부분이다. 개인이나 가족 관계의 상흔이 나름대로 지독한 편견을 강화시켰다 할 것이다. 오히려 동족이기에 형제 친척 친구이기에 더욱그러하다. 속히 이 아픈 상흔과 과거를 잘라내야 할 것이다. 아자.

나의 행동과 생각이 더해지지 않아도 세상은 잘도 굴러가는 듯하다. 이것이 한계인가. 젊은이들은 어른 눈에는 항시 부족한 듯하여도 기성세대와는 아주 다른 방식으로 접근하는 것 같다. 주판에서 기계식 타자기로 다시 디지털 자판기로 또다시 컴퓨터로 이제 인공지능 시대로 치달리니 어떤 양식일까. 아마 소리 내어 읽으면 자판화시키는 그런 기능까지도 멀지 않아 보인다. 이미 실용화 단계에 있는 듯도 하다. 산업과 그 과학 분야에서 엄청난 속도로 세계는 앞으로 간다. 아자.

가족이란 가장 가까우면서도 가장 멀게 느껴질 수 있는 관계다. 첨예한 이기심과 독점심 특히 독점하고저 하는 욕망과 욕구는 탐욕이 되어 절대 함께 공유하거나 나눌 수 없는 관계로 치달리게 한다. 이것이 불행의 단초다. 가족 간에 서로 무시하거나 소통 없는 일방적인 독주는 일반 모임과 별 다를 게 없어 보인다. 가족 간에도 시기와 질투가 외부로 드러나는 어느 집단보다 더 살육적일 수 있다. 만인은 만인을 향한 투쟁으로 보는 존 로크의 독백이 생각난다. 아자.

항상 소년들과 소녀들도 자기방어를 위해 부족해도 알 건 다 아는 듯한 표정으로 쳐다보며 늘 옹골찬 그 눈빛이 퍼득이고 있다. 섬뜩하지 않은가? 단지 어리석게도 자신의 무지와 미련을 포장하기 위해 늘 상대를 멸시하고 한 수 밑으로 내치는 경향이 있다. 세상은 언제나 나보다 한 수 위임을 자각할 때 겸손해질 수밖에 없다. 아자.

사람 간에 존엄성에서 차이는 없다. 그러나 특정한 재능에서의 차이, 지식의 차이는 있다. 지식과 재능의 차이는 오십 보 백 보인 사람도 있지만 평생을 걸고 도전하여도 쫓아갈 수 없는 사람은 있다. 이런 사람들은 특정 분야에 재주꾼으로 탁월한 재능을 타고난 사람이다. 천재는 만들어지기보다 타고난다고 봐야겠다. 그 차이는 어마어마하다. 이런 천재들을 소중히 여기는 분위기와 척 알아보는 사람이 당시에 존재한다는 것은 얼마나 복된 일인가. 아자.

새롭게 새생명으로 거듭나고 싶은 부활 주일 아침이다. 스스로의 죄를 다른 이에게 전가하지 않으면 그 죄의식만으로도 산다는 것이 벅차기 때문이다. 모든 행동이 거룩의 잣대로 평하면 세상의 그 누구도 이에 합당한 사람이 없는 법이다. 이 점을 도외시하고 사람을 평가하고 스스로를 단죄하게 될 때 우울에서 벗어날 수가 없는 것이다. 타인과 비교하여 우월한 점을 스스로 찾아내지 못한다면 자존심을 만족시키지 못하기 때문이다. 사람에게서 자존심을 허물게 되면 무능하게 된다. 아자.

남북 문화 교류와 체육 행사를 적극 지지한다. 요즘 평창동계올림픽 후 활발히 진행되고 있는 남북 교류는 전광석 같은 속도를 내고 있다 하겠다. 이는 세계 평화에 기여하며 남북 평화에 고무적인 일이다. 앞으로 자주 이런 행사가 열리길 기원한다. 아자.

세계의 변화 물결이 가속에 가속을 더하고 있다. 한반도를 중심으로 한 10년 아니 일 년을 짧게는 한 달 그간에 일어난 일들을 헤아려 보더라도 정치를 비롯한 여러 방면에서 엄청난 일들이 터지고 있다 하겠다. 이 벅찬 변화를 어떻게 견디며 이겨 나가느냐에 따라 민족과 나라의 명운이 달린다 할 것이다. 지식과 지혜가 더 필요하다. 아자.

잘 산다 함은 행복하게 잘 먹고 잘 자고 잘 놀고 잘 사귀며 예쁘게 사는 것일 게다. 회자되듯 잘 사는 것은 잘 죽기 위함이기도 하다. 신앙적이기 위한 제 신앙을 위해 철학적 접근과 신학적 접근의 차이를 생각해 볼 일이다. 신앙은 논리와 이치를 초월하는 개인적이면서 어떤 공개념보다 우선적으로 선택되어지는 이질적이며 돌발적인 개념이다. 아자.

나라의 미래를 그 누가 걱정해야 할까. 그 체제에 많은 혜택을 누리는 자이다. 가장 많은 혜택을 누리면서도 정작 자신은 모를 수가 있다. 따라서 공부를 하고 자신이 풍요함을 누리는 이유가 자신의 능력만이 아니라는 사실에 주목하며 이해할 필요가 있다. 아자.

한반도의 비핵화가 가능하다는 얘기인가. 남북통일을 담보로 하는 얘기는 아닌가. 어쨌든 통일이 가능하다는 얘기 같기도 하다. 정치에서 낭만적인 구상은 고난과 핍박의 단초가 되기도 하고 혁명적 시대를 탄생시키기도 한다. 통일지상주의는 너무 많은 갈등을 야기할 수도 있고 기득권자의 자기 유익에 따라 선택되어지는 자기체제에 대한 맹목적인 방어의 수구적인 태도는 영구 분단을 고착화시킬 수 있음을 알 때 시대에 맞는 사회체제와 그 법의 실현이 매우 신중해야 함은 물론 하늘의 도움이 있어야 된다. 이 어려운 고난을 그 누가 선택하여 이 시대 판단을 바로 해 줄 것인가? 주변국과 세계는 한반도의 평화에 적극적으로 호응해야 한다.

골목상권인 소규모 사업장들이 시장에서 경쟁을 견디지 못하고 철수하고 있다. 늘어나는 곳은 편의점 슈퍼, 닭갈비집, 커피점, 화장품점이 아닌가 한다. 인터넷 홈쇼핑이 발달하며 좋고 싼 물건들을 쉽게 구매하고 있다. 미래의 상점이랄까 직업들이 예측을 뛰어넘어 그 돌발적 상상 초월의 인공지능이 함께 발달하며 미래를 가늠하기조차 벅차게 하고 있다. 미래는 어떻게 살아야 할 것인가. 어떤 행동과 판단이 자신을 미래의 산업을 잘 고르게 할 수 있을까. 아자.

그리스도 예수님은 근본 하나님의 본체라 일컫는다. 하나님의 본체는 사람이 살아서 육신으로 확인할 수 없는 유형이라 할 것이다. 신앙의 고민은 볼 수 없는 형체를 보아서 확인하려 드는 것이다. 자기를 비운다는 것은 자존심 대신에 예수님의 믿음과 그 의지를 닮으려 하는 것이 아닐까. 사람 답다. 신앙인 답다는 말의 차이는… 예수님의 능력을 나타냄 없이 예수의 폼으로 기적을 원하는 것은 마치 악기 연주자의 폼으로 그의 들고 있는 악기가 스스로 연주되어지기를 원하는 것과 무엇이 다른가. 아자.

리더십이란 타인을 복종, 순종할 수 있는 능력이라 할 것이다. 사회적인 지위에 의한 상하관계를 명확히 하여 조직하므로 얻을 수 있는 사회적인 리더와 인격적으로 존중하여 취득되는 관계 개인적인 이해관계에 의한 상하 위계관계라든지 야만적이긴 하지만 폭력 행사로 굴종케 하여 복종을 강요하는 행위 혹은 마약 등 약물이나 이에 준하는 무기로써 복종케 하는 것이 있다 하겠다. 우리가 선호하고 싶은 리더는 인격적인 지도자이다. 아자.

세상살이엔 돈은 에너지이자 힘이다. 뭐니 뭐니 낭만적인 말을 해도 돈 떨어지면 거지다. 거지는 사회생활에서 활동할 여력이 없다. 예수의 몸짓을 해도 능력이 없어 보이고 스스로 버틸 힘마저 없어 쪽팔린다. 사랑한다 고백하면 사랑을 줄 수 있는 자가 되어야 하며 그러지 못하면 세상 웃음거리일 뿐이다. 아자.

예수님을 믿는 것인가? 예수님을 추종할 것인가? 잘 믿어 보려는 이에겐 이것이 문제다. 지금도 예수님처럼 살게 되면 예수님처럼 고난을 받으며 빨리 이 세상 사람이 아닐 수 있다. 아자.

컴퓨터를 옮기며 가게를 접고서 여러 가지를 생각한다. 내게 무엇이 소중한가? 생각없이 사는 듯도 하고 기록없이 살 수도 있는 것 같고… 이런 생각 저런 생각이 가슴에 치오른다. 아자.

순간의 충동을 다스리지 못하여 대권 후보직을 포기해야 한다면 사나이로서 한 인간으로서 매우 섭섭하고 한스러운 일이나 자기 관리의 실패에서 오는 이런 결과는 많은 것을 생각하게 한다.

봄비가 온다. 생명에 알리는 메시지를 안고 왔다. 겨울 왕에게 봄비는 봄의 특사이다. 이는 생명 있는 것에 마지막 통고이다.

남북 관계가 급속히 진행되고 있는 듯하다. 오늘 남쪽의 특사단이 북쪽을 향해 밀사 아닌 특사를 공개적으로 파견하였다. 외부에서 보면 박진감 있게 진행되는 듯하나 당사자요 내용을 아는 사람으로서는 매우 불안한 모양새이다. 정치가에겐 놀이요 게임이지만 거주민으로서는 생명을 담보로 하는 것이어서 여간 두려운 게 아닌가? 아자.

무슨 평화든 평화는 강한 자의 양보에 있는 경우가 많다. 강한 자의 독점은 분배에 대한 불만을 야기시킨다. 공정한 정의와 그 이행은 지도자에 대한 구성원의 충성과 이해를 얻게 한다. 강하다고 여기는 개인이나 집단은 보다 정의로운 개념에 대해 확신을 가져야 하며 구성원은 지도자들의 고뇌를 이해하도록 힘써야 한다. 이런 순조로운 발전으로 혁명이 없는 꾸준한 집단의 발전이 바람직하지 않을까? 아자.

삼일절 구십구주년입니다. 유관순 누님과 윤동주 시인을 생각합니다. 모두 십대의 어린 나이였으나 큰 뱃장과 열망과 열정이 많은 소녀 소년이었습니다. 천재적인 감수성 또한 나이의 어림이 장애가 되지 않았으며 이제는 나라와 민족의 자랑거리가 되어 있습니다. 아자.

북미 대화, 미북 교류가 막힘을 우려한다. 스트레스를 풀 관계망이 무너져 가는 것 같아 심히 우려된다. 세계 지도자들은 이성을 회복해야겠다. 도발적 지도력 혹은 미치광이 리더십으로 그 무엇을 이룰 수 있단 말인가? 세계 나라들이 혼돈 속으로 침몰하는 듯하다. 아자.

아침 뉴스엔 러시아가 새로운 무기를 개발하여 놓고 푸틴이 으름장을 놓고 있다. 지금의 세계는 어느 일방적인 승리를 보장하는 전쟁은 이미 종말이 난 듯하다. 핵무기가 아니더라도 끈질긴 전쟁의 소용돌이 속에서는 어떤 국가도 번영을 약속받지 못할 뿐만 아니라 안전과 평화를 누릴 수 없고 공멸만이 예측할 수 있을 뿐이다. 세계의 지도자들이여 전통적인 평화의 환상에서 깨어나라! 순간의 헤게모니가 문제가 아니다. 지구가 오염되면 쉽게 회복할 수 없고 생명들은 부활할 수 없음을 인지하라. 세계는 정신병자들의 치킨게임하듯 치달리고 있다. 멈춰라! 일단 멈추고 대화하라. 현실을 인지하라. 상대의 힘을 무시하지 말라. 공동 번영하라.

모든 이는 자기 주장을 한다. 모든 가치의 개념은 자기 고정관념이 기준이다. 다른 이의 편견은 알아차려도 제 편견이라 할 고집은 주관이라 여긴다. 이것이 인간이다. 그 누가 이 깊은 관념의 수렁에서 구원할 건가? 아자.

나이 들면 쉽게 슬퍼지고 홀로 슬픈 양 눈물이 많아진다. 눈물이 많아지면 시인이 되는 입구다. 눈물은 어떤 과학적인 설득력보다도 강렬하다. 아자.

오늘은 이대 졸업식, 그냥 훌쩍 지나갔습니다. 나라 일이 격랑을 예고해도 자신의 비루한 생활고가 먼저 걱정입니다. 아직도 대인이 되지 못한 듯합니다. 요세 대통령하기도 너무 힘들다 얘기할 듯합니다. 대통령님 너무 마음고생 몸고생 많아 보입니다. 힘내십시요. 힘! 아자.

　세상에 무시당하며 사는 것은 얼마나 비참함인가. 힘이 자비와 사랑의 대가라 함은 얼마나 초라한 모습인가.

　악하고 어리석은 사람들은 좋은 사람을 이용합니다. 자기에게 친절하게 편하게 대하여 주는 사람에게 고맙게 여기기는커녕 얕보고 보잘것없는 미련한 사람으로 여겨 호구를 만난 듯 기뻐합니다. 참고 참고 참아도 그 미련을 돌리기 어렵습니다. 군자를 테스트하듯 의기양양입니다. 예수님도 이렇게 무시당하기도 하셨을 것입니다. 이런 사람들을 알아보고 피하거나 이겨 내는 일이 지혜라 할 것입니다. 아자.

　이 세상에 태어난 생명은 이 땅에 살 권리를 갖는다. 이는 하늘로부터 부여받은 절대권리이다. 좀 못나도 또는 장애가 있어도 양보할 수 없는 권리이다.

현대에 들어서 이미지 정치는 그 도를 더해 가는 듯하다. 연예인과 같이 취급되는 경향이 있다. 정치는 정의의 문제이고 사회계층에 대한 구조 연구랄까 윤리와 도덕 그리고 법률에 이르는 제 사회현상에 대한 이미지라 할진데 소설같이 드라마 시나리오는 허구의 세계인 픽션이라기보다는 넌픽션이라 할 것이다. 허구의 세계의 이미지가 정치 지도자의 카리스마와 결합 내지는 가면 삼아 등장할 때 정치인의 대중적 이미지는 더욱 복잡해지고 대중 기만에 이를 수 있다 하겠다. 세계는 지금 자신의 정책에 대하여 옳고 그르냐를 떠나 여러 대중 조작의 도구에 조작되어 감을 느끼지 않을 수 없다. 대중도 미련할 수 있음이 민주주의 언어 속에 묻힌다.

세상에 제일 알 수 없는 인간은 바로 자신인지 모른다. 언제나 낯선 얼굴이다. 타인들은 나보다 나를 더 많이 더 자세히 알고 있는 듯하다. 아자.

북의 김정은의 정치적 이미지 연출은 그의 파격적인 용모에 대한 디자인이 아닐까 한다. 옛부터 동서양은 턱수염과 콧수염 머리 모양을 평민과 달리하게 함으로써 그들의 카리스마를 강화시켜 왔다. 또한 의상인 제복과 관복을 차별화함으로 계급의 엄수성을 강조하였다. 이런 면을 생각하며 살필 때 북쪽의 김 위원장은 시대를 달리하면서도 차별화된 카리스마를 독자적으로 연출하는데 성공하지 않았나 여겨진다. 세계 지도자들은 용모를 연예계 스타 같다고나 할 정도로 자기를 연출하며 이미지를 깔끔하게 하는 것이 보편적이라면 김 위원장의 눈썹과 바짝 민 머리, 이런 도전적인 연출은 자본주의 국가에서도 당시로 보면 파격적이었다 하겠다.

세상이 마음에 들지 않습니까? 사람들이 맘에 들지 않지요. 아마 스스로 로봇을 만드는 기술이 있어 마음대로 설계할 수 있다면 마음에 들지 않을 것입니다. 왜냐하면 로봇은 로봇뿐이기 때문이지요. 그럼 내 마음에 드는 인간 세상에는 없습니다. 형제 친구 파트너 아내나 남편이 혹 자식이라도 내 맘에 드는 행동만 하는 건 아닙니다. 어쩔 수 없이 내가 적응하는 수밖에 없지 않나 생각합니다. 자존심만 가지고 살 수 없는 세상에서 나 잘났다고 뻐기며 살기란 여간 비용이 많이 드는 것 아닙니다. 그 좋은 말, "정말 잘났어!"라는 말이 빈정거림으로 들리는 것은 안타까운 일입니다. 아자.

홈페이지 디자인이 봄으로 바뀌었습니다. 상쾌합니다. 그리고 설 연휴 동안 안녕하셨습니까? 한해에 두 살을 먹는 기분입니다. 어 어, 그럼 난 지금 몇 살? 스스로 헷갈리며 웃을 수도 없는 나이입니다. 어쨌든 건강하시고 장수를 누리십시오. 아자.

행복합시다. 평화가 행복입니다. 평화로 생활하면 평화가 얼마나 소중한 가치며 중심이 되는지 가늠키 어려워도 전쟁 아닌 수도의 동파 가스 사고, 화재, 지진 등만 경험해도 일상의 평화가 얼마나 고마워해야 하는지 잠시 깜박할 수도 있을 겝니다. 그러나 우리의 행복은 일상의 안전성이며 지속성이 평화라는 걸 깨달아야 할 것입니다. 아자.

모처럼 시간 내었습니다. 모두 행복한 한 해 되소서.

미숙한 자기를 개선시킬 능력이 없는 것과 예측할 수 없는 미래는 스스로를 어리석게 평가하게 하고 이는 스스로를 열등감에 구속되게 한다. 자연과 우주의 본질을 상상하며 즐겁게 진리를 탐색하는 일과 앞으로 일어날 일에 대해 생각해 보는 일로 스스로를 돌아보아 분노에 빠짐을 경계하여 분노를 잘 분석하여 극복할 수 있는 명제로 바꾸는 능력이 요구된다. 아자.

20××년 설날이 내일이고 오늘은 까치설이고, 연휴 첫날입니다. 슈퍼문이 있었고 개기월식이 있기도 했습니다. 많은 잔치 속에 좋은 일도 많지만 호사다마라고 안 좋은 일도 어느 곳에서 어떤 것들이 뛰쳐나올지 모릅니다. 온 국민이 제 분야에서 유쾌하게 보내되 신중하고 조심스레 유비무환의 경계심으로 보내야 할 것입니다. 아자.

잣대를 만들지 말라! 그 누구도 승복하지 않으라… 인간은 그 누구도 가늠되어짐을 거부한다. 사람들에 회자되면 살아남기 힘들다. 절대윤리 절대이념을 들이대는 자 어리석거나 불순한 의도가 있는 자이다. 아자.

밤새도록 통일에 대한 시를 짓고 글을 쓰고 또 노래를 해도 통일은 쉬 오지 않는다. 굳어진 생각은 다른 얘기를 거부하고 오직 자신이 쉽게 이해하고 논리 지었던 의식을 강화하여 자신의 편견을 강화시킬 뿐이다. 발명적 진보를 위해 때론 모든 생각으로 뒤집어 볼 수 있어야 한다. 거꾸로 생각하기… 어쩜 이것이 창조적인 발상의 시초인지 모른다. 아자.

습관은 무서운 것이다. 습관에 중독되면 편견을 갖게 되고 마치 천성처럼 같은 일을 계속하여 반복하게 된다. 아자.

무언가 한마디 하고 싶을 때 침묵하면 대개는 그 처신이 맞습니다.

춥구나! 정말 춥구나 날씨 탓에 올림픽 탓하기는 글렀다. 좋은 징조라 보자. 젊은 열정들이 이 추위도 녹이리라. 금보다 더 값진 눈빛들… 참석하는 선수 모두가 천사다. 귀인이다. 힘찬 함성, 평화의 함성 강원도 평창에서 창창히 온 세상에 울린다. 아자.

민주주의 그 정의는 무엇인가? 자유민주주의와 인민민주주의는 어떻게 다른가? 민주주의 그 개념은 강조하는 바에 따라 시대와 지역에 따라 그 개념을 달리하는 듯하다. 학문적인 개념이냐 아니면 정치적인 개념이냐에 따라 그 의미 규정 또한 같은 듯 다르다 할 것이다. 아, 이는 좀 모호한 개념이 아닌가. 아자.

매일매일 독특한 자신의 흔적을 만드는 일, 생존의 이유요 확인이다. 아자.

과거는 대게 후회하게 되고 미래는 언제나 불안하다. 아자.

미흡한 행동은 그 행동을 멈추게 하고 새로운 결정으로 대처하기 위해서는 때론 엄청난 대가를 치루어야 한다. 이미 쏜 화살, 엎지러진 물이기 일쑤다. 결정과 행동을 신중히 해야 한다. 아자.

서쪽을 바라보면 지는 태양만 바라보게 되고 동쪽을 향해 바라보면 태양은 언제나 붉게 타오르며 하늘 향해 솟는다. 태양을 도는 지구는 언제나 스스로 돌며 외롭다. 사물의 핵심 그 실태를 파악하지 않고 한 현상만 보고 얘기하면 착오를 이르킬 수밖에 없다. 아자.

나는 언제나 여유롭지 않다. 언제나 유쾌하지 않다. 나는 슈퍼맨이 아니다. 초인도 아니다. 연약한 인간, 초라한 인간일 뿐이다. 거리에서 노숙하는 이처럼 불안하다. 아자.

날자, 한번 더 높이 더 멀리 날자 오래도록 아니 영원히 날자. 날자. 아자.

사람 기쁘게 사는 것은 통쾌, 상쾌, 유쾌해야 된다. 이래야 기쁘고 즐겁다. 좋은 것은 아주 좋아 완전 좋아 딱 좋아야 신바람 난다. 아자.

남북 화해 분위기를 잘 이어 가기를… 평창동계올림픽 꼭 성공하리라 믿고 환영합니다. 아자.

지성과 이해는 어디까지 행복이 될까. 죽음이 가까이 있음을 느낄 때에도 강박적 독서는 유효한 것인가. 아자.

우리는 그 누구의 추억 속에 있어야 한다. 그럼 행복하다 불러도 좋으리라. 그 누구의 기억 속에 또 가장 아름다운 상상 속에 소중한 추억이 되는 이는 행복하다. 아자.

큰 사랑에는 때론 역겨움을 느껴야 할 때가 있다. 사랑은 오히려 사랑하던 자의 배신으로 최하의 인격 모독을 감수해야 할 때가 있다. 아자.

별들을 품는 곳, 그곳은 꿈속이다. 아자.

해가 뜬다. 시인나라에 해가 뜬다. 찬란한 태양 높고 높은 태산에도 깊고 깊은 창해에도 힘차게 붉게 솟는다. 아자.

인간 욕망은 좋은 삶을 위한 방향성을 지닐 때와 그 의미를 품을 때 가치라는 문화를 생산한다. 욕망이 희망이 되기 위해 철학적 습관 사유의 사람이고저 해야 할 것이다. 아자.

자존심은 능력이기도 하다. 자존심이 강하게 갖추고 있는 자와 자존심이 빈약한 자와의 대결은 같은 조건에서도 확연히 다른 능력을 보인다. 자존심이 강하면 주도적으로 일을 처리하는 능력이 돋보인다. 자존심이 적으면 타인의 지시를 받고 하는 일에는 능할 수 있어도 자신이 스스로 일을 만들어 가며 하기란 쉽지 않다. 이런 일은 성경에서 모세가 적절한 비유가 될 듯하다. 애굽의 왕자였을 때와 이스라엘의 지도자가 되었을 때 능력을 보인 것과 광야 생활에서 보인 능력과 비교하면 그 차이를 확연히 알 수 있다. 그러나 지나친 자존심의 대결은 그 구성원에 큰 스트레스다. 아자.

뭔가 모르게 내게서 기가 빠지고 꿈도 소멸되어 가며 희망이나 꿈들이 몽환적으로 약에 취한 듯 붙잡는 힘이 사그러듬을 느낀다. 이제 살 만큼 산 것일까. 꿈, 뭔가 확실한 듯하면서도 불확실한 것… 희망, 제 존재의 기록 혹은 영속성… 새해는 언제나 기억의 저편으로 사라진다. 기억되지 않는 체험들 존재의 무의미성… 기억되고 추억되는 자만이 존재의 사람이고 의미의 사람이다. 아자.

인구 절벽이라는 데 아이를 낳지 않는 가정이 늘어나고 결혼을 미루거나 기피하고 이혼 가정이 늘어나는 현상에 오래전부터 가정이 무너지고 이웃이 허물어지고 마을이 붕괴되었다고 말들을 해 왔다. 이를 위해 나라에서는 가임여성과 직장인인 아버지의 휴가 특히 유급휴가를 주면서 아이 갖기를 지원금을 확대하고 복지를 늘리며 장려하나 큰 성과는 못내는 것 같다. 사실 아이 낳으면 행복하고 좋으면 서로 아이를 많이 낳으려 하겠지만 아이 갖는 가정과 개인이 많은 부담 내지는 전적인 책임을 떠넘기면 아이 갖기를 기피하지 않을 수밖에 없을 것이다. 이를 참고하여 아이 갖는 것이 행복하고 좋은 것임을 느끼게 해 주는 정책이 필요하다.

벅차게 정치적인 행위들이 난무하나 개인으로 언급함이 무모하고 헛된 제안이라 여겨지며 스스로 침묵을 선택하게 된다. 나나 잘하면 족하다는 생각이지만 나 자신도 내 일에도 벅차다. 아자.

낯선 사람 아닌 천국처럼 좋은 사람은 좋은 사람끼리, 다 끼리끼리 모여야 평안하고 반갑다. 쫓겨서 사는 인생 그곳은 지옥이다. 아자.

결혼식이건, 장례식이건, 또는 개업식 같은 여타 모임이든 간에 참석을 하면 하루를 오고 가며 혹은 준비하거나 마무리하느냐 하면 하루 해가 후딱 가 버린다. 이쯤 되면 홀로 장사를 한다든가 직장생활을 하는 이는 난감할 수밖에 없다. 자신의 잔치에 모임에 참석하는 이를 귀하게 여겨야 됨은 기본이다. 아자.

누구나 자기 시대의 의식이 각자의 생각 속에 잠복되어 있다. 어느 정도 편견이 있을 수밖에 없다. 단지 스스로를 사실 자체로 당연히 받아들이고 사고를 진척시키는 것이냐의 여부다. 지식으로 받건 지혜로 깨우치건 간에… 아자.

첫 만남, 첫 직장, 입학 첫 수업… 처음이 중요하다. 좋은 만남은 추억을 만들고 나쁜 만남은 트라우마를 형성케 한다. 첫아이 첫 작품… 많은 것을 짐작케 한다. 아자.

엄중한 진리, 냉철한 지성, 속 깊은 이해와 그 지혜로 끊임없이 묻고 또 물어 바른 해답을 찾아내고저 하는 노력은 마치 타르타로스 그 지옥의 진수성찬은 보편적인 지상 천국에서 홀로 느끼게 되는 소외 그 접근할 수 없는 자기 한계이다. 헝클어진 주변의 상황을 정리할 수 없을 때 그곳은 바로 지옥이다. 아자.

생각과 행동은 격이다. 또는 꿈이다.

약의 과복용은 중독을 불러온다. 만성적으로 피로하여 졸리고 맥이 풀리며 정신차리기 쉽지 않게 된다. 개운한 기분 건강한 상태를 말한다. 아자.

긴 잠, 꿈꾸는 사람들… 꿈이 안 꿔지는 사람들… 사람마다 꿈이 있어야 한다. 희망과 열정을 일으키며 기쁨과 보람이 주어지는 그리고 많은 이를 유익하게 하는 일을 하고 싶다. 새해엔 꼭 의미 있고 화평하게 살고 싶다. 올해엔 지난해보다 더 기쁘고 복된 일 많았으면 합니다. 아자.

7분도 밥맛이 좋을까요? 9분도 밥맛이 좋을까요?

날씨가 따뜻하기도 한데 초미세먼지가 서해바다를 넘어온다네요. 태양은 서쪽에서 지는데 초미세먼지는 서쪽에서 날아오네요. 올해는 특히 서쪽을 경계해야 할 듯합니다. 아자.

일출 일몰, 뜨는 해 저무는 해, 같은 태양이라도 솟느냐 쏟느냐에 따라 달리 보이고 표현도 정반대이다. 저문 해 뜨는 해를 바라보며 때론 사진을 찍으면 어느 해가 지는 해인지 뜨는 해인지 알 수가 없을 것입니다. 그러나 동영상을 촬영한다든지 직접 보면 확연히 알 수 있고 다르다는 것을 느낄 수 있습니다. 같은 해라도 뜨는 해는 동쪽에서 뜨고 지는 해는 서쪽에서 지지만 방향을 모르더라도 지켜보면 시간에 따라 그 정체를 알 수 있습니다. 시간은 많은 것을 구별하여 줍니다. 아자.

새해 햇살이 찬 얼음, 찬비 맞으며 너무 커서 열지 않을 수 없는 소리로 문을 두드립니다. 새해가 반갑기도 하고 두렵기도 합니다. 건강한 목소리 그런 아이들이 많이 태어나는 해면 합니다. 많은 청년들이 좋은 직장을 갖게 됐으면 좋겠습니다. 사업하는 사람들은 장사가 잘되고 정치하는 사람들은 정치하기가 재밌고 공무원들은 자기 일이 너무 좋아 보람을 느끼는 시간이 많기를 바랍니다. 군인들은 제대하는 것이 너무 좋은 그래 제2의 희망을 만드는 시간을 늘 기대하며 바라봅니다. 아자.

예감력이 있어야 예술을 논하며 점을 칠 수 있다. 경제감각이 살아 있어야 돈을 쉽게 벌고 몸이 운동감각이 있어야 그에 걸맞는 운동을 뛰어나게 할 것이다. 지적감각이 있어야 공부도 잘할 수 있고 친화력이 있어야 사교도 하고 연애도 잘할 것이다. 사람은 타고난 재능이 있어야 그곳에 재능이 돋보이는 법이다. 많은 부분이 그의 타고난 재능에 따라 사는 것이다. 아자.

베푸는 은혜에 취하면 배은망덕하기 쉽다. 은혜에 감사할 줄 모르고 왜곡하기 쉽고 오만해진 자신을 돌아보지 않고 오히려 상대를 얕잡아보며 멸시하기 쉽다. 인간은 이런 듯 어리석다. 사랑도 지혜 있게 해야 하고 그 그릇을 생각하며 사랑도 주어야 한다. 인간은 어리석어서 제 위주로 마음대로 교활하게 생각한다. 생각이 짧은 사람에게 무한한 사랑을 베풀 땐 특히 조심하라. 많은 걸 가볍게 여긴다. 우리나라 말은 끝까지 들어봐야 그 의미가 확실한 경우가 많다. 아자.

한 장의 사진이 나를 기록합니다. 나의 표정이 나의 얼을 가늠하게 합니다. 어쩜 한 장의 사진을 위해 나의 가장 잘된 모습을 후세에 기억되게 하고픈 심정이 사람들마다 가슴에 있을 겝니다. 사진을 찍는 사람도 제 사진 마음에 드는 것 고르기 쉽지 않습니다. 짧게는 자신의 독사진이 덕스럽고 영특하며 인자한 얼굴이면서도 권위가 있는 모습이면 어떨까 싶네요. 사람마다 자신의 모습을 그린다는 것조차 벅찬 일인지 모릅니다. 자신의 철학과 내면의 선함 어느 정도의 외모 이런 것들이 어우러지고 또 인품 쌓기를 계속하지 않으면 쉽게 형성되지 않는 것이 얼굴이요 자세입니다. 철학 인문지식과 영적 힘의 총합이 얼굴이다 할 것입니다.

습관의 힘은 성격보다 강하다.

그렇게 사시다가 가세요. 얼마나 무섭고 두려운 말인가. 다른 이의 말에 귀기울이지 않고 자신의 생각대로만 살려는 이에게 툭 던지는 말이다. 하던 대로 하면 편하지만 주변과 마찰이 있기 마련이다.

산다는 건 맘 놓고 숨쉬는 일이다. 숨쉬는 것조차 의식이 된다면 얼마나 거북한 일인가. 가라! 너 모든 짐을 내려놓고 너의 길을 가라. 저 옛날 모세처럼, 아무도 너를 돌볼 수 없다. 그는 너를 돌보며 너의 연약함을 찾아내며 너의 신화를 깎아내리리라. 아자.

연말이 바짝 다가왔다. 마무리해야 하는데 어떤 것부터 해야 할지 망설여진다. 정리에 장애가 있다. 아, 허약한 자신의 모습 이것이 자신을 더욱 초라하게 한다. 더 높이, 더 멀리, 더 빨리, 가야 할 그곳은 어디냐. 홀로 다니는 길, 결국 외롭다. 아자.

크리스마스 선물을 줘야 하는데 그는 잠들고 있다. 잠든 자는 선물을 챙기지 못한다. 아자.

드디어 X— mas, 교회에 가서 예배하기로 결심했는데 생에 몇 번 안 되는 결석을 하게 됐습니다. 아쉽고 자신을 질책합니다. 왜 이럴까. 내 몸은 지치고 영혼은 더욱 지친 탓 아닐까. 시들어 가는 자신이 불쌍하다. 더 우울해진다. 신나게 활력 있게 잘 살고픈데 이게 잘 안 된다. 그래도 여러분은 행복하시길 기도합니다. 이 땅에 우울은 나 하나로 족하다. 아자.

내가 아니라도 시 짓는 이 많은데, 난 왜 시를 짓는가. 그렇게 칭찬받지도 못하면서 왜 잘난 척인가? 일기처럼 써 보는 시가 때론 너무 가벼워 보인다. 시가 시 되게 해야 한다. 시들이 때론 찡그린다. 변 보듯 시원했으면 좋겠다. 변 보고 샤워하면 더 좋을 것 같다. 아자.

세상엔 변하면 싫고 변해도 좋은 것이 있죠. 시인나라 홈페이지가 자주 분위기 맞게 바꿔 주시는 시인나라지기 그 탁월한 감각과 능력 정말 대단합니다. 정말, 아주 좋아요. 딱 좋아요. 완전 좋아요!! ㅎㅎㅎ. 이번 크리스마스에도 복 많이 받으시고 행복하세요. 아자.

예술의 전당에서 자코메티 조각전을 감상했다. 대학 시절 도서실에서 그의 작품도록을 보고 유화로 그 느낌을 흉내낸 적이 있었다. 기독학생회실에 기증했는데 학교 이름이 바뀌고 옮겨다니며 그림이 망실된 듯하다. 나로선 좀 아깝다. 고독과 우울을 느끼게 하는 작품들은 어느 한 곳 성한데 없이 상처 입은 현대인의 자화상이다. 아자.

타인의 생활에 강제하듯 조언한다는 건 정말 어려운 일이다. 사람들은 조언을 구하나 자신이 칭찬받고 싶은 그 어떤 묘한 마음이 있다. 거의 완벽한 조건을 갖고 있는 이에게 넌지시 구하는 조언을 믿지 마라. 이미 그는 답을 알고 있다. 그런데 어리숙한 사람들은 이런 일에 번번히 잘난 척 하다가 되레 모욕을 당하기 쉽다. 충언도 돈 받고 대가를 주며 간절히 원할 때야 효험이 있는 법이다. 아자.

게으름은 다음을 믿거나 믿고 싶기 때문이다. 다음이라 약속하면 뭔가 마음이 안정되는 것이 있다. 다음에 밥 한번 먹지. 다음에 차 한잔 합시다. 이 말이 묘한 여운을 준다. 이 무력한 편안함 때문에 스스로 얼마나 많이 속고 속이고 있는가. 내가 내릴 다음 역은 어딘가? 아자.

상대의 입장에서 생각한다는 것, 참 어렵다. 보일러가 고장난 채 며칠을 지내고 애프터서비스를 받으니 그리 간단하고 고마울 수 없다. 그런데 이런 서비스를 쉽게 신청하고 쉽게 받아 보기 여의치 않은 것도 현실 아닌 현실이다. 이런 듯 큰 불편보다 작은 불편 누적이 사람을 더 힘들게 하는지 모른다. 아자.

우리가 흔히 알고 있는 정신적 지도자는 매우 여린 마음에 부드러운 성격의 소유자들이 대부분이다. 학계나 종교계 심지어 정계의 이념에서까지도 그들의 주장에 대하여 스스로는 폭력이나 강압적 수단을 사용하지 않는다. 단지 말할 뿐이다. 해서 이를 이용하고 저 하는 자들이 또 정치적으로 위협을 느끼는 세력들이 주장자를 강하거나 변칙적인 인간으로 몰아가기 때문이 아닌가 여겨진다. 아자.

치열하게 시를 짓겠다 해도 타고난 시인에겐 택도 없는 일, 그렇게 살다 가면 그뿐 시 생기면 내놓고 시 없으면 웃고, 그렇게 사는 거다. 뭐, 밥 벌이하듯 시 쓸일 있냐? 시 지어 이름 얻을 일 있겠냐? 오늘도 이래저래 뒹굴며 살 뿐이다. 아자.

다른 이에 대한 조언하긴 쉬워도 스스로 책임지며 추진하는 것은 너무 어렵다. 필드에서 뛰는 사람들… 그러나 아무 말 않고 내버려두기란 더욱 어렵다. 아자.

붙잡고 싶은 시간들… 생각과 기억의 충돌… 교회에서 세속 인사… 그 순수는 어디 갔나? 힘들다. 아자.

변할 줄 모르는 사람 마음, 너무 쉽게 변하는 사람 마음… 중용을 택해야 하는 경우, 이래저래 사는 일은 버겁기만 하다.

소통이 아니 되는 이유 중 가장 중요한 요인은 상대의 말을 귀기울여 이해하며 들으려 하지 않기 때문이다. 자신의 얘기에 중독되어 논리적 정당성을 너무 확신하는 것이기 때문이다. 세상엔 절대적인 건 없다. 이는 사실과 논리성에 자신을 갖고 혹은 자신의 정보의 무흠결성을 주장하는 바일 것이다. 그러나 진리도 때론 흔들린다. 서로 자신을 돌아보는 능력이 있으면 좋겠다. 나름대로 살펴본 즉 사람의 마음은 자신의 실존과 명예의 보존을 위해 어떤 험한 일도 마다하지 않는 것 같다. 아, 간악한 인간의 심성이여! 아자.

사람이 거룩한 뜻을 위해 자신을 지속적으로 헌신 내지 희생할 수 있을까. 이만큼 인간은 자기중심적이고 이기적이다. 어쩌면 인간에게서 타인에게 자비를 기대하는 것이 무리인 줄 모른다. 어떻게 살 것인가. 이 결심, 이 것이 중요하다. 자기 생각과 다른 사람의 생각이 다를 때 결과적으로 어떤 것이 보다 객관적인 호응에 답하는 것인가를 가늠해야 한다. 사람 사람 개인 간은 물론 집단과 집단이 이해관계로 대립하게 될 때 무엇이 더 공의롭고 화합적인가를 기준이 되어야 한다. 아자.

작가는 자신의 작품에 가장 먼저 읽히며 제일 감동되는 사람이다. 설득력 있고 영향력 있음은 먼저 눈치채는 이도 작가다. 음악, 그림이나 기타 예술 또한 그러할 것이다. 뿐만 아니라 설교자도 먼저 자신의 설교가 은혜가 되어야 한다. 아자.

인생은 자신이 알건 모르건 간에 사기당하고 자신도 어찌된지 모르게 사기치며 사는지도 모른다. 인생은 누군가에 의해 사기당하며 또 사기치며 진실인 양 믿고 사는 어리숙한 것 또한 인생인지 모르다는 생각을 하기도 합니다. 자신이 통제할 수 없는 마음과 육신 그러니 자식의 몸과 정신을 통제하겠다고 덤벼드는 것 자체가 어리석음이다. 하물며 남이야… 아자.

자기 마음은 선하고 순전하다고 생각하거나 말하며 자기 마음만을 믿는 자는 어리석은 자라고 한다. 말과 행동 심지어 생각하는 것까지 자신을 때론 이 시대에 맞는 경우에 있는지, 또 그 맞는 이치로 객관화시킬 수 있는지 확인하는 작업이 필요하다 하겠다. 아자.

32

창조라는 말씀은 신을 위한 단어인지 모른다. 없는 상태에서 있게 만드는 것이 창조라면 전혀 아무것도 없는 것에서 이뤄지는 것이 창조라면, 인간이 창조한다는 것은 어떤 물질이든지 감지할 수 있는 것에서 개선이나 융합 혹은 첨부 내지는 감액 또는 이것저것 섞어 놓는 여러 방법과 시산과 여건을 변화시키므로 이뤄지거나 만들어진 그 무엇을 지칭하는 것이라 할 것이다. 아자.

세상에 역사적 유품의 가치를 알고 인정하는 자만이 그 인지의 능력이 평가된다. 쓰레기 더미에서 보석을 발견할 수 있는 능력, 그것은 심미안일 수 있고 지식에 근거한 관찰 가치의 행운일 수 있다. 우리의 유품을 쓰레기 더미에 내다 버리는 어리석음을 일생을 통하여 얼마나 많이 저지르고 있는 것인가. 아자.

구원은 율법으로 이뤄진 계약인가? 개개인의 믿음으로 얻어지는 선물인가.

각자 믿음의 범주 그 한계선까지 진리는 존재한다. 그 누구도 그 임계선을 넘어 그의 가치관을 깨부수기 어렵다. 아자.

이 불길한 초조는 무엇인가? 해마다 찾아와 휘젓고는 홀로 갑자기 사라지곤 하는 이 느낌의 정체는…?

한기를 느낄 때 겨울이라 느끼는 건가. 많은 스트레스를 거치며 이는 나의 몸과 영혼에 면역력의 급속한 저하로 허약함에 시달려 왔음을 이해하게 된다. 복원이 부활은 아닐 것이다. 그러나 부활은 새롭고도 신성한 힘으로 다시 소생하는 것이라면… 어쨌든 건강하고 싱싱하게 되고 싶다. 새로운 희망이 부끄럼이 아니 되면 좋겠다. 아자.

하고 싶은 일이 무엇인 줄 모를 때… 웬지 당황하게 된다. 사실 산다는 건 무어라고 하는 것인가. 그저 이끌리어 행동해야 하는 것인가. 창의적인 행동이란 가능한 것인가? 아자.

시란 무엇인가? 인간 감성의 본질이며 일상적인 감정예술에서부터 고도의 사고 영역에 이르는 통찰과 순도 높은 기지의 불길 같은 영역을 포괄하는 개념이라 할 것이다. 아자.

음습하고 싸늘한 날에 어릴 적 아랫목 구들장이 그리운 날에 그 누구의 품이 그립고 나 또한 따뜻한 체온이 그리운지 모른다. 이런 날에는 기억 속에 내재된 추억을 핑계로 한풀이하듯 기억 속에서 추억의 옛 연인을 만나 프로포즈를 하고프다. 이 또한 12월이 다가오니 이때쯤이면 찾아오는 열병인가. 마음의 들뜬 모습과는 달리 올해도 이 겨울의 터널을 지나 쉽게 새로운 봄을 맞이하게 되라… 뜬금없이 독백하는 연극처럼 운명처럼 혹은 숙명처럼… 아자.

"헛물켠다."는 말이 있다. 상대는 어떤 생각도 없는데 지레짐작하고 어떤 특정 일을 제 뜻으로만 상상하는 걸 말한다.

복장을 단정하지 않는다든지, 입을 벌리고 있다든지, 혹은 식사를 하며 다른 생각을 한다든지 하는 이런 행위는 뇌의 주의력 장애나 충동장애라 할 것이다. 사실 이런 행위에 대하여 이때까지 인식은 성격 탓으로 돌린 경우가 많았으나 나의 연구 결과는 순전히 뇌의 활동에 장애가 생긴 탓으로 인식되고 있다. 뇌에 관한 광범위한 진단과 그 연구가 진행됨이 좋으리라 여겨진다. 이런 의미에서 범죄에 관한 연구도 뇌 활동의 결함에 의해 이루어질 경우가 많으리라 여겨진다. 범죄를 자주 빈번하게 저지르고 있는 자는 이를 뇌 활동에 대한 연구 분석이 함께 동반되어야 할 것이다. 아자.

주변에서 합리적인 이유없이 떼써서 뭘 이루겠다는 사람들로 우린 피곤하다. 아자.

들리는 건 비명밖에 없다면 참담하다. 보이는 게 허우적대는 모습뿐이라면 슬프다. 너무 슬프다. 버스를 타고 창밖을 내다본다. 도시의 조그만 가게들에 손님이 없어 한산해 보인다. 커다란 상점과 큰 빌딩엔 손님이 빨려들어 가듯 많이 복잡거린다. 자영업자들이 힘들 것 같다는 예감이 든다. 아자.

세상은 힘들고 버거워라. 어두운 뉴스로 채워진 소식을 한 일주일이나 한 달간은 어둡고 힘든 소식을 끊고 밝고 재밌고 희망찬 소식만 보도한다면 세상에 어떤 변화가 생길까. 제안한 대로 일 년에 한 번쯤은 이러면 어떨까. 아자.

오늘은 감사주일이다. 나는 무엇이든 감사. 유익할 때에 감사는 물론 그럼에도 불구하고 감사 감사. 그래서 그래도 감사 감사. 오직 감사. 언제든 무조건 감사이다. 감사하는 마음 감사할 수 없을 때에도 감사할 수 있는 이유를 찾을 수 있기를 기도한다. 무언가 세상에 유익을 위하여 나를 사용할 수 있을 때가 가장 사람답게 사는 게 아닐까. 나의 재능을 십분 발휘하여 창조적으로 누군가에 많은 혜택을 누리도록 자신을 개발하는 일이 중요하다 하겠다. 오직 하늘의 영광을 위해 만세, 만세 만만세다. 아자.

가을을 접기 전에 겨울이 몰래 숨어들어와 가을을 놀라게 한다. 올들어 가장 추운 날씨다. 지진 지역에 고통이 더 하겠다.

상호 믿음을 줄 만한 사람에겐 하나님처럼 섬기듯이 관계를 맺을 일이로데 마지막 확인은 하여야 한다. 그래야 이 불신의 시대에 어느 정도 안전한 범위 안에서 생활할 수 있다. 절대 믿음은 오로지 하나님에게만 귀속하고 그 말씀을 믿을 일이다. 스스로 이 분별력을 갖도록 배우고 익히며 영적인 촉으로 하나님 음성에 귀기울여야 한다. 개인적으로는 악마의 음성과 신의 음성을 구별할 때 매우 헷갈리는 경우가 많다. 이것은 어디까지나 자신에게 귀책사유가 있다 할 것이다. 섬세하게 하나님 말씀에 다가가며 용서와 관용을 잘 해득 실천하며 가능한한 착하게 사는 습관 법과 윤리를 잘 지키려는 마음이 충만할 때이다. 아자.

어제 그제 지진과 여진이 급습해 포항 지역이 난리다. 작년 경주 지역에 이어 적지 않은 규모의 지진이지만 나쁜 예감을 갖게 한다. 서울의 날씨는 맑고 차다. 도봉산에 아니 주변을 맴돌다 버스로 주마간산격으로 버스로 가을의 서울을 산책했다고나 할까. 헤헤헤… 길동에 루터란 교회에서 김영하 목사님과 몇 동문들과 성경공부를 하였다. 언제나 그러하듯 나는 질문 왕이다. 아자.

많은 이들이 지적하듯이 다른 이의 허물을 지적하기 쉬워도 제 허물을 알고 고치려 애쓰는 이는 무척 드물다. 자신을 알기가 이다지도 어려운 것이다. 자신을 객관화시킬 수 있는 능력 정말 비범한 인재라 할 것이다. 또 자만심이 아닌 자부심을 갖고 긍정적으로 세상을 인식하고 낙관하며 산다면 근심과 걱정은 한껏 줄어들 것이다. 이렇게 사는 지혜를 갖도록 애써야겠다. 아자.

바람에 더구나 센바람에 무관한 척 일없다 외면하기 어렵다. 겨울을 급히 알리려 찬기운 밀려온다. 빨래 말리려는 꾀도 있다. 살아 있음을 감사하지 않는 이 그 누군인가. 전쟁은 상대에 대한 두려움 때문이다. 상대의 가졌던 물질과 명예를 훔치려는 것이거나 빼앗아 갈취하는 행위이다. 혹은 자신이 갖고 있는 것에 대한 침탈과 자신의 목숨과 재산 명예 따위를 지켜 내기 위함이다. 포항 지역에 5.5의 지진이 발생했다는 긴급 뉴스다. 앞으로 여진이 계속 있을 것이다. 땅이 흔들리고 하늘이 휘돌리는 바람이 있고 사람들은 정신 못 차리고, 어쩌자는 거야. 이거. 아자.

33

드디어 무엇을 할 것인가. 많은 이가 다른 이들이 뭘해 주기 바란다. 거져 먹고 싶고 거져 얻고 싶은 것이다. 사람에겐 이런 거지근성이 있다. 그러나 살며 생각하는 사람들은 세상에 공짜란 없다는 사실을 알고 있다. 공짜나 공짜 같은 것에는 독이 숨겨져 있다. 바짝 긴장하며 살아야 한다. 세상엔 누군가 나를 위해 일하는 이는 하나님밖에 없다 할 것이다. 사람에게 기대한다면 부모님밖에 없다. 내 삶이 다할 때까지 가장 오래 기억되는 분이다. 감사할 수 있는 이는 복 있는 사람이다. 은혜를 은혜로 여길 수 있는 능력은 하늘의 선물이다. 어느 정도 지식과 지혜가 있어 시대를 살피는 인지능력이 같이하지 않으면 제 자식이라도 모른다.

자연은 어쩜 여성적이게 가깝다. 자연스럽게 살며 자연에 해롭지 않게 하기 불가능하다. 더구나 최소한 다른 이에 삶에 어떤 위해도 안 입히는 것도 여간 어려운 일이 아니다. 생명 있는 사람이 사는 동네에서는 결국 알게 모르게 갈등일 수밖에 없다. 최소한의 관계 속에서는 자기 안일에 안주하기 가깝고 관계를 넓히면 무리 단위로 이익 대립을 위해 다툴 수밖에 없다. 이런 면에서는 정치인의 갈등 이해된다. 아자.

가을바람 분다… 비 온다고? 내일 공기 차가와지겠다. 가을보다 쉽게 오는 겨울이다. 아자.

사랑이란 결국 정든 관계를 말함이요, 사랑하고 싶은 것은 정 만들고 싶은 마음 아닐까. 상호 정 안 가고 믿음 없는 관계는 만나 봤자 헛인사일 경우가 대부분이다. 아자.

자신이 지내온 기억이 사라지면 인생은 무상하다. 너와 나의 기억 속에 사귐과 관계가 없다거나 희미하면 의미가 없어 보인다. 나의 기억을 통채로 잃어버리는 것이 죽음이요 의식 불명이다. 기억 안 되는 관계라면 스치는 인연이라 해도 좋을 것이다. 살아 있는 동안 만이라도 서로의 기억 속에 아름다운 추억이 되고 의미 있는 관계가 되도록 서로 노력해야겠다. 인생은 짧다 해도 내 인생 만큼은 영원할 것 같은 착각이 얼마나 어리석은 생각인가. 누군가 말하지. 때가 되면 철이 든다고. 밖은 겨울바람처럼 차가와만 가는데… 나는 언제 철드나. ㅎㅎㅎ. 아자.

서울 시내 많은 곳이 그러하지만 내 사는 동안 내 동네가 이렇게 상가가 빈 가게로 임대하는 공간이 일시에 늘어나고 거리를 채운 적은 전에는 정말 없는 듯하다. 수출은 어떤지 모르지만 내수는 엄청난 불황인 듯하다. 텅비고 쓸쓸한 가을처럼 낙엽 같은 고객만 오고 가는 거리는 처음인 듯싶다.

하나님은 온전히 무조건적으로 믿음과 섬김의 대상이다. 그러나 사람은 믿음을 온전히 줘서는 아니 되며 경계하는 마음이 함께해야 신상에 갑자기 낭패를 당하여 당혹스런 사태를 맞이하지 않는다. 아자.

햇살 없이 아침을 맞고 끼니는 때우듯 점심을 하고… 여러분 모두 오늘도 행복하십시요.

오후부터 추위를 부르는 비가 온다고 하는데… 하기사, 쳐다보니 구름이 하늘 가득 채워졌다. 지난 시절이 떠올라 이런저런 생각을 한다.

미적인 감각, 미의식, 심미안 이런 용어는 매우 세련된 감성을 갖춘 이만이 그 의미를 실감하는 용어이다. 심미안은 자신이 감각적이고 예리한 지식과 감성에 예민한 사람임을 설명한다. 심지어 아름다움을 선택하고 배열 구성하는 행위가 예술이 되는 요즘 자율적인 선택 능력마저 예술로 대접해 주는 것이 현실이다. 아자.

어제는 영업하는 가게를 쉬며 이리저리 뒹굴었으나 가을의 허전함을 메울 수 없었다. 전화도 받지 않는 지인, 낯선 여인과 어디서 속삭이고 싶어도 만만한 사람이 없다. 나이 들어가도 허~ 참, 남자란 여인의 향기가 없으면 더 빨리 늙어 갈 것 같다. 아자.

자기 유익에 급급하면 그 행위에 정의가 숨고 합리성을 상실한다. 아자.

최소한 부끄러운 일에는 제 얼굴이 달아오르고 땀내며 죄송하게 하소서! 무슨 일을 하든 감이 있어야 한다. 감 없이 일을 하면 딴엔 열심히 하여도 지적받기 일쑤다. 감이란 시대에 살면서 무언가 일에 어울리고 그 시대 그 지역 정서와 맞는 그 무엇이 있어야 한다. 이것은 설명하고 전하기 어려우나 분명 존재하는 그 어떤 무엇이다. 감이 없는 이를 센스가 없다는 둥 이리저리 왕따당하기 쉽다. 공동으로 느끼고 또는 홀로 느끼는 그 무엇이 없다면 별종같이 우주인이 된다. 아자.

하나의 문제를 해결하기 위해 여러 가지를 챙겨야 하나 꼭 중요한 한두 가지는 빼고 나서기 일쑤다. 이것이 나이 든 표이기도 하지만 사실 인지능력 특히 주의력과 집중력의 결함에서 온다 할 것이다. 이제 중요한 일에서는 손을 놓아야 할 때다. 똑똑한 후배를 만나는 것도 운이고 하나님의 은혜다. 잘하겠지 믿어 주자. 후배들은 사실 더 똑똑하고 잘할 것이다. 세월이 너무 빠르다. 쉽게 타인에게 변화를 바라나 그와 동시에 우선 자신을 바꾸는 일은 정말 어렵다. 사실 나의 변화가 더 힘겹고 내가 진짜로 변할까 봐 더더욱 두려운 것이다. 아자.

11월의 바람은 독을 품어 가는 바람인가. 단풍들게 하고는 끝내 칼로 목을 치인 듯 잎을 떨군다. 피에 물든 붉는 낙엽들….

약간의 음주가 몸을 노곤케 한다. 공원 의자에 누워선 잠을 청한다. 11월 첫날은 이렇게 시작한다. 사실 장애를 가진 친구가 칠순이다. 드라이브하며 칠순잔치라기는 그렇지만 생일잔치로 드라이브 겸 종일 점심과 저녁을 함께했다. 심심했지만 이렇게 하루를 보냈다. 얘기 아닌 얘기를 주고받으며 헤헤헤 하하하 히히힛~ 하며 일산 쪽을 이 골목 저 골목을 드라이브했다. 아자.

쌀쌀한 날씨가 계속되면서 서울엔 첫 서리가 내렸다네요. 가을 속에 겨울 모습이 그리 낯선 건 아니잖습니까. 가을 옷으로만 견디기가 날씨는 쉽지 않은 듯 서글픈 사람들을 대변하는 듯 을씨년스럽습니다. 10월 마지막 날인 오늘, 내 귀빠진 달이기도 했습니다. 그러나 허무합니다. 그 어느 좋은 꿈을 가지고 착한 마음으로 열심히 살고저 하는 그 어느 누구의 꿈을 도와주고 싶은 날이기도 합니다. 착하기 어려운 이 시절이지만 세상을 구원하고 공동의 번영과 바른 삶을 일으켜 세울 조건은 어쨌든 착한 마음 공동체의식입니다. 아자.

34

 정밀하게 자신의 마음을 가늠하면 부끄러울 수밖에 없다. 논리적인 사유를 가능케 하는 것은 나름의 경험과 수학적 연역법이나 귀납법 등을 활용할 능력이 되어야 한다. 타인을 이해한다는 것은 이런 논리에 근거하기보다는 자기 유익에 대한 집착적 외골적이며 배타적 접근법이 대부분인 듯하다. 이는 결국 유사 집단에 참여하여 명분 약한 논리로 자기 유익을 위해 집단적으로 행동하는 돌격부대가 되기 쉽다. 이런 류의 행동이 크게는 국가나 인류 발전에 저해 행위가 되는 것이다. 아자.

 시가 시인을 떠나가는데, 시는 누구를 위해 허공에 떠도나? 영감은 어느 누구의 마음밭에 뿌려질까. 꽂히는 그에게는 영광이로다. 그림 속에 잔치를 벌여야 할 것이다. 시 속에 그려지는 풍경들… 그리고 소리들 신비하고 묘하다. 영혼을 부르는 사랑은 가슴에 쌓이는 것일까, 머릿속에 공간을 마련하는 것일까? 목숨을 다하여도 사랑해야 할 사람에게 사랑을 주자. 자신의 존재 이유가 사랑하기 위함이라 다짐할 수 있는 이는 위대하다. 비 온 후 떠나지 못한 구름 뒤켠에서 노을은 볼 수 없는 애잔한 더듬이로 사랑을 찾아가는 그 모습이 언제나 가슴을 뭉클하게 한다. 아자.

가을은 붉어진 단풍잎에 있다. 은행잎이 그 열매가 가을을 급히 알린다. 푸른 잎도 황금 잎이 되게 하고 황금도 쉽게 떨구는 그런 계절임을 알리는 은행나무엔 황금색 알이 주렁주렁 달렸다. 어떤 이는 은행잎과 그 열매로 떼돈을 벌었다고도 하는데 시인은 황금엔 초연한 양 그 잎을 밟고 낭만을 떠오르게 하며 영화의 한 장면처럼 걷고 걷는다. 실은 제 건강을 떠올리며… 거닌다. 가능한 오래 멀리 빨리 ㅎㅎㅎ. 아자.

한 줄의 멘트, 한마디의 비명처럼 삭히고 삭힌 말이어야 하는데, 이거 너무 긴 시 아냐, 이래도 시라 할까? 언제나 의문. 쉽게 써지는 시가 두렵지 않을 때 스스로 경계하는 지혜가 머무르기를… 시다운 시, 좋은 시, 나다운 시가 나의 시이기를… 시들이 달려와 내 영감이 되기를… 사람 이야기, 자연 이야기, 신의 세계… 그리고… 아자.

기회 속에서 살길을 찾아내는 지혜가 터지고, 어려움을 만날 때 새로운 기회를 포착하고 투쟁하는 그런 용기를 잃지 않기를 기도한다.

언제나 초보의 마음은 귀하나 언제나 초보 수준에 머무는 것은 수치입니다. 마음을 새롭게 하여 익히고 싶은데 맘만 열심일 뿐 몰두와 집중하는 정성이 없으니 진도가 안 나가고 언제나 제자리에 맴돈다. 하루라도 젊은 날에 익히고 배우는 그런 습관이 자신이 하는 일에 성패를 가른다. 이런 경험담이 그 누군가에 타산지석이기를 바란다. 아자.

나라가 서로의 집단의 힘을 과시하려 경쟁함은 인류의 발전에 저해하는 행위이다. 세계는 진정 모든 인류가 평화를 추구하며 인류애에 근거한 정부를 세움에 노력할 때다. UN이 해결하고 있지 못하는 여러 국제문제에 대하여 허심탄회한 논의와 자유로운 토론과 이성에 근거하고 합리적인 결과를 완성도 높게 이끌어 내기 위해 세계가 노력해야 한다. 아자.

헌신적인 사람은 대개 쌍둥이 같은 DNA이라 해도 어딘가엔 헌신 에너지가 있다. 나뿐이라 생각하고 나 중심으로만 사는 사람은 나쁜 사람이다. 대개 사람들은 나쁜 사람이다. 다른 사람이 어떻게 되든 나만 잘 되기를 바라는 사람은 악한 사람이다. 오직 자기의 내면적인 목표를 위해 무엇인든지 감행하거나 행동할 수 있는 사람은 독한 사람이다. 아자.

하루의 삶을 온전히 지키는 것조차 불가능한데 어찌 일생을 흠없이 성결하게 살 수 있단 말인가. 준비된 것이라곤 하나도 없이 요행과 우연이 행운이 되기를 바라는 어리석은 기대, 스스로도 어의가 없다. 오직 하나님의 나의 죄를 용서해 주심과 모든 죄에서 구원해 주심으로 하나님이 거룩다 여겨 주시는 것일 뿐. 나의 공로로 주장할 것 하나도 없다. 아자.

기는 무엇이고 끼는 무엇인가. 기는 피가 도는 사람 몸에서 발생하는 어떤 기운이다. 살아 움직이는 기운에서 탁월하게 드러나는 재능에서 강한 기운을 느끼는 것을 일컫는다 하겠다. 기는 누구에게나 있지만 끼는 타고나는 재능을 보편적으로 지적하는 것이라 하겠다. 아자.

산다는 건 힘겨운 투쟁이다. 쉽게 살고 싶고 힘 덜들게 하여 편한 몸 안정된 정신으로 불안 없이 살고 싶다. 이것이 일반 사람의 생각이다. 그러나 사람을 귀찮게 하는 것이 있으니 육신으론 병이요 장애이고 험한 환경이다. 사회적으로는 적응하기 어려운 사회 규범이요 인간관계이다. 정신적으로는 스트레스요 알 수 없는 정신세계에 대한 호기심과 그 수행에 대한 집착과 교리의 중독현상이다. 아자.

　한국일보의 오늘 날짜 1면 기사와 같이 한반도에 둘러싸인 4강들의 모습은 언제나 아찔하다. 특히 역대 세계 최고지도자들의 모습 또한 만만치 않다. 우리의 외교력과 지도력이 커다란 시험대 앞에 서 있음을 본다. 어쨌든 국민의 지혜와 단결된 힘이 중요하다. 또한 힘이 뒷받침 안 된 사교, 외교는 사람 치사하고 유치하게 할 뿐이다. 강한 자의 아량과 덕에만 의존함은 점점 비굴해지기 십상이다. 힘을 기르자. 국민 개개인의 역량이 다른 어떤 나라보다 우수해져 세계를 감탄하며 놀라게 해야 한다. 이를 위해 자신이 하는 일에 정성을 다하자. 아자.

　사람마다 스스로 겪는 경험이 독특하다. 인생의 맛인지 모른다. 한 인생들과 얘기하다 보면 모두 소설을 쓰고 싶은 충동을 느끼곤 한다. 우리가 알진 못해도 사람마다 독특한 경험들이 있음을 알 수 있다. 소설가들이 새로운 얘기들을 들려주고 싶어 자꾸 새 소설을 구상하는 이유인 것 같기도 하다. 어여쁜 아가씨들도 미소년 같은 남자보다 독특한 모습에 나쁜 남자들에게서 매력을 갖고 쾌락과 기쁨의 느낌이 이해된다. 누구나 자신에게 주목하기를 바라는 마음이 있는 듯하다. 사람 심리 묘하다. 아자.

정치가 생물이라는 말이 있듯이 정치는 상황에 따라 변해야 한다. 그래야 발전하는 정치의 본 모습을 대하게 된다. 사실 국가에서 이념은 그 나라 헌법보다 중요하게 취급됨이 현실이다. 창조적으로 변화하고저 한다면 각 나라의 이념이란 일종의 우상이다. 사람과 물질문명과 자연의 변화와 그 얽힘의 조화에 따라 인류 역사는 변하여 왔고 앞으로도 변화할 것이다. 나라들은 더 발전하기 위해서는 고정관념을 부수고 새로운 생각과 수단을 자연스럽게 수용할 수 있어야 한다. 이것이 그 나라의 힘 내공이다. 매일 새롭게 하여야 건강한 모습이 되듯이 나라도 새로워짐에 당당해야 강한 나라가 될 수 있다. 아자.

오늘 연로석에 앉은 한 어르신이 술 취해 혼자의 한처럼 넋두리를 펴신다. 말씀으로는 나이 8세에 6.25가 터져 여러 고생을 하신 듯하다. 최근 전쟁 발발에 대한 불안감이 높아 가는 요즘 마음이 여간 착잡하신 게 아닌가 여긴다. 분단국가는 민족의 하나의 불행의 역사이다. 개인사에 영향은 말로 할 수 없다. 우리는 왜 전쟁을 두려워하는가. 그것은 우리의 생명은 하나이기 때문이다. 우리의 조국도 하나이기 때문이다. 아자.

생일잔치는 없어도 그만이지만 아무래도 없이 지내면 웬지 섭섭한 건 사실, 하늘의 구름조차 우울하면 쳐다보지 않게 된다. 우울한 자 땅을 본다. 어렸을 때 고소공포증이 있는 사람은 신경과에 문의해 봄이 좋을 듯하다. 충동을 억제하기 힘든 사람도 진단이나 상담해 보는 것이 유익할 것 같다. 병은 일찍이 검진하는 것이 좋다. 병이 오기 전 예방 차원에서 조치를 취함이 현명하다. 아자.

통제력의 상실이나 저하증으로 고통하는 사람이 적지 않을 것이다. 인간의 몸의 상처나 병에 대해 관심이 많으나 정신적인 면에 대해 그 심성에 대해 관심을 갖는 날은 그리 오래지 않았다 할 것이다. 사람의 모든 생각과 행동 그리고 사유의 여러 형태도 사람 마음먹기에 따라 또는 마음에 가득한 생각들이 그에 걸맞는 행동을 유발한다. 내 속에 나쁜 것은 비우고 좋은 것으로 채우면 좋은 사람 착한 사람이라 불러야 할 것이다. 이기적이고 탐욕적인 그 마음으로 채우면 배려 없는 욕심의 인간이 될 것이다. 용서할 수 없는 것을 용서하는 힘, 이것이 인류의 평화를 조성하나 비겁하고 유약한 존재로 지탄하면 세계는 재난 속으로 돌진한다.

35

　육신의 장애로 고통하는 사람이 많듯이 정신적으로, 영적으로 고통을 호소하는 사람도 적지 않습니다. 이른 바 심신미약자, 인식장애, 판단장애, 주의력장애, 집중력장애, 수납정리장애, 결정장애, 의식장애, 저장장애 등이다. 영적으로는 환청과 환영, 방언 등의 신들림의 모세의 여러 기적과 여러 병고침 같은 이적 등 알 수 없는 초능력의 발현 등이 있다. 아자.

　이번 10월 연휴는 우리 역사상 가장 긴 연휴 기간을 가졌다 할 것이다. 무사히 연휴를 보내고 활력적인 일상에 복귀한 사회 분위기 좋다. 남북도 상호 긴장한 탓인지 도발도 잠시 멈춘 듯하다. 평창동계올림픽이 다가오는데, 세계의 호응 속에 잘 치뤄지기를 기도한다. 그러나 사고는 작건 크건 일어나고 놀라게 한다. 각자 일상의 점검의 중요성을 일깨운다. 아자.

　평화란 상대에 대한 어느 정도의 불안과 공포 그리고 존경심이 있어 이뤄지는 안정이 진정한 평화인지 모른다.

사람 사이와 마찬가지로 국가 간 관계도 힘의 균형이 이뤄져야 평화롭게 지내게 되는 것이 인간 사회다. 노골적으로 말해 남 잘되는 꼴 못 보겠다는 것이 인간의 심보 아닌가. 예수님도 지적하였듯이 인자(사람 다운 사람)가 고향에서 대접받기를 원하는 것은 갇힌 가축이나 야생동물들의 가호를 받기 원하는 것과 그 무엇이 다르랴. 인간이란 시기와 질투가 이성에 앞선 자가 대부분으로 가까이 지낸다 하여 너무 믿지는 말 일이다. 인간은 결코 이성적, 합리적으로 행동하지 않으며 이기적이고 탐욕적으로 자기 중심적으로 행동함이 대부분이다. 아자.

정치는 현실이고 그 문제를 푸는 기술이라면 소설은 어쩜 이상이요 꿈꾸는 현실일 수 있다. 얼마 전 소설가 한강 씨의 뉴욕타임스에 한반도 전쟁 위기에 대한 기고문을 호응 지지한다. 아울러 최종적으로 한반도의 비핵화는 물론 세계의 비핵화를 적극 지지한다. 남북은 이 비핵화를 위해 적극 대화를 촉구한다. 서로 자존심을 훼손하는 발언을 삼가하며 서로 먼저 평화의 회담을 계속하자. 한반도에서의 남북 전쟁은 한민족의 자해 행위이며 멸망을 채촉하는 적극적 행위이다. 모순된 얘기처럼 보이나 이런 회담이 성사되기 전에는 안타깝지만 공포의 균형이라도 갖추어야 한다. 우리도 핵으로 무장할 수밖에 없다. 이것이 우리 현실이다. 아자.

아골골짝 뼛조각이 생명의 바람으로 생명 있는 군인으로 부활하여 변모하듯 주님의 영이 우리 몸 구석구석에 임하여 하늘의 놀라운 기적이 내 몸, 그리고 우리 각자의 병든 몸의 치유와 회복이 있기를 기도한다. 또한 주님의 영이 영혼의 강건함이 시인들의 영혼에 임하여 기운이 차고 넘치기를 기도한다. 아자.

사람의 행동이 성격 탓인지 두뇌 활동의 결과인지 설왕설래할 일이지만 이때까지 개인적인 경험으로는 성격이라기보다는 두뇌 활동의 결과물이라 여긴다. 사람들의 기억과 인식 능력, 인지 과정, 창작 활동 등 모든 것이 신경 활동에 의한 운동력이라 여겨진다. 이 탓에 어떤 습관이나 그 습득 능력을 어떤 특정한 기준으로 일방적으로 평가함은 무리일 수밖에 없다. 두뇌 활동이 왕성한 사람은 그렇지 못한 사람보다 학습이나 일을 치루는 과정이 같은 신체의 조건인 어떤 사람보다 우수할 수밖에 없다. 탓할 때 어떤 기준으로 얘기하지만 개별적으로는 무리인 경우가 많을 수밖에 없다. 어떤 부문에 탁월한 능력만 보여도 흔히 천재라 부르려 한다.

다음 한글 표기가 이색적이다. 다음이 맞나 다움이 맞나 헷갈리지 않게 해 주어 고맙다. 둘 다 좋은 우리말이기에 더욱 그러하다. 어쨌든 공식 한글날이고 571주년이 되는 인류 역사에 유일하게 그 창제 목적과 창제 과정 등을 알 수 있는 유일한 글이고 세계에 자랑스런 글자요, 언어이다. 한글을 한글 답게 만들고 뼈대 있는 민족으로 그 정신을 이어야겠다. 민족이 힘을 합해 해마다 남북 공동 우리 한글 언어사전을 편찬함은 어떤가. 통일되는 그날까지 이 사업 이어 가자. 아자.

연휴도 끝나 가는 요즘 심심하기 이를 데 없다. 돈이나 여유 있게 쓰면서 해외여행이든 국내여행이든 하는 사람은 부러움의 대상이 되겠다. 모두가 불안 속에 휴식이 아닌가 한다. 전쟁 가능성에 대한 불안이 차고 넘치는데 고요가 있고 이 고요를 더 큰 불안으로 증폭시키는 지도자들도 있다. 이런 헷갈리는 언동들이 정신을 산만하게 한다. 길가 가로수에 고양이 한 마리 나무 위로 올라가니 관광객이며 행인들이 이 광경 사진 찍기에 여념이 없다. 갑자기 고양이가 스타가 되었다. 고양이는 어리둥절 내려올 줄 모른다. 흔치 않는 이 광경이 사람들도 이것이 신기하게만 여겨지나 보다. 이는 혹 불안한 마음의 탈출구를 찾고 있는 건 아닐까. 아자.

 가장이 미쳤거나 정신이상일 때 그 가족의 고통을 어찌 짐작하랴. 집안의 가장이 미치광이 노릇을 한다면 그 가정은 어찌될까. 세계는 지금 지도자들이 미치거나 미쳐 가고 있는 건 아닌지. 의문의 대상이다. 일방적으로 세계 평화를 부르짖기에는 하루하루 소식이 너무 벅차다. 어쨌든 지도자건 가족이건 간에 이들은 숭배의 대상이 아니요, 사랑과 희망을 거는 대상이라는 점이지 결코 절대적인 믿음으로 기대할 대상이 못된다. 최소 2%의 의심으로 모든 일을 세심히 살펴야 한다. 그래야 사기당하는 낭패를 많이 줄일 수 있다. 사람은 사람이라 죽는 것이 당연한 것이고 영원한 존재의 대상일 수 없다. 즉 믿을 수 있는 것만 믿을 수 있다.

 시인의 찬미를 듣고서 하는 이는 그 순수한 사랑과 믿음을 이루는 순수한 희망을 소원하기 때문이리라. 순수란 자신도 잊고 오직 창조주가 바라는 바 대로 겸손과 공손을 마음에 담아 두려움과 떨림이 있는 찬양으로 찬미하는 것이리라. 겸손하고 겸손하라. 어른들의 가르침이 이어지는 것은 그만큼 겸손하기 어려운 마음이 사람마다 그 중심을 흔들기 때문이다. 대하는 사람마다 인사 잘 하는 것도 큰 습관이고 칭찬받을 만하다. 스스로 겸손함이 습관화되어야 출세하기 좋은 세상이기도 하다. 추석 연휴 마지막 날입니다. 아자.

신은 말씀하신다. 나는 스스로 있는 자다. 피조물은 이름이 있으나 창조주이신 하나님은 그저 하나의 신 여호와 하나님이시다. 신에게 피조물의 인간은 그 의도와 뜻을 행하심을 시비할 수 없는 것이 철칙이다. 신이 하시는 일은 무조건 옳으시다. 그 결과도 옳으시다. 일종의 자연법칙에 준하여도 자연에 대해 항의하거나 대항하며 맞설 수 없다. 그저 대비할 뿐이다. 신에게는 시간과 공간 개념없이 영원하시고 온전하시며 완벽하다는 가설이 아닌 정론으로써 믿어야 하고 믿어져야 한다. 이것이 신앙의 근본 진리이다. 신앙이란 마치 죽은 자처럼 자신의 존재를 부정하고 신의 모습을 닮으려는 모든 행위를 이른다. 오직 신은 사랑이라는 거다.

연휴가 계속되고 있다. 이거 이렇게 쉬어도 괜찮은 거야. 경제는 안 좋다는 데 북이 미사일 원자탄을 날리며 공갈치고 미국도 선전포고처럼 전쟁 운운하는데 뭐 이래도 괜찮은 거야… 어쨌든 불안을 지우고 평화로운 마음으로 연휴를 보내기 만만치 않다. 긴 연휴로 일할 의욕들이 적어질까 염려되는데… 어쨌든 창조적으로 기분 좋은 일 많이 만드세요. 아자.

오늘은 주일, 어제는 국군의 날 전야제로 한강변에서 축폭을 터트렸습니다. 건물 사이로 하늘에 불꽃놀이가 굉음을 내며 터짐은 장관이였으나 핵전쟁이 염려되는 가운데 축폭은 좀 찜찜한 기분도 있었습니다. 평화를 거들먹거림이 죄가 아닌지 염려되는 가운데 우리의 안보를 온 국민이 힘을 합해 이뤄 내기를 다시금 기도합니다. 모두 힘내자, 힘! 오늘은 추수감사절로 보내며 종교개혁 500주년 기념 세례식도 거행했습니다. 종교계만큼은 타 종교도 아우르며 평화를 끝까지 지켜 내야 할 것입니다. 아자.

오늘 10월 들어서니 생일 축하행사가 모임 중에 있다. 언제나 제 생일 행사는 어색하다. 무언가 과분한 것 같기도 하고 주변에 미안하고 죄송한 마음이 많다. 세상에 태어나지 않았다면 더 좋았을 인생은 아니었는지 반문하게 된다. 세상에 그 무슨 유익을 남기며 신을 찬양하였는가 자문하면 더욱 부끄럽다. 나이가 들어선지 원죄인지 원초적인 죄의식인지 사는 것 자체가 죄스럽다. 아, 그 누가 이 번뇌에서 해방할 수 있는가. 오늘도 부질없이 정처없이 헤매게 된다. 지인들과 삼송역 부근에 백화점처럼 생긴 곳에서 쇼핑 겸 점심 식사를 하며 마치 미래의 도시에 와 있는 듯한 착각을 하게 한다. 장사하는 상인으로 큰 도전을 느낀다. 아자.

나른하고 자꾸 잠을 쉽게 자게 되고는 상태가 지속되면 기면증이나 두뇌의 이상 여부를 점검해 봐야 할 것 같다. 사람이 흔히 성격으로 치부하는 여러 상태 중 사실 두뇌 이상에 의한 심각한 두뇌 저하 활동에 기인한 것이 의외로 많을 수 있다 본다. 정신이상은 건강 신체의 결함일 수 있다는 이 당연한 의문이 어떤 이유로서 무시되는 경우가 많은 듯싶다. 의사들도 이 점을 유의하며 연구해 볼 일이다. 신체 건강이 하드웨어라면 두뇌 활동은 컴퓨터의 소프트웨어 활동이라 할 것이다. 아자.

은행 휴일이 많다. 여러 가지 경제 활동이 시급한데 은행이 쉼을 주도한다는 것이 뭔가 이상한 듯하다. 어떡하지! 세월은 쏜살같이 가 버리고 난 멍하니 서 있다. 그 누가 나를 불쌍히 여겨 도움을 줄 것인가… 아, 사랑하는 이여 내게 오라! 그대에게 즐거움을 주리라. 추석 다가온다. 국군의 날, 개천절… 5월은 봄의 꽃이요, 10월은 가을의 백미다. 아자.

가을은 깊이깊이 저무는데 황금벌판은 여물게 익어 가는 벼알들 들판에 과일은 제빛을 자랑한다. 봄에는 모든 꽃들이 아름다웠다. 봉숭아 익고 호박꽃 진 곳에 큰 단호박 열렸다. 알알이 옥수수 주렁주렁, 오이 하며 늘어진 수세미 보기 좋다. 아자.

9월 28일 어제는 누님의 막네가 결혼을 하고 첫아이 딸을 출산한 날이다. 산모 아이 모두가 건강해 기쁘고 다행한 일이다. 화창한 날씨처럼 좋은 일생이기를 기도한다. 또 저녁에는 꿩 칼국수 집에서 한국사진협회 자문회의가 있었다. 아자.

하나님은 영이시니 영과 진리로 예배할지니라. 세월이 갈수록 곰삭이게 되는 이 말 무서운 말씀이다. 영혼 없이 몸으로 때울려는 예배 그 얼마이며 진리 없이 드리는 예배 또한 얼마였던가. 영, 얼 이 말이 점점 옥죄여 온다.

사랑합니다. 듣기 좋은 이 말 왜 못할까. 책임이 따르는 말이기 때문 아닐까? 또 쓰레기통을 뒤져 먹는 거지에게 작은 적선을 하는데 안 받겠다네 왜 그럴까. 어쨌든 돈이 필요 없다네. 냄새나는 자신을 가꿀 수 없어 물건을 사고 싶어도 돈을 구걸하여 주는 돈 받지 않고 팔지도 않으려는 것을 알기 때문이다. 소비하려 해도 돈을 쓰기 위해서도 몸과 정신이 어느 정도 임게라인을 유지해야 하는 것이다. 사회생활도 마찬가지이다. 아자.

누가 말 걸어 주는 이가 있다면 행복한 사람이다. 왕따란 무엇인가? 주변에 인적 관계의 단절로 소비되지 않는 존재의 인간을 말한다. 가라! 저 험한 세상 속으로, 모든 인간이 걸어가고 또 걸어갈 길이다. 아자.

"자신이 머리 안 좋다는 것, 자신도 그 아무도 모른다."고 여기기에 각자 그 마음에 자존심이 작동하는 게 아닐까. 매사 겸손해야 하는데 겸손이 쉽지 않다. 오늘도 어두워지고 캄캄하다. 보이는 별들이 인사한다. 아자.

어린이의 마음을 읽자! 그 속에 진리가 있다. 어린이의 말은 단순해도 어른 마음으로 읽으면 단순한 듯 복잡하고 늙은 이의 마음은 복잡한 듯해도 단순하다. 단순한 어휘를 사용한다는 측면에서는 늙은 이와 어린이의 어휘는 같다. 어린이와 늙은 이는 서로 통한다. 엄마와 아버지와 불통할지라도 할머니나 할아버지와는 서로 잘 통해 항상 하하 호호 히히 한다. 어린이의 천재성을 읽고 보는 눈이 있는 어른들이 도와야 한다. 이래야 아이의 재능이 살고 미래가 밝다. 아자.

오늘은 강화도에 왕새우를 먹으러 갔다. 큰 바위 해변 갯벌에 홀로 있는 듯 완바위 그 사연 바위만 알라… 논쟁할 수 없는 버겁기만 한 세계 문제 통일 문제 머리 쥐나게 한다. 세계는 점점 더 소란해지고 갈길을 잃었다. 아자.

줄기세포 치료는 치료 처방인가 아니면 관리대용 처방인가? 파킨슨병, 노화관절염, 척추신경손상치료 등으로 널리 쓰여지는 이 치료법은 믿을 만한 것인가. 이 치료에 많은 효험을 경험하는 사람들이 늘어 가는 것 같다. 정부는 이에 보다 적극적인 대응이 필요한 듯하다. 이런 이유로 고가의 의료비용이 드는 이 병 치료에 많은 사람들이 희망을 갖고 있다. 가격을 낮추는 문제와 여러 약제에 대한 실험과 보다 많은 치료 확증에 관한 자료를 구하고 있다 하겠다. 아직까지는 도파민을 충원하고 관련 증상을 우회 치료함으로 파킨슨 증상을 둔화시키는 방법이 주를 이루고 있는 성 싶다. 이 분야에는 임상연구가 아직까지도 과감하지 못하다.

누구나 하늘 우러러 한 점 부끄럼없기를 바라지만… 다시 하늘 우러러 보면 부끄러움 뿐이다. 지난 시간들을 들추면 아쉬움과 후회와 회한 뿐이다. 하늘 우러러볼 수 있는 용기 순수 무진한 시인만이 갖는 것일까. 때론 부끄럼 없이 뻔뻔해져 가는 스스로를 바라보며 놀라고 또한 자신이 부끄러울 뿐이다. 숙명적으로 원죄를 품은 인간은 죄인일 수밖에 없다. 우리가 좋아하는 시인은 언제나 말랑한 죄만이 이 세상에 드러나기를… ㅎㅎㅎ. 아자.

모임이나 방송 좌담을 듣다 보면 "~인 것 같아요."라는 말을 흔하게 듣게 된다. 청소년에게도 유행된 지 이미 오랜 이 대답은 듣는 이로 하여금 당혹스럽게 느껴지기도 한다. 자신없어 보이는 그래 유약하게 느껴지는 이런 대답이 유행하는 듯 여기저기서 쓰여지는 경우, 이유는 무엇일까. 이는 사회에서 이 문화를 만든 것이라 여긴다. 자신의 얘기로 강조하다 보면 듣는 이가 거만하다든가 유별나게 여기고 혹 왕따당하지는 않을까 염려하는 이유도 있다 하겠다. 언론이 자유로운 나라 그래 건전한 사유가 통용되고 그 행동이 권장되는 사회에서는 이런 대화가 있을 수 없을 것이다. 특히 지도자급이나 학식 있는 모임에서야 아니 그러하겠는가.

경쟁력 있는 보수를 기대한다. 전통사회에 공헌하고 저 하는 가치를 지니고 그 가치를 지속 발전시키며 몸으로 공헌하고 저 하는 지식인이 필요하다. 전통적인 사회의 지탱 논리를 바르게 힘있게 세울 수 있는 지식인이 필요하다. 우월적이기 위해서는 공동의 집단에 어떤 유익을 심을 수 있느냐가 결국 경쟁력이다. 이 가치를 누가 세울 것인가. 사람이 필요하다. 알찬 사람이 필요하다. 아자.

사람은 말하거나 행동할 때에 생각나서 말하지만 사유와 사색을 통하여 더 깊은 의미 있는 행동을 하고 싶은 욕구가 생긴다. 생각나는 대로 말하면 스스로 경망스러워지기 쉽고 얄팍한 생각들이 드러나게 되는 법이다. 사람이 말할 때 생각남을 붙잡아 해야 할 말인지 하지 않아도 좋은 말인지 구분하는 것은 일종의 생각의 거름막과도 같다 하겠다. 필터를 통과한 공기나 물들이 정화되는 것 같이 말도 그 사유의 수준에 따라 말의 격이 정해진다 하겠다. 나이가 들어갈수록 말에 대해 책임감을 더 느끼게 되고 조심스러울 수밖에 없다. 언어의 고상함과 순결성을 생각하게 된다. 자신 있는 언어 생활은 사회를 더 건강하고 기쁜 분위기를 만든다.

보이지 않는 다리가 되어 그 누구를 사랑해도 디딤돌이 되어 그 누구를 사랑하여도 눈치없이 감사할 줄 모르고 제 잘나 만사 매끄러운 줄 생각할 때 앞으로 그의 운명은 어떻게 될까. 감사하되 생활 속에 습관화된 감사와 예의가 필요하다 하겠다. 아자.

남북이 더욱 이질화되어 가는 요즘 언어에 있어서만도 5만 단어에 이른다는 얘기도 있다. 남북통일을 하기 전에 이런 것을 감안하여 공동사전이나 교육자료를 엮는다면 통일 후에 민족적으로 큰 성과와 자료가 될 것 같다. 언어에도 힘이 강한 언어가 살아남는다. 남북이 언어에 대해 경쟁하게 될 때 어느 쪽 언어가 주도적이 될까. 호기심과 함께 그 결과에 대해 생각하게 된다. 살아 있는 언어는 시대의 산물이기도 하고, 그 지역 사람들의 의식이기도 하고 수준이기도 하다. 행정적으로 책임 있는 자나 언어에 주도적인 연구를 하는 분은 책임감을 가지고 이 사회에 공헌해야 하는 책임감을 잊지 말아야 할 것이다. 예로 지역이름 표기 등이다.

오늘은 오산 지나서 세계성막센터에 다녀왔다. 성경을 읽고 읽어도 감 잡기가 쉽지 않았는데 시각화시켜 놓으니 인식하기 좋았다. 특별한 경험이다. 아자.

어느 분야든지 머리가 좋은 사람보다 마음이 따뜻하고 열정과 사명이 있는 그런 사람이 새로운 길을 개척하고 많은 이에게 도움이 되는 일을 이루어 낸다. 아자.

나는 너에게 무엇이었나, 너는 나에게 무엇이 되려 하는가. 너나 나나 뭐 대단한 존재나 되는 양 상대에 거만하지 않았던가? 스스로 돌아볼 힘이 없는 연약한 자신은 아, 힘든 너무나 버거운 사람 아니던가… 꿈도 없이 희망도 접고 살아가는 어느새 허약한 민초… 이런 때는 예술이 길이다. 예술하자! 아자.

그냥 기록없이 하루를 쉽게 보내고 나면 텅 빈 백지처럼 없는 듯 허전하기만 하다. 극적극적… 무언가 생각과 감동과 감성을 기록하는 날이 어쨌든 의미 아닌 의미도 되는 듯하다. 아자.

철학과 인문학이 강렬히 필요해지는 시대입니다. 우리 한반도에 어떤 철학이 필요한가요? 묻고 물어야 하는데… 아자.

미국의 유엔대사가 북을 향해 전쟁을 구걸하고 있다고 시적 낭만적으로 표현하게 되는 지금의 남북은 참 어려운 시기다. 한반도의 위기가 엄중하고 너무 크니 걱정의 절벽에 서 있는 듯하다. 이때 하는 말, 서로 사랑합시다. 유치하지만 서로의 생존을 위하여….

세계 지도자들의 관심과 결심은 무엇인가? 궁극에 달하는 최고의 국가는 어떤 모습이며 내용은 무엇인가. 사람이 사람답게 살려고 애쓰는 모습이 아름답다 할 때 국가도 국가답게 바로 서려고 할 때 건강하고 품격 있는 국가라 할 것이다. 우리는 계속 스스로 질문해야 한다. 국가란 무엇이고 어떻게 국가를 운영하는 것이 시대에 맞는 국가라 할 것인가. 국민은 무엇인가도 지도자들은 우선적으로 생각하고 헌법을, 법들을 숙도하며 연구해야 한다. 아자.

37

산다는 것은 사랑한다는 것이다. 산다는 것은 사랑 때문에 산다. 사랑에 대한 자기 해석으로 산다. 설혹 그것이 미움이고 증오라고 생각하고 확신한다 하여도 결국 그것은 사랑에 대한 세레나데이다. 생명은 사랑을 먹고산다. 사랑이 없으면 생명도 없다. 생명만이 이 천지를 증언할 수 있다. 아자.

오늘은 동생 생일, 어제는 말싸움하고 오늘은 축하금 하사. ㅎㅎㅎ. 아자.

저녁엔 감기를 조심하라고… 여름 날씨인 이 환절에? 자신이 없다. 쿠바는 공산국가인데 종교의 자유가 있나 보다. 쿠바에서 선교 활동하시는 목사님이 설교를 하신다. 열정, 뜨거운 열정이 느껴진다. 쿠바는 뜨거운 열정의 나라라고 스스로 일컫는단다. 사람 사는 곳에서는 언제나 인간적인 정이 오갈 수 있어야 한다. 선교사인 목사님은 예수의 사랑은 이념보다 강하다고 믿고 듣는 이가 믿기를 바라신다. 아자.

월요일이다. 어젠 교회에서 예배드리고 듣게 되는 바 오늘은 북에서 수소폭탄 실험을 했다는 뉴스. 뭐야 이거 군사적으로 경제적으로 악재다. 나라나 개인이나 신의 도움이 필요하다. 신의 은혜가 있어야 한다. 어쨌든 만사 하늘이 도와야 한다. 아자.

※

화창한 땡볕이 온도를 높이지만 그보다 몸을 검게 태우며 피부를 늙게 하는 자외선이 더 두렵다 해야 할 게다. 도시의 거리가 한산한 듯 혹은 마지막 휴가를 서두르는 사람들… 나는 너를 고도를 기다리듯 기다린다. 벌써 9월이라니. 아—.

※

오늘 밤엔 가을이 깊어 간다 할까 여름이 머물고 가을과 대화하는 날이라 할까. 저녁은 밤을 위해 어둠을 부르고 시대는 거리에 빛을 켠다. 저녁을 먹고나니… 바람이 그립다. 밤늦도록 꺄르륵 웃어 대는 계집아이들이 귀엽기도 하다. 여자아이의 웃음은 그 자체만으로 활력이 되는 듯하다. 아자.

※

과일 가게에서 책을 팔고 쌀 가게에서 시를 판다. 쌀 한 톨이 언어처럼 씹힐까? 저녁이 되니 내일 아침에도 해가 뜰까 괜한 걱정을 하게 된다. 시보다 생명이 귀하고 쌀보다 목숨이 고귀하다. 제 생명을 위해 명상과 기도로 스스로를 씻으며 마땅히 하고 싶은 의지를 다져야겠다. 바람이 더 차지고 있다.

더위가 되돌아왔나. 9월은 여름에 대해 향수가 있나 보다. 조카며느리가 이번 달에 해산 예정이다. 순산을 기대한다. 결혼이 늦어지는 이 시대에 젊은이들이 이 짧은 인생 이성에 대한 그리움과 향유를 맘껏 누렸으면 하는 바람이다. 아자.

'사람은 무엇으로 사는가. 사람은 무엇으로 살아야 하는가. 사람이 먼저다.'라는 좋고 옳은 구호가 때론 조롱의 대상이 된다. 아무리 좋은 일도 말도 내가 싫은 사람이 하게 되면 그 언어조차 싫은 것이다. 이것이 인간의 보편적인 마음이다. 자신이 힘들여 애써서 하는 일이 보람이 된다면 그는 행복한 사람이다. 대게 많은 사람들이 헛된 일에 시간을 낭비하곤 하는 것으로 알려져 있다. 사람은 자신의 것에 대해 무언가 인정받고 싶다. 몸과 행한 일과 해야 할 일에 대해서… 자신의 의지에 대해… 사람이면 무언가 의미의 존재이고 싶어한다. 아부라도 좋다. 칭찬이 그립다. 그러나 확실한 존재의 이유를 누군가에 설명하고 싶다. 아자.

사람이 할 수만 있다면 하고야 마는 속성이 있다. 인간이 하나님 말씀이면 변할 수밖에 없으리라 여겨도 사실 인간이란 쉽게 그 인간성이 바뀌지 않는다. 옥중 생활을 해도 그렇지만 좋은 환경이 되도 마찮가지인 경우가 허다하다. 인간 변화는 자기가 깨닫고 하고 싶을 때 하게 된다. 이를 바탕으로 환경을 주도적으로 적응하며 변화시키는 능력인 자기주도적 성격이야말로 자신을 근본적으로 변화시킬 수 있다. 성직자들도 교인들에게는 이렇게 하는 것이 도움이 된다 하나 스스로 행동하는 성직자 경우는 매우 적다. 이것이 현실이다. 경전이 제시하는 대로 그 누가 완벽하게 실천하였겠는가. 단지 이를 추구하는 모습만으로도 거룩하다.

화창한 오후다. 땡볕이 따갑다.

지하에 물이 차오른다. 일꾼을 찾을 때 최고의 사람을 구해야 하는데… 쉽지 않다. 부실한 문제 이것이 문제다. 그러나 사람들은 결과는 완벽을 요구한다. 아자.

인공지능의 로봇과 비교하여 타인의 감정에 대한 공감 능력은 창의력과 더불어 말하며 설득하기와 이에 따른 미묘한 이해관계와 관련한 협상력은 사람이 앞서고 또 먼저여야 함을 드러내야 한다. 미래는 그럴 수밖에 없는 인공지능과 더불어 극단적이라고 할 수 있는 인간 능력이 존중되어야 함은 물론이다. 자신이 하는 일도 이에 맞춰 적응할 수 있어야겠다. 아자.

언제 비 왔냐? 하는 지금의 날씨 아침 소식은 미국의 큰 도시가 물에 잠기듯 큰 비로 야단이네요. 북한은 장거리 미사일 또 발사… 조용한 날이 없어요. 세상이 어떻게 돌아가든 제 일이 제일입니다. 내가 하는 일 잘 되고 내가 안전해야 합니다. 스스로부터 챙깁시다.

밤비가 내린다. 축축한 공기는 기분마저 축축하게 한다.

바다를 항해할지라도 그대의 꿈과 환상 이상이 가슴에 타오르는 한 그곳은 탄탄한 대로다. 가시덩굴, 자갈밭, 비록 사막이라 할지라도 길을 만들고 밭을 경작하며 꿈같은 집을 짓고 평화롭고 행복한 가정을 일구리라. 그대는 충분히 그러하리라. 가슴에 불꽃처럼 타오르고 온천수처럼 치솟는 뜨거운 가슴이 있는 그대에게 모세가 경험한 기적으로 바다마저 길을 내주리라 하늘이 도와주리라. 아자.

지하 펌프 고장으로 물이 차올라 지하의 그림이며 액자들이 많이 훼손되었다. 아, 잠시 경계를 늦춘 것이 화근이었다. 내가 나를 다시 점검해야 할 이유다. 오후에 비가 또 온다는데… 하늘의 은혜는 언제나 내겐 필요하다. 아자.

날개 없이 펄럭인다. 부챗살 모양 날개엔 깃털과 깃털 사이 그 틈이 넓다. 날고 싶은 사람 날 수 없는 사람… 하늘은 언제나 텅 비어 있다. 사람 닮은 비행 가능 로봇이 하늘을 치솟아 난다. 로봇의 경쟁은 시작되었다. 아자.

　성공을 꿈꾸며 롤모델로 여기는 사람들이 스트레스에 시달린다는 소식엔 의아해질 때가 많다. 무엇이 이들마저 스트레스에 시달리게 하는가 인생은 스트레스의 연속선에 있다. 하고 싶은 일을 해도 스트레스는 있고 하기 싫은 일을 하면 더 큰 스트레스에 시달린다. 이것이 인생이다. 기분 좋은 스트레스와 이겨 낼 수 있는 스트레스가 조화를 이룰 때 멋진 인생을 구가할 수 있게 되는 게 아닐까. 모든 스트레스를 콘트롤할 수 있기를 기도한다. 한 방에 팍! 아자.

　묻습니다. 예수님은 언제부터 하나님의 아들이요 우리의 구세주이신가. 제1번 수태와 동시에 하나님의 아들이요 우리의 구세주다. 제2번 예수님이 순산된 그 순간부터 하나님의 아들이요 구세주다. 제3번 예수님이 공생을 시작한 그때부터 하나님의 아들이요 우리의 구세주다. 제4번 우리의 죄를 짊어지신 채 십자가에서 육체적 사망에 이르는 그 순간부터 하나님의 아들이요 구세주가 되셨다. 제5번 육체적 죽음에서 3일 만에 부활하신 그 순간부터 우리의 구세주요 하나님의 아들이 되셨다. 지금 여러분은 어느 항목을 택하시겠습니까. 아자.

군사력 없이 평화란 홀로 애쓴다고 되는 건 아니다. 상대가 있는 만큼 이에 상호협력해야 한다. 이게 외교다. 나의 행복을 위해 타인의 행복을 훼손시키지 않으려는 마음이 있어야 상호 신뢰가 쌓이고 상호 문화 교류가 활성화되는 것이다. 상호 덕과 복을 베풀려는 마음 이것이 상호 번영의 동반자가 되게 할 것이다. 나라도 품격이 있어야 세계의 지도국이라 할 것이다. 아자.

비난이 존재하는 곳에서 스스로를 돌아보아 침묵하는 일은 참으로 견디기 어려운 일이다. 본능적으로 자신을 보호하고 저 하는 욕망이 크기 때문이다. 일명 자존심이란 스스로를 높이는 마음이요, 행동이다. 그대는 누구인가. 그대는 누구인가? 나는 누구인가. 도대체 나는 누구인가? 정체성을 인식하고 그와 같이 사는 이는 진정 놀라운 일이다. 사람으로서 목표를 정하고 거룩하고 저 노력하는 그 모습이 참 아름답다. 이것이 거룩한 일이다. 완벽할 순 없어도 완벽에 도전하는 그 모습 비록 실수를 하고 죄를 범하게 될지라도 이 얼마나 아름답게 보이는가. 거룩한 길은 완벽하고저 애쓰는 절대 인간의 계명대로 살고저 하는 제반 노력이다.

다른 사람의 얼굴을 보며 평은 하여도 제 얼굴 보면서 스스로 평하지 않음은 신기하다. 잘생겨 예쁜 이는 좋겠다. 거울 보며 스스로 도취하는 기분, 눈에 훤하다. 잘생긴 사람은 큰 복을 갖고 태어났다. 자기가 봐도 별루인 사람은 거울조차 보기 싫다. 거울을 갖고 다니며 연신 얼굴을 보는 이 나르시즘에 걸린 것 아닌가. 그래도 그가 부럽다. 이번 여름엔 부채보다 휴대 자동선풍기를 휴대하고 다니는 여인이 많아졌다. 거리가 시대 풍경이다. 아자.

비가… 큰 비가 내린 후 하늘은 너무나 맑다. 산자락에서는 종래 뵈지 않던 폭포가 생기거나 작은 물줄기가 큰 물줄기가 되니 가히 장관이다. 큰비의 위력은 신의 영역과 사람의 영역을 구분해 주는 듯하다. 사람들은 서로 뜯어먹어야 사는 듯 서로의 살들을 찢으니 고통이 이만저만이 아닌 듯하다. 어찌 보면 지옥의 광경이다. 온 우주가 신의 창조물 이미 천국에서 다시 신을 찾는지 모른다. 이미 신은 우리와 함께 있건만 눈과 귀가 멀고 감각이 무뎌져 보아도 보이지 않고 그 음성 들으려 하지 않는 그 소리 세밀하니 들릴 리 없다. 가라! 너의 본향을 의식하며 감성과 감각을 깨워 도전하라. 아름다운 그 음성을 들으라. 그 사랑을 느껴라.

먹고사는 문제로 고민과 걱정이 많은 이에게 당면 문제 해결을 하는 것 그 이상의 그 무엇을 설명하는 것은 정말 사치인지 모른다. 자기 실현은 단계를 지나야 그다음 단계를 생각하게 되는 것인지 모른다. 아, 누군가는 지금 먹을 것이 없어 문제인 가정도 있다는 것이다. 아, 그대는 지금 무엇이 문제인가? 아자.

일반화된 얘기지만 모든 책임과 권리는 내게서 출발하여 내게서 마감한다. 모든 건 내 책임이라 틀린 말은 아니지만 전적으로 동의하기에는 뭔가 불만이고 이의 있다. 세상에 일리 없는 얘기 없고 흠 없는 이론도 없다. 그 어떤 것이든 스스로 모순을 안고 사는 게 우리네 세상이다. 모든 걸 개인이 스스로를 자책함에는 동의하나 객관적 근거로는 문제가 있다. 타인이나 조직이 한 사람 개인에게 모든 책임을 씌우는 것은 면피이고 가혹하다. 그리고 쌍비론이나 강제결합 내지는 동률가치로 매도하는 것도 맘에 안 찬다. 적합한 수치로 설명받고 싶은 것이 만사의 해결 방안이다. 아자.

현대인 중 하루라도 약을 먹지 않고 사는 이 있을까? 건강하건 아프건 누구나 약을 먹는다. 허약한 자는 보약을 아픈 자는 적합한 처방 약을 건강한 자는 예방약을 먹는다. 공통적인 것은 누구나 자신의 건강을 생각한다는 것이다. 건강염려증이라고나 할까. 건강해도 옆 사람들이 약을 복용하니 분위기에 쏠려 예방약이라도 먹게 되는 것이다. 사회생활은 생명 활동이라 이 조직이 제대로 굴러가기 위해서는 약을 써야 한다는 강박관념이 존재한다면 병든 사회라 할 것이다. 이것에서 약이란 뇌물을 일컫는다. 익숙한 언어지만 옛부터 전래되고 활용되는 언어라 할 때 앞으로도 쓰여질 것이다. 이곳에서 뇌물은 선물로 위장되기도 한다.

예술은 삶의 이상이고 환상이다. 현실의 삶은 언제나 속고 살아야 하는 것, 이것은 운명. 그리고 예술적 상상은 현실에 위로가 되는 도구이다. 예술로써 문학이나, 그림, 음악, 춤, 연극, 영화 등은 현실을 왜곡하여 정치적 현실을 직시하지 못하게 하여 군중을 어리석게 만드는 도구가 될 수도 있다. 삶은 언제나 각 개인에게 조금 더 치열하게 자기에게 물어야 한다. 정치인은 결과에 있어서 현실적 실제적 진실의 결과를 의식하고 예측하여 결단해야 한다. 그리고 그 집행에 있어 문학적 예술적 영웅적인 초인의 상상과 거리를 두어야 한다. 정치인은 기적을 만드는 초인도 환상에 취하게 하는 마술도 아닌 현실을 관리하는 지혜자이어야 한다.

한 사람의 성향은 타고나기도 하고 이와 더불어 어릴 적 경험과 결심이 평생의 자신의 생활신조가 되는 경우가 많다. 그래 어릴 때의 좋은 습관은 그의 인생을 가름한다 해도 무리없다.

올 광복절 경축사에서 "한반도에서 또다시 전쟁은 안 된다."고 밝힌 문 대통령의 발언을 전적으로 지지한다. 우리의 여러 불안한 형편에도 불구하고 고뇌 끝에 내린 결정은 문 대통령에 대한 신뢰를 더하게 한다. 우리 국민도 이를 이해하고 적극 지원해야 할 것이다. 전쟁은 심각한 참화를 부르고 생명의 파괴와 인간의 헬 수 없는 죽음을 회복 불가능한 파괴로 많은 문화를 잃게 할 것이다. 특히 자국에서 펼치는 전쟁은 자해요 자살행위다. 자국 내에서의 전쟁은 자국의 힘으로 보호하고 타국의 의사를 거부하고 밀어낼 수 있는 힘이 있을 때 자주독립국이라 할 수 있다. 아자.

천둥 번개는 하늘을 창조해 주신 신을 두렵게 한다. 태풍과 광풍 휩쓰는 회오리바람의 위력, 장마철의 홍수와 예고 없이 찾아오는 지진 그리고 해일, 쓰나미 등 이런 자연현상은 신을 찾게 하고 인간의 무력감을 실감케 한다. 오늘은 광복, 나라 잃은 민족인 한민족 한겨레가 독립한 날 우리의 승리 아닌 신의 선물로 안겨진 듯 해방이었다. 감사 없이 선물 받고 우리끼리 싸워 땅덩이 나라마저 반으로 나누어 서로 70년이 넘도록 싸우네. 아, 이 비극 언제 끝내나. 머리 숙여 기도할 뿐이다. 아자.

육신의 문제인 동시에 영의 문제다. 억압이냐 해방이냐. 안식일은 사람을 위한 날이다. 포로된 자는 자유를, 억눌린 사람에겐 해방을, 눈먼 자에겐 다시 보게 하고, 가난한 자에게는 복음이 전해져라. 성령을 믿으라. 그리고 모든 죄를 용서 받음과 제 몸의 부활과 영생을 믿으라. 여러분과 나에게도 복이 임하여 모든 일이 창성하기를 원한다. 아멘.

광복절 기념 주일을 맞아 교회에서 애국가를 불렀다. 우리 어른들은 일제 치하에서 별 치사한 꼴 더러운 인격 모독 등 식민지 족속이 겪는 무도한 대우에서 얼마나 많은 고초를 당하였나. 징용 가서 탄광과 위험한 일에 앞서 건디고 위안부 등 우리의 딸과 어버이 할매들 그 당한 고난과 수모 어찌 필설로 담겠는가. 자유니 평화니 행복이니 민주주의니 하는 온갖 귀한 것들은 결코 거져 주어지지 않음을 몸으로 체득하지 않았던가. 해방 72주년을 맞아 마음을 새롭게 하여야겠다. 참고로 나의 큰외삼촌도 징용에 끌려가셨다 한다. 아직도 소식이 없다. 아자.

의식주와 함께 생각하는 인간으로서 정의와 평화의 문제는 생존을 위한 중요 기본 조건이다. 아자.

사람마다 사랑을 위하여 사는 삶이 그의 존재 이유가 된다면 이 세상이 바로 천국 아니겠는가. 사랑으로 아침 문을 나서고, 사랑을 위해 세상을 살고, 사랑을 위해 귀가한다면 가족은 사랑을 느끼며 즐거운 집이 될 것이다. 사랑이 무너져 가는 가정이 늘어나는 것 같은 요즘 다시 나의 가정을 생각하며 새롭게 바르게 세우자. 아자.

39

리더는 목표를 바르게 인식하여 그에 대한 비전을 만들어 내며 혁신적으로 창의적인 능력을 보여 주며 조직 내 갈등 관계가 생기면 조직 내에서 협상과 소통으로 문제를 해결하는 능력을 보이고 아울러 원래 목표대로 추진할 수 있는 능력을 보일 수 있어야 한다. 리더는 듣기를 좋아하고 자신의 생각을 잘 표현하여 기꺼이 소통하며 서로가 배려할 수 있는 분위기를 만들어 내며 토론을 통하여도 열린 마음으로 상호 존중하며 합리적이고 논리적으로 이해시키며 반응하고 평가하며 격려 창찬함으로써 보상을 느끼게 할 수 있어야 한다. 리더의 지식과 지혜가 인정받으며 열정과 추진력이 근면함으로 어떤 변화된 상황에서도 헤쳐 나가는 능력이다. 아자.

최고 지도자들이 자신의 직책에 대한 권위와 그 권한에 대하여 신중할 필요가 있다. 전쟁은 잔혹하고 더러운 경우가 많고 인간이 인간에게 가장 무서운 시간이다. 상대에 대한 적개심이 분노로 화염에 휩싸이는 적대국을 마치 불바다를 만들겠다는 생각으로 일선 장면과 같은 생각을 즉각적으로 하면 전쟁을 바로 연결시키기 쉽기 때문이다. 평화와 협상은 서로에 대한 존중, 이것이 요구된다. 아자.

옳고 그름을 떠나 많은 사람의 유익을 위하여 일한다 하여 그를 영웅으로 위대한 자로 칭송함은 문제가 있다. 위대한 자는 사람이 옳고 바른 길을 찾도록 도와주며 그 길로 인도하는 자이다. 일단의 경제적 이익만을 위하여 세계 지도자들이 자기 나라 일을 한다면 이 얼마나 아찔한 상황인가. 더구나 초강국들이 이런 집착에 이르면 인류 공영이 위협받는 게 아닐까. 지금 세계 인류가 가야 할 길을 함께 모색해야 한다. 이것이 지혜의 길이다. 아자.

물이 가득하고 파도가 있고 해일이 있어 무서운 물 용트림하듯 토네이도 같은 회오리치며 물을 하늘로 끌어올리는 먼 바다의 회오리 물결 겁먹게 하는 자연의 위력에 비해 불바다는 육지에 인위적인 폭탄으로 도시나 산하를 온통 물인 바다처럼 불과 화염으로 가득하게 하는 것일 게다. 불바다 발언은 겁주는 발언이긴 해도 이는 부메랑이 되어 자신에게 되돌아갈 수도 있음을 왜 모를까. 고운말 씁시다. 개인뿐 아니라 나라와 나라 간에도 예의를 지키며 외교적으로 선의 경쟁하도록 상호 노력하자. 같은 사람끼리 혹은 같은 동족끼리 싸우는 모습 세계가 웃는다. 아, 슬픈 세계여! 한반도의 해결 방안은 영구 중립을 보장하는 남북통일이다. 아자.

사람과 사람이 만날 때 인격으로 많은 것을 감쌀 수 있는 능력이 있으면 좋으나 현실적으론 그 기대는 불가능에 가깝습니다. 그 누구도 신 앞에 드러나는 모습으론 그 무엇 하나 자랑할 것이 없고 그저 부끄러움 뿐이다. 절대적 선에 혹은 의의에 이르고 싶어도 태어남 자체가 죄이듯이 사는 것 또한 절대 선의 기준에는 모두 다 만삭 안 된 아이 같다고나 할까. 어쨌든 힘든 생을 산다 하겠다. 아자.

반대 없는 같은 의견과 결의, 이것을 민주주의사회는 크게 경계해야 한다. 바라지 않는 사건과 사고는 돌발적으로 출현한다. 전쟁이 없는 평화는 제일 좋은 것이다. 임계치를 넘는 발언은 서로 삼가해야 한다. 전쟁으로 인한 파국은 이때까지와 다른 인류 종말일 수 있는 전쟁이 될 가능성이 크기 때문이다. 할 수 있는 한 참고 견디며 서로 돕고 사는 사회 건설은 언제일까. 어떤 더러운 평화가 되든 파국으로 가는 전쟁보다는 낫다. 인류 평화 언제나 헛된 꿈일까? 어디서나 언제나 평화의 외침은 울리는 쨍과리이다. 전쟁을 놀이처럼 컴퓨터 게임처럼 상상하는 자여! 오, 그대들은 언제나 안녕할까. 아자.

북 핵이니 북의 ICBM이니 해도, 내 몸이 아프니 하나도 귀에 들어오지 않습니다. 내 건강이 제일 큰 문제입니다. 이곳저곳 아픈 문제, 뭐니 뭐니 얼굴이 검어진다는데 대책이 없습니다. 어찌할까 어찌할까 맘만 방방합니다.

가족 간엔 친밀함과 믿음이 제일이다. 서로 비난을 삼가하고 욕설은 금지해야 한다. 원망, 속임수, 폭력이 없어야 함은 당연하다. 비밀이나 고집이 없이 소통해야 한다. 편견과 시기심이 없어야 한다. 서로 계산 없이 경제적이건, 사랑스런 정을 당연히 쉽게 주고받아야 한다. 서로 먼저 돌보겠다는 의지로 섬김을 먼저 하며 배려해야 한다. 가정이 화목하기 위해서는 가장이 어느 집단 못지않은 리더십이 있어야 한다. 가정이 화목하여 단합하면 많은 일을 쉽게 할 수 있다. 가정을 스스로 존귀하게 여겨 순간 이기적인 마음이 튀어나와 화목이 파괴되지 않도록 조심해야 한다. 가정은 모든 대인관계의 기반이다. 가족의 마음에 행복을 세우라.

입추라는데 너무 더워요. 땀은 수도꼭지를 틀어 놓은 듯 비 오듯 땀이 흐릅니다. 허약 체질인지 다한증인지? 어쨌든 괴로운 나날입니다. 웬 은혜인가 생각하면 하나님 은혜입니다. 하나님 은혜가 떠오를 때 감사하게 됩니다. 감사하는 마음이 축복이요, 큰 은혜입니다. 스스로의 마음에 감사하는 마음이 떠나지 말아야 합니다. 아자.

무슨 일을 하든지 그 일을 시작하고 원만히 진행하도록 돕는 구조를 설치하며 대비하는 일이 시급히 마련해야 할 조치이다. 이런 준비가 구비 완료되면 시작이 반이라는 말이 있듯이 준비 완료를 뜻한다. 컴퓨터를 사 놓았다 하여 컴퓨터가 작동하는 것이 아니다. 필요한 여러 소프트 웨어를 깔고 인터넷을 연결하고… 이런 제반 조치들이 함께해야 사용자가 컴퓨터를 부팅하고 자기 하고픈 일을 진행할 수 있다. 아자.

나라와 나라가 다툰다. 국민과 국민은 평화를 원한다. 통치자들은 다른 이를 다스리기 좋아하고 통치하는데 즐거움을 느끼는 이들이다. 인간의 이기심을 부축이며 마치 싸움닭을 만들어 피 흘리게 하며 즐거워하듯이… 순박한 소를 길들여 싸움소를 만들어 싸우게 하여 결국은 피 흘리며 죽어 가게 하여 도망가는 소를 보고 쾌감을 느끼는 사람들… 이런 사람의 본성을, 그 뿌리를 의심하게 되는 상황에서 알 수 없는 인간의 숨긴 악성을 본다. 강한 나라가 약한 나라들 간의 싸움을 부축이고 그 가운데서 온갖 이권을 챙기며 약한 나라들이 그 다툼의 결과로 스스로 소멸되어 가게 하고 있다. 결국 약한 힘은 강한 힘의 소유자에게 예속된다.

듣는 소식이 결혼식보다 장례식의 초대가 많아졌다. 여름날의 이상기온 상승으로 태양이 더욱 타오르며 젊은 몸이 아닌데 온몸이 더 뜨거워진다. 뜨거워지는 몸은 젊을 때에야 세포와 구조가 견딜 수 있지만 늙어지면 낙엽 타 버리듯 세포도 허물어지듯 부서진다. 지식보다 지혜보다 자기 몸 건강이 제일이다. 정신적인 것도 몸이 건강해야 제 몫을 할 수 있다. 어린 나이부터 운동을 시키고 스스로 할 수 있도록 도와야 한다. 열감을 증폭시키는 이 무더위 건강합시다. 아자.

적이란 무엇이며 누구인가? 나의 신변의 보호를 위해 주의하며 감시하여 자신의 발전에 해받지 않도로 취할 수 있는 제반 방어행동이 필요로 하는 자이다.

　　인권의 중요성이야 더 말할 필요도 없이 가장 중요한 지상의 사회권리이다. 어느 국가든 인권을 보호하며 통치하는 것이 기본인 동시에 질 높은 국가 관리라 할 것이다. 현대사회에서 가난한 나라뿐 아니라 부유하다는 선진국에 이르기까지 노숙자라든가 거지나 생활영위형 도둑질 같은 것을 하는 계층이 존재하고 있음은 개탄할 일이다. 인권 사각지대에 있는 이 제도권 밖의 잉여사람처럼 한 국가의 국민의 한 사람으로 받아들이는 것이 쉽지 않아 보인다. 연민을 자아내는 이런 사람조차 보호하려는 노력이 더해질 때 사회와 국가는 환경적으로 더 아름다운 사회가 되지 않을까 한다. 낮은 곳과 어두운 그늘의 사람들을 돌볼 자 그 누구인가.

　　월요병인가? 뭔가 불안하고 손에 잡히지 않고 졸립고… 세상에 쉬운 게 없다. 사용하던 컴퓨터도 몇 년을 방치하니 아주 고물이 된 듯하다. 뭔가 잘 안 맞고 하던 짓도 다 잊어 초보가 된 듯하다. 에러가 자주 발생해 그만 쉬어야겠다. 고쳐 쓰느냐 새것을 사느냐 이것이 문제다. 아무래도 새로 장만해야 할 듯하다. 아자.

평화를 외치고 함성을 질러도 영원히 만족할 만한 평화는 없다. 왜냐하면 제법 산다는 나라들, 강하다는 나라들은 방위산업 자체가 하나의 거대산업으로 있기 때문이다. 이런 산업을 마다하고 많은 전쟁물자를 폐기하며 평화를 일군다는 것은 너무 순진하든지 지극히 어리석은 행위로밖에 치부할 수밖에 없다. 그래서 사실 시인이나 선지자들이 평화를 외치는 것은 그 나름대로 평화로 견인되는 게 있기 때문이다. 사회를 흘러가는 대로 방치하면 전쟁은 계속될 수밖에 없고 참혹한 결과만 있을 뿐이다. 선한 자들의 외치는 평화의 구호가 부질없게 느껴져도 전쟁보다는 그런 대로 이 위태로운 평화가 어느 정도 정착하게 하기 때문이다. 아자.

어떤 행위가 시비의 대상이 될 때 문제의 인식에 있어 자신이 착하게 생각하고 행하였다면 모든 건 무죄를 반증하게 되는 것일까. 사람에겐 직관 능력이 있어 어떤 일을 하게 되면 안 될 것 같은 예감과 상상이 떠오르게 되어 있다. 이는 커다란 죄 특별히 보편적인 죄에 이르는 행위이기에 더 그러하다. 일반적으로 그래 지레 겁을 먹고 삼가하는 것이다. 이러한 능력이 없다면 두뇌의 이상이 있거나 바보요 멍청이라 일컬어질 것이다. 직관, 예감 능력을 무시하지 말자. 분통이 터지지 않는 소통에 있어서도 그러하다. 주변에 순진으로 포장하고 어리석음으로 변명하는 이런 류의 사기적인 행위를 경계하자. 아자.

생존권이란 모든 가치관에 앞선 가치이다. 그러나 이를 포기할 용기 또한 있어 거룩한 생각을 하도록 유도하여 인간을 인간답게 하는 품격으로 고상하게 한다. 능력을 신보다 못하게 하여 겸손을 품지 않을 수밖에 없는 인격체로 거듭나게 한다. 아자.

혼란과 위기의 시대엔 시대에 영웅을 바라고 그를 숭배하고픈 사람들… 영화나 만화적인 영웅은 슈퍼맨이고 원더우먼이지만 소설 속의 영웅은 돈키호테적인 사람을 시대의 영웅으로 치켜세우기도 한다. 철학적인 영웅은 자기자신이 되고파 고민하며 노력하며 몸부림치는 그런 인간상일 수 있고 흔히 정치적 인간상은 국민을 통합하여 최고의 능률을 창조해 내는 그런 인간상일 수 있으며 군사적 영웅은 전쟁에서 승리의 소식을 만들어 주는 지휘자일 것이다. 이런 여러 군상들의 영웅관은 개개인에게 묻는다면 그 시대와 일상의 기회에 자기 일에 충실하며 그 목적하는 바를 깨달아 자신에게 성실 솔직하게 타인에겐 애정으로 착하게 살아간다.

복지의 확대와 일거리의 확장을 위한 실업자 구제와 취업의 확장을 위해 세수 확대와 재정 확충이 요구되는 시점에서 많은 수입을 올리는 개인이나 기업에 대한 세율 인상은 불가피하고 바른 노선을 선택했다 할 것이다. 하기야 수입 많은 사람도 나름대로 지출 내역이 많을 수밖에 없다는 것을 감안한다면 나름 불평이 없을 수 없을 것이다. 그러나 자신의 수입이 국가가 현 헌법을 준수하면서 치르게 되는 각 분야의 지출은 그 체제에서 지도급에 속한 리더들이 감당할 수밖에 없다는 사실을 사회과학 분야로 접근할 때 더 확연해지는 것이다. 부자 증세는 혁명과 전쟁 없이 서서히 조용히 치르는 제도 개혁이요 평화로운 사회 혁신인 것이다. 아자.

흔히 평화를 주장하여도 자신을 버리며 외쳐 부르짖기가 쉽지 않다. 습관적인 자기 보호와 이기심이 본능적으로 뛰쳐나오기 때문이다.

'보고 싶은 마음 굴뚝같지만 갈 새가 없어 못 갑니다.' 라는 마음을 무학의 딸이 고향의 어머니께 보낸 안부의 편지에 굴뚝을 그리고 새를 그려 놓고 자기 나름의 표현을 했으나 주변의 사람들은 그 뜻을 헤아리지 못했으나 역시 무학인 어머니는 그 마음을 알아차리고 오고 싶어하는 딸의 마음을 헤아렸다는군요. 여러 가지 얘기들을 할 수 있겠지만 옛날 아궁이 있는 집에서는 안에서 하는 얘기를 밖에서 들을 때에 굴뚝 옆에서 듣는 것이 가장 잘 들렸다는 얘기도 전해져 비밀스런 얘기를 할 땐 개를 굴뚝 근처에 풀어 놓고 얘기를 했다는 옛얘기도 전해 옵니다. 우리말의 어원이랄까 유래를 살피면 재밌는 전설이 많습니다. 아자.

정치를 한다는 것은 모험이다. 자신을 그 준거집단인 국가와 국민에 이르는 모든 사람들의 권익을 위하여 과거의 의식과 습관에 중독된 사람들과 투쟁하는 행위가 있기 때문이다. 그래 자신을 희생 내지는 헌신의 각오로 자신을 던지는 행위이다. 최고의 지도자는 존경을 받을 수 있는 사람이면 좋다. 집단의 철학적 이념을 창조하여 이끌어야 하기 때문이다. 앞서는 의식을 사장시키지 않고 시대에 부흥하게 하기 위하여 스스로를 세속적 욕심과 모든 명예욕을 떨칠 수 있어야 한다. 아자.

지푸라기라도 잡고 싶은 심정을 경험한 사람은 하잘것없는 풀잎 같은 스스로의 존재감은 생각하므로 알게 되는 자아 존재감의 역설이다. 역동하는 의식이 함께하며 평등하고 공평한 정의가 있어 평화로운 시대는 현실 세계에서는 언제나 꿈인가. 생명 존재의 휴식은 신기루 아닌 오아시스에서만 가능하다. 고통은 걱정과 근심에서 오는 것, 어느 곳이든 통증은 개인을 심리적으로 압박하고 육체적으로 힘들게 한다. 아자.

나는 무엇을 위해 사는가. 허무를 느끼는 자는 우울을 뱉어 내며 주변의 모든 즐거움마저 삼킨다. 아자.

아, 힘들어! 힘들다구! 뭐가 힘듭니까. 어떤 광고의 멘트처럼… 정말 힘든 하루입니다.

십계명, 계명이 생긴 이래 이 계명대로 살아온 자 누구이며, 지금 그 누가 지키고 있으며 앞으로 그 누가 이 계명을 지킬 수 있을까. 실천 불가능한 이 계명은 사문화된 것인가. 그렇다면 왜 성경은 이 계명을 실천의 항목으로 실어 믿는 자에게 복종과 순종을 요구하고 있는가. 이에 예수님은 사랑으로 이 문제를 치환시키려는 시도인가. 사랑은 이 인간의 회복할 수 없는 죄의 문제를 해결하는 유일한 처방인가. 이런 지극 사랑을 인간은 가질 수 있는가, 또 이런 사랑을 계속 유지할 수 있는가이다. 이 넓고 큰 사랑을 어떻게 품을 것인가. 성경은 예수의 보혈만이 부활의 소망을 갖게 하고 오랜 죄의식에서 해방할 수 있다고 설파하고 있다.

지금은 불안의 시대, 내심 불안하지 않는 것이 없다. 불안의 큰 징후인 공황장애를 겪고 있는 분들이 의외로 많다 한다. 먹는 것이 불안하고, 다니는 것이 불안하고, 자신의 건강이 불안하고, 사회가 불안하고, 가정이 불안하다. 자신의 재산이 불안하고, 지식과 지혜, 생각이 불안하다. 세상에 존재하는 모든 것이 불안하다. 의식은 우울을 쫓아간다. 아자.

소싸움— 소처럼 순전하고 착해도 묶여 있으면 원하지 않는 곳에서 원하지 않는 싸움도 하게 되지요. 같은 소끼리 원하지 않는 이 싸우는 광경은 소에겐 비극 중에 비극이다. 인간에게 한때의 즐거움이 소에겐 목숨마저 위협받는 시간이다.

시를 짓는 방식은 작가의 고유선택 사항이다. 작가는 자기대로 시를 짓지 못하면 여간 부끄러운 게 아니다. 어쨌든 전에는 명태값이 오르고 이번에는 오징어값이 오르고 또 지금은 채소값이 돼지 삼겹살값보다 비싸다 하는데 내 시는 언제 제값을 받게 될까. 히히히.

스스로 일어나는 자기 생각을 터놓고 말함에 많은 용기가 필요로 하는 시대요 사회이다. 불식간에 민주적인 사회에서도 누구나 자기가 하고 싶은 말만 하는 것 같고 듣고 싶은 말들만 수긍하는 분위기에서는 언제나 회색분자요 많은 이에게 의심 가는 적대 세력이기 일반이다. 화친의 문제 화합과 용서의 문제가 연약한 자의 선택으로 비쳐지고 주도권은 언제나 이기적으로 강한 자가 움켜쥐게 되고 그 능력을 인정받는 듯하다. 민주주의를 함께 누리기 위해서는 상호존중과 예의 그리고 공동선인 정의가 같아야 한다. 아자.

　똑똑한 사람도 상식적인 사람에게 질리는 행동을 할 때면 미친 사람 취급받을 수 있다. 홀로 똑똑한 척하면 미친 사람이다. 자기 생각과 행동을 주변에 설득시킬 수 있어야 한다. 자신이 천재라고 여기는 사람과 주변을 무시하며 독불장군처럼 행동하는 사람은 주위 사람에게 정신적으로 많은 심리적인 폐해를 주기 십상이다. 자신을 안다는 것은 얼마나 어려운가, 제 잘난 맛에 산다는 것이 사람은 나르시스즘적인 자기 애착과 자존심이 강하다는 것을 반증하는 것이리라. 아자.

　바른 정치란 무엇인가. 그 민낯은 무엇인가. 정치는 집단 상호 간 소통을 원활히 하여 최적의 합의에 이르게 하는 기술이다. 그 민낯은 구성내 정치 패거리 간에 힘에 의한 균형을 찾아 강한 자가 가능한한 독식하는 기술이다. 독재는 소수가 힘에 의해 많은 권한을 독점하여 함부로 행사하는 독자 체제를 말한다. 민주 체제는 상호 견제하며 의견을 공유하고 많은 공과를 나누며 의논하고 협력하여 그 결손을 보강하는 구성 체제를 말한다. 아자.

예술적이란 무엇인가. 일상의 굳어진 스타일을 뛰어넘어 새로운 양식과 창의적인 표현이 어우러지고 작가의 내면적 철학이 풍기며 시대를 이끄는 매력이 내재되어 있는 작품이 아닌가 생각한다. 아자.

추종하는 자와 이끄는 자의 차이는 무엇인가. 따르는 자는 리드하는 자보다 우선 정신적으로나 육체적으로 편하다. 뭔가 새롭게 하고픈 욕구와 욕망이 강한 자는 스스로 가만히 있지 못하고 안일을 우선시하는 자는 추종하는데 만족한다. 타인의 욕망마저 자신의 욕망으로 소화하고저 하는 자가 어쩜 지도자의 체질인지 모른다. 자신의 의무마저 다른 이에게 책임을 지우려는 자는 체질적으로 추종자인지 모른다. 리더일 수 없는 사람을 리더로 세우거나 한다면 자신도 불편하고 그 집단도 고달플 뿐이다. 리더가 그 책임을 회피하면 그는 편할 순 있어도 그 집단은 좋은 기회를 놓치는 어리석음이 될 뿐이다. 협력해야 할 이유다. 아자.

스스로 생각하고 그 목적하는 바를 세우며 그 수단으로 무엇을 하여야 하고 그 결과로 무언가 깨달아 알고 이를 발판으로 스스로 무언가 배우는 사람, 이를 다시 시작점으로 재회귀하여 발전적 순환을 위해 다시 목적하는 방향으로 시도할 수 있는 사람, 이것이 창조력 있는 인간이다. 배운 것을 가지고 활용하는 것을 넘어 그 다른 환경에도 새롭게 자기방식을 창출하는 능력이 절실이 요구되는 시점이다. 시도 시인만의 방식대로 언어를 구사하고 시인마다 자기 시형식을 만들어야겠다. 나와 다르다고 다른 사람을 폄하하지 말고 다름으로 이해하도록 하는 것이 어찌 시인뿐이랴. 시는 문학에서도 앞서가야 할 의식이 아닐까 해서이다.

멍―, 새날이 밝았으나 멍하니 구름 떠나지 않는 하늘을 바라본다. 그 며칠 장대비 내리고 장마 스치고 간 후 아침엔 마당에 급하게 자란 뭇 풀과 나무들… 아니 모든 식물이 이렇게 무성할 수 있는 데 놀란다. 식물도 생명은 주변을 어느 정도 인식하는 능력이 있는 듯하며, 또 그들이 어느 정도 자라야 되는 줄 알기라도 하는 듯 그들만의 감지 능력과 시간 계획표가 있는 듯하다. 살펴보면 어느 생명도 신기하지 않는 것이 없다. 아자.

서로 이름을 부르자. 너와 나의 이름을, 너는 나의 이름을 불러주고 나는 너의 이름을 부르고 싶다. 요즘 호적의 이름보다는 자신도 모르게 준거집단으로부터 주어지는 사회적인 위치를 나타내는 직책이나 역할에 대한 이름이 대신 불려지는 경우가 많다. 지금 나는 너의 이름을 부르고 싶다. 그리고 당신도 나의 이름을 불러주기를… 부탁해도 좋을까? 이름의 존귀함이 어찌 사회적 직책에 비할까? 자신의 이름에 존귀함이 있음을 깨닫자. 부모의 이름에 대한 소망을 잊지 말자. 내 얼에 대한 신과 사람들의 소망을 찾아내는 일, 그리고 수행하는 일이 나의 사명이다. 모든 꽃들의 이름처럼 내 이름 속에 꽃들이 핀다. 또 향기가 풍긴다. 아자.

대화 중 내 얘기만 하면 상대는 짜증을 낸다. 그리고 자리를 피한다. 그러구 보면 사람은 듣기보다는 말하는 것에 더 행복을 느끼는 것 같다. 이미 뱃속에서 만들어진 인간의 원형은 좀 변할 수는 있어도 확연히 바뀌지는 않는 것 같다. 세상에 신이 보내 왔다고 믿는 이나 소풍 왔다고 믿고 사는 이나 어쩜 자신의 DNA대로 살다가 본향으로 돌아가는 것이다. 신의 의지대로 살아야 하는 이유이기도 하다.

어떤 문제에 감을 잡는다는 것은 전문적인 장인의 몫이다. 어느 그 분야에 기본 수준에 이르지 않고 느끼는 지혜란 가벼울 수밖에 없고 집중하지 않는 상태인 산만한 정신은 아무것도 포착 못하기 일반이다. 아자.

세상은 급속하게 변해 가고 있다. 많은 이는 이를 발전이라 말하기도 한다. 급속화 변화에 대응하기 위해서는 이에 적합한 변신과 재변신을 재촉해야 한다. 이는 각 분야에서 슈퍼맨, 슈퍼우먼을 개인에게 요구한다. 보통 사람이 이를 감당하기 어렵다. 우리 인간에겐 어떤 초능력이 있기도 하지만 사실 모두에게 이를 기대한다는 것도 애초 무리다. 장난감은 변신 로봇을 내세우고 현실에서는 사물 인터넷에 가상현실이 접목을 가속시키는 요즘 한 개인으로서 이를 통제하는 것이 불가능하게 되었다. 하루하루 생존함이 절박한 요즘 우리는 대체 어떤 생활무기로 앞으로 무엇으로 해야 할까. 전문가마저 미래 예측 불가라는 초혼돈의 시대이다.

얼굴 사진은 미의 문제뿐 아니라 성장 과정과 어느 정도의 인품을 가시화시키는 능력이 있음을 아는 사람은 다 안다. 이력서에서 사진을 참조하지 않아도 되는 이 미부착 행위로 공기업에서 얼 뺀 사람을 채용해도 좋다는 뜻은 아니겠죠. 작은 편이가 기업의 운명을 망칠 수 있다. 느끼는 품성은 인격이기도 합니다. 얼굴의 중요성을 간과하지 마시기 바란다. 인사가 만사라는 말이 있듯이 모든 것은 사람으로부터 시작하고 사람으로 끝나는 것이다. 생긴대로 논다는 말이 있고 꼴값한다는 전래의 말도 있다. 사람 각자에게서 나오는 풍기는 기품을 무시하지 맙시다. 이 결과로 기업과 국민에게 손해가 될 수 있다는 불안감이 있다는 것. 아자.

마음 여린 사람을 착한 사람으로 여기지만 대개 이런 사람을 악한 세상은 사기치는 대상으로 어리석게 여기거나 이용하여 제 유익을 극대화시키는데 주로 활용한다. 분쟁은 피하고 싸움은 포기하며 착하고 선한 마음만 가지고 버티기는 힘겨운 세상이다. 인간의 마음에 선한 마음과 악한 마음이 공존하기 때문이다. 어떤 원칙과 기준에 따라 정의의 의미를 자리매김하느냐에 따라 예의와 윤리와 도덕 그리고 법의 기준으로 삼는다. 이러한 지식과 사리를 분별하는 능력을 제때 갖지 못할 때 배신을 느끼는 사회 경험을 하게 된다. 보이지 않는 약한 자의 무기는 저주다. 시기와 질투는 기회와 운을 제때 포착 못한 운 없는 자의 무기인지 모른다.

바람이 분다. 지난밤 요란하게 번개치며 엄청 돌발 폭우가 내렸다. 저지대에 있는 난 혹시나 하며 뜬눈으로 새우다시피 했다. 사실 많은 위기들이 내 모르는 사이에 지나갔음을 알면 다행이기도 하고 고맙기도 하다. 다가오는 위기를 즉각 느낀다면 어쩜 모두 미쳐야 할지 모른다. 때론 무식하거나 둔감하여 모르고 지내는 것도 축복이다. 아자.

의사나 약사는 때론 아프지도 죽지도 않는 특별한 처방을 알고 있는 사람으로 여겨질 때가 있다. 의사는 수술을 가급적 피하는 방법 약사는 약의 독성과 그 후유증을 피하는 비방만을 알고 있는 듯하다. 그들은 특별하여 아픔과 죽음도 피해 가는 특별한 존재로 여겨질 때가 있다. 인간의 어리석은 착각의 한 현상이다. 약사도 의사도 죽는다고 귀뜸해 주는 의사와 약사가 있다. 아자.

나도 잘되고 다른 이도 잘되게 배려하는 이가 가까이하고픈 사람이다. 사람은 자기를 배려할 줄 아는 사람에게 호감을 느낀다. 괜히 남 잘되는 꼬라지 못 보는 사람들이 적지 않다. 빌빌 속이 꼬인 사람이다. 사람들은 성선설, 성악설을 들먹이곤 하지만 이 두 가지 감정을 동시에 갖고 있다 함이 옳을 것이다. 자신의 선한 마음을 더욱 훈련시켜 세상에 선함을 많이 뿌리는 이가 지도자가 되면 좋겠다. 악한 마음도 훈련하여 스스로 억제하고 분노를 가능한한 적게 내뿜는 그런 사람이 되면 좋겠다. 자기 억제, 자기 감정 통제, 자기 조절능력 확대 이러면 행복을 부르는 사람이 될 수 있지 않을까. 사람이 사람답게 살기 쉽지 않다. 참 사람이고 싶다. 아자.

마지막 냉전의 산물로 남은 분단국가는 한반도 남북 국가이다. 세계 냉전의 최후 보루를 무너지게 하는 것은 남북통일이다. 세계 평화의 교두보로 남북통일을 바라보며 통일을 염원하는 것은 순진한 이상주의자이고 평화만을 염원하는 착한 사람들인지도 모른다. 지금이 통일을 말할 때인가, 통일을 이룰 때인가는 매우 복잡하고 어려운 문제라 할 것이다. 세계는 언제나 격동이다. 아자.

이 몸이 부활은 못해도 젊음은 다시 부활되어 젊음을 회복하고픈 마음이다. 세상의 질병 종류로 37,000종을 말하고 흔히 인간의 걱정은 오만가지라고 말들을 하는 걸 보아 질병 외 걱정거리는 13,000가지가 아닐까 여겨진다. 이런 인생사 평화의 날만 기다린다는 것은 애초부터 무리인 듯싶다. 그러나 오늘 만큼은 행복하시길. 아자.

영원한 길이 있다고 믿지 말라. 누가 가든 길은 언제나 변하고 다시 만들어진다. 하물며 생명 또한 그러하니 생명 또한 수명이 있어 깊은 과거는 들춰내도 짧은 미래마저 맞는 점은 칠 수 없다. 꿈꾸는 일 어리석어 보여도 할 수 있는 일이란 이뿐이다. 아자.

지금은 모든 분야에서 미래의 불확실함이 극치인 초불확실성 시대이다. 현재와 미래에 대하여 어찌할까 아무도 자신 있게 말할 수 없는 시대이다. 확실하게 주어진 것이 없는 현실에서 확고히 확실한 실체를 떠올리려니 죽을 맛이다. 아자.

　지금은 임박 시대이다. 과학이든 기술이든 많은 문화들이 급속하게 어떤 업무로 무엇을 하든 각 개인에게 다가와 이것으론 안 돼 하며 새로운 것에 창안하거나 접목할 것을 요구한다. 가만히 있으면 정체하는 것이 아니라 후퇴하게 되어 그 자리에서 도태되기 일반이 되었다. 자기 성장 시에 몇 번이건 변화할 것을 각오해야만 하는 시기이다. 공부하기 싫어도 공부를 해야 한다. 이것이 사람 미치게 한다. 조용히 천천히 살고 싶어도 특정한 사람을 제외하곤 무엇에 쫓기듯 뜀박질한다. 아자.

　글로는 사랑이 가득한 세상이다. 여러 나라의 언어로 사랑을 갈구하고 티셔츠나 여러 옷에 사랑의 문자를 인쇄나 자수로 박아 놓는다. 이런 행위는 사랑을 희망하는 몸의 행동이다. 사랑의 소통에 갈증을 느끼는 행위라 하겠다. 산다는 것은 다른 이와 사랑을 나누며 소통할 때라야 가장 아름답다. 그러나 생존을 위하여 자기방어와 자기 소유를 확보해야 하는 절박함이 있으므로 하여 때론 만인을 향한 적대적 행위로 대치할 수밖에 없다는 것은 생명 있는 창조물의 운명이다. 가까이 있는 자와 사랑을 나눠야 하나 갈등을 일으키는 원수로도 바뀌는 것은 슬픈 생존의 법칙이다. 아자.

가장 암울한 극악의 현실과 믿고 싶은 희망의 미래에 접점이며 그 전환점이 될 수 있는 지점에서 엇갈릴 수도 있을 자신의 삶에 대하여 생각한다. 미래는 언제나 쓸쓸하다. 아자.

완벽을 꿈꾸지 말라. 세상에 완벽은 없다. 정직을 신봉하되 청결을 요구하지 말며 완벽한 거룩도 기대하지 말라. 인간은 어차피 죄인, 태어나는 것부터 죄인의 낙인을 받고 태어나지 않는가. 인간의 심성을 착하게 보되 악함을 이해하라. 인간의 심성 속에 죄를 잉태하고 있는 즉 그 어디에 그 마음밭에 순수한 감정이 지속되길 바라는가. 이해하라, 인간의 연약함을 그리고 악성을 그곳에 생존의 몸부림이 깃들어 있다. 아자.

국가의 이념은 교조적인 힘을 내뿜는다. 자신의 이념을 절대시하고 다른 이념에게는 철저하게 배타적이다. 그러나 시간이 흐르면 이런 이념도 변해야 하는 것이다. 그래야 그 흔적을 지킬 수 있다. 자신의 이념만을 고집할 때 다른 이념과 충돌하며 같은 이념을 가진 국가라 할지라도 자신이 속한 지역적 편향에 고집할 때 이웃 국가와 분리되기 십상이다. 이념도 이웃 국가와 혹 다른 이념의 국가와 교류하고저 한다면 시대에 잘 적응할 수 있다 하겠다. 발전하기 위해서는 이제는 복합하고 융합해야 한다. 이러한 속도를 허용하는 것은 수준 높은 자발적 주도적 민주주의로 인한 진보된 합리적인 민주주의가 그 기초가 변화됨을 말한다.

화합— 힘 있는 자의 양보와 용서 그리고 이해. 더 나가 사랑만이 모든 것을 화합시키고 결합시키며 융합되게 한다. 그 어디나 힘 있는 자가 자신만을 위하여 혹은 자기 이익에 급급하면 그 주변의 분노를 증폭시키며 교류에 감정적인 악화와 소통에 장애를 느끼게 한다. 세계 평화와 가정의 화평에 이르기까지 원활한 소통을 위해서는 깊은 아량과 여러 상황으로 우위에 있는 갑의 입장에서 양보가 있어야 함은 물론이다. 아자.

나라마다 헌법이 주는 의미는 그 나라의 지향하는 목표이며 체제를 가름하는 철학이요 이념이라 할 것이다. 국가의 이념은 그 국민의 종교라 할 것이다. 개인의 종교와 상치될 수 있으나 이는 그 나라 국민이면 반듯이 따라야 하는 종교 교리와 같다 할 것이다. 개인의 종교도 그 나라의 법체제 하에서 허용되는 경우에만 합법성을 갖게 되고 공중에게 떳떳하게 행동할 수 있다. 개인이 그 외 다른 종교를 갖고저 한다면 법의 제제를 받게 되므로 다른 나라로 국적을 옮기거나 숨어서 몰래 자신의 종교 활동도 할 수 있게 된다. 어쨌든 국가의 이념은 당시 그 국가 내 국민에게 절대적인 힘을 갖게 된다. 그러나 국가 이념이 정의로우냐는 별개다.

무언가 쓴다는 것— 누구는 시, 누군 소설 또는 수필 등… 뭔가 새로운 것이고 싶은 자신은 탄생의 순서에 따라 이전보다는 더 새롭고 더 창의적이며 발전적이고 싶어한다. 이것은 생명의 신비이고 창조의 눈부신 진화로 다가오는 놀라운 현상이다. 뭔가 그린다는 것은 관찰이 전제되고 또 상상이 융합된 형태다. 진보된 상상과 가상현실은 눈부시고 환상과 환청을 듣게 한다. 상상은 전리품이 아니지만 여건이 되어야 드러나는 환영이다. 아자.

자신의 시대— .

서울의 아침 반가운 비가 잠시 내렸습니다. 물론 농민들도 기뻐하겠지요. 전국적이지 않을진 몰라도 서울 쪽 비 내리는 곳이 있다는 것만으로도 신에게 감사하게 됩니다. 비 내리는 것처럼 많은 이들이 누리는 복이 있기를 기도하며 아침을 시작합니다. 아자.

피사체로서의 자신을 돌아볼 힘, 이것이 중요하다. 잘 생긴 배우들을 떠올리면 왠지 자꾸 콤플렉스가 생긴다. 병약해지는 몸 어처구니없는 정신, 마감하고 싶은 생애… 우울이 쌓이는 그 어느 날. 아이들의 웃음소리 울음소리 없는 마을… 그 마을 점점 넓어진다. 무섭다. 아자.

먼저 힘을 챙겨라. 힘 있는 자가 강자다. 승리하고 승리했던 자와 승리할 수 있는 자가 강자다. 그 누구와 맞설 땐 먼저 힘을 의식하라. 아자.

인간의 나라에는 사람 개개인처럼 세계는 언제나 제 나라의 발전과 유익을 위해 자국 중심의 외교를 펼친다. 단지 세계 평화적인 모양새를 갖추려 할 뿐이다. 그러기에 세계는 공동의 목표를 가져야 한다. 전쟁 아닌 평화적인 방법으로 공존과 공영하는 것이고 또 공동의 번영을 위해 협동하는 방법을 꾸준히 모색하여 계속 발전시키는 것이다. 아자.

누구나 할 수 있는 상식적이고 합리적인 말과 행동이 어색하게 느껴질 때가 있다. 싸움질할 때 내 편을 들어주어야 할 사람이 상대에게 유리한 얘기를, 나에게는 지적질을 할 때 황당하게 느껴지기도 한다. 부부나 부자 간, 모녀 간, 형제 간, 친구 간, 혹은 동맹 간에는 옳고 그름이 문제가 아니고 무조건 내 편이 되어 주는 그런 사랑을 주고받기를 원한다. 이것이 인지상정이다. 아자.

희년, 고대 이스라엘에서 전통적으로 지켜진 희년(50년 마다)에는 빚을 탕감해 주곤 했다. 이를 본뜬 제도를 시대에 맞게 도덕적 해이를 최소화하며 이를 활용한 시대와 지역에 맞게 하여 유사제도를 모색함도 경제 양극화와 중산층을 강화하여 민주적 제도의 유지를 위한 방편으로 모색해 봐도 좋을 것이다. 이런 제도는 정부가 솔선하여 이끈다면 많은 이에게 기쁨이 될 것이다. 아자.

　경제민주주의, 말 많은 민주주의가 지상의 낙원을 설명할 수 있는가. 영적 죄는 용서받고 일반 법적 범죄를 사면받고 사회적 불의와 도덕적 윤리에 대해 용서받으며 경제적 죄에 대하여 탕감받을 수 있는 자는 복되다 할 것이다. 정신적 정서적인 죄의식에서 벗어날 때 죄에서 해방되어 속죄함 받았다 할 것이다. 인간은 원초적으로 죄의식이 있다. 죄의식은 정신을 허약하게 하고 죄인으로 움츠러들게 한다. 그래서 신을 부러워하며 할 수만 있으면 신이 되려고 한다. 살아서 힘을 숭배하는 건 죄의식에 산물이기도 하다. 따라서 살아서는 몸을 신(身)이라 하고 죽으면 영혼을 일컬어 귀신 신을 쓰는지도 모른다. 용서, 사면은 기쁨이다.

　인간은 개별 국가주의적이고 개인적인 이유로 모든 일들의 자기중심의 잣대를 생각한다. 군주론 혹은 지배자 내지는 지도자는 모름지기 마카아벨리적인 통치 이념과 손자의 병법 논리에 맞추어 생각해야 한다. 한 국가의 최고 통치자이기 위해서는 그 나라의 안전과 발전을 위해 정의롭고 공정한 법이 있어야 한다. 권력은 결코 나눌 수 없다. 통치되지 않는 사람과 조직은 배신하고 끊임없이 도전한다. 목숨이 담보되지 않는 복종은 없다. 아자.

민주주의— 경제적 민주주의, 일정한 부채 이상의 것은 일정 기간을 경과하면 자동적으로 세금이나 부채를 탕감해 주는 제도. 한동안의 실패로 개인이 여생에 최악의 상황까지는 이르지 않도록 사회제도로 도와주는 제도로써 정립이 필요하다. 평생 감당할 수 없는 가난한 자의 빚을 탕감해 주는 그런 제도, 이것은 국민의 개개인의 자유의식을 보호하는 제도일 수 있다. 반전의 기회를 제공하는 것은 많은 국민을 성실과 정직의 길로 유지시키거나 이르게 할 것이다. 여기에 극단으로 도덕적 해이에 이르지 않게 그 제도를 창의적이고 생산적이어서 미래의 상황을 잘 예측하여 선진적이고 주도적으로 이끌 지도자가 함께 있어야 할 것이다. 아자.

영감으로 떠오르는 어떤 단어의 의미가 시의 열쇠가 되고 글의 단초가 되는 경우가 많습니다. 그림의 경우도 그러합니다. 어떤 형태 혹은 색이 강하게 다가올 때가 있습니다. 어떤 주제 혹은 어떤 그 무엇이 영혼에 갈증을 느끼게 합니다. 세월이 가면 어떤 날 허덕이는 제 모습은 이 모든 것들이 자신의 한계 밖의 상황처럼 떠도는 환영입니다. 아자.

이데올로기의 다툼과 경쟁은 1970년대에 들어서면서 역사는 이념 다툼의 무의미, 그 이상을 지적하고 이념의 종언을 제시하고 있다. 그러나 이런 노력들이 2000년대에 들어서면서 세계는 각 나라마다 이념의 재창조보다는 각 나라 발전을 제 위치에서 구현하려는 실용주의적 이념에 기반을 두고 이념 재창조의 노력들이 있어 왔다. 유엔은 세계 무력 다툼에 그 허약함이 드러나 많은 문제를 해결하는 그 업적을 기리기보다는 그 무력감에 불안해하고 있다. 특정 이념으로 나라 안팎의 제 문제들을 이해하고 해결하기에는 너무 벅차다. 아자.

요즘 "사랑합니다."라고 말할 때 부담없이 인사처럼 얘기하는 경우를 많이 대한다. 정말 이런 말을 쉽게 얘기해도 되는 건가. 의아해할 때도 있다. 사랑한다는 말에는 수고가 따른다고 얘기하는 분들이 많습니다. 수고뿐 아니라 고통이 따르고 제 생명을 주어야 하는 엄중한 순간도 감당하겠다는 진중한 사고의 결과의 말이며 이를 실천하겠다는 심각한 의지와 각오의 뜻이기도 합니다. 사랑한다고 말할 때 이런저런 생각을 하게 됩니다. 볼 때 언어의 변천은 시대에 따라 그 의미가 확장, 축소, 변질되기도 합니다. 사랑한다 말할 때 어떤 마음이 되나요. 그 느낌 묘한 감성의 흔들림… 아자.

매우 정치적이기 위해서는 착한 마음 정직한 행위가 때론 장애가 된다. 대화 논쟁과 다툼 혹은 전쟁의 결과는 자기 승리, 자기 보호가 확보되어야 한다. 따라서 세계 정치와 외교는 마키아벨리즘적인 방법과 수단이 때론 필요로 한다. 국가 간의 논쟁은 정의와 윤리 도덕의 정당성 확보가 중요하지만 생존의 위협 앞에 성현의 말씀만 내세우는 것은 정치 지도자가 할 바가 아니다. 정치 목표는 국민의 생명과 안위가 최우선이고 다음이 군사 경제적으로 우위의 확보다. 최고 지도자는 때론 정당성의 확보보다는 힘의 상대적 우위를 위해 변칙과 반칙을 감행할 수밖에 없다. 원칙과 합리정신에만 매몰되어 있으면 결코 우수한 지도자라 할 수 없다.

안보 제일주의는 어느 나라나 해당되는 말이다. 안보 위에서만이 경제적 사회적 시스템이 가능한 것이다. 자국의 안보를 위해하는 조치는 모든 조치에 우선한다 할 것이다. 아자.

이번 현충일 문재인 대통령의 여러 언급이 마음에 든다. 이런 언급은 많은 사람들이 얼마나 고대하고 희망했던 기대인가. 건국 70주년을 맞아 이룬 쾌거다. 선진국 아니 모든 지구의 나라들이 놀라운 장면으로 목도했으리라 여긴다. 이는 정치에서도 한류다. 자랑스런 사건이 아닐 수 없다. 사실 많은 우려 속에 출범한 문재인 정부는 나라를 나라답게 국민을 국민답게 여기는 출발선에 있다. 첫술에 배 안 부르듯이 처음부터 너무 많은 기대는 않는 것이 나을 것이다. 정부도 너무 의욕적으로 한다고 속도를 내는 것도 우리가 할 수 있는 능력을 재고하며 경제적, 정치적, 군사적으로 어떤 위치에 있는지 확실히 점검하여 지나치지 말아야 한다.

　누군가 질문하기를 "당신이 존경하고 닮고 싶은 사람은 누구십니까?"라고 물을 때 정직하게 "누구입니다."라고 말할 수 있는 사람은 어쩜 그를 믿어 주고 싶은 사람인지 모른다. 세월이 자꾸 흐르고 세상은 내가 관리할 수 있는 범위보다 더욱 거세질 때 우울을 경험한다. 세상을 아무리 둘러보아도 존경할 사람이 없고 닮고 싶은 이가 없다면 그는 매우 불행한 사람이다. 질문에 응답이 자신의 부모나 가까이에서 찾을 수 있는 이는 정말 행복한 사람이 아닐까. 존경하고 싶은 사람이 많은 이 정말 사랑스럽지 아니한가. 세상에 존경하는 사람, 사랑하고 싶은 사람이 하나도 떠오르지 않는 사람은 참 불행한 사람인지 모른다. 아자.

　세월을 향해 한탄하며 분노해도 세상은 결코 변하지 않는다고 여겼으나 그 누군가에 의해 구석구석이 변하고 있음을 느끼게 된다. 이때까지 왜 이런 변화를 누리지 못했는가? 곰곰히 생각해 보는 요즘이다. 깊은 잠에서 깨어 일어나자! 인간다운 그 무엇을 누리자!

7~80년대 유행하던 단어가 있었으니 불확실성이란 언어였다. 지금 이 시대를 초불확실성 시대라 칭하고 있다. 하기사 어느 시대건 확실한 건 없었다. 앞으로도 그럴 것이다. 확실할 것 없는 정치 경제 현황에서 자신만의 확실한 그 무엇을 선택해야 살 수 있는 시대라는 뜻도 있다. 특히 일상이 테러의 공포와 불안을 확보하는 일과 현재의 금융의 위기의 늪에서 개인적으로 탈출해야 한다는 절대 위기감이 있다. 세상을 바꿀 힘, 그것은 지도력을 갈구하는 것이긴 해도 어쩜 책임 회피성 응답인지 모른다.

긴 잠 속에서 기지개를 편다.

혈연 중심의 가족제도가 붕괴되고 새로운 가족형태가 대두되는 시대이다. 취미 혹은 공통의 직업 어떤 특정 준거집단 중심의 결속 등 그 다양한 형태는 끝이 없다. 이는 전통결혼 형태의 변화 등 가족 개념의 변화를 야기한다. 혈연관계의 투명성보다는 생존 시 건강관리와 다양한 취미 활동의 보장 그리고 특정 목적을 위한 연구 활동은 서로의 협력에 의해 강화된다. 삶의 목적과 삶의 영위 형태가 달라지는 것이다. 다양하고 괄목한 과학지식의 확산은 이미 인간의 전통적인 사고를 무력화시키고 있다. 아자.

국가는 대규모 사회집단이다. 국가의 목표는 헌법 그 전문에 표현된다. 국가는 제 의무를 수행하는 구성원인 국민에 의해 국민 개개 서로의 권리를 신장시키는 데 있다. 국민을 통제하는 수단으로써 정치권력을 구가한다면 그 지향하는 바는 잘못된 것이다. 인권과 국가 권위는 어디까지나 인간의 존엄을 귀하게 여겨야 한다. 감히 관습으로 도덕적으로 법률적으로 종교적으로 사랑한다고 표현함은 그 의미에 심각한 철학적 윤리적 종교적 물음을 되반복할 수 있다. 사랑한다 말하기 전에 서로 존중한다고 운을 떼는 것이 더 합리적이지 아닐까. 먼저 존중하려는 태도와 자세 이것이 문제다. 국민은 나라가 나라 다울 때 최고의 자부심을 느낀다.

국가 경영에 원칙과 기본은 인간이 인간답게 사는 것이 기본의 욕구이며 당위라 정의하는 것, 이에 걸맞게 시대의 발전과 지역의 특성에 맞게 민주적인 기본을 세우는 것이 추구해야 할 시대정신의 기본이라 할 것이다. 나라를 나라답게 하기 위해서는 국민이 국민답게 행동하고 처신해야 한다. 주권자로서 책임을 다해야 하는 절대절명의 지상명령을 바르게 실천하는 데 있다. 사실 주도적으로 행하지 않고 달콤한 권리만을 떠올린다며 엄청난 손실을 그 언젠가는 부담해야 할 것이다. 이번 문재인 정부는 엄청난 사회 변혁을 위한 철학적 사회적 화두를 넘어 실천을 위한 디딤돌을 놓고 있다. 이 주도적인 철학적 명제에 대해 준비는 됐는가. 아자.

　융통성— 참으로 애매한 말이다. 모든 책임의 결말은 행위자가 져야 한다. 그리고 제 과정에 있어 함께하는 협력자에게 피해를 전가시키거나 관련자들에게 책임을 물어서는 아니 되며 자기가 홀로 책임을 모두 떠안아야 한다. 융통성 있게 일을 처리하기 위해서는 많은 일을 꿰뚫어보는 시각과 그 흐름을 포착하고 파악할 수 있어야 한다. 겉으로는 법에 위배되지 않음을 촉구하나 내면으로는 법에 저촉되지 않는 꼼수라도 사용하기를 바라는 것일 수도 있다.

　절대적인 가치를 가지고 많은 사상가들이 민중을 현혹시키고 있으나 사실 어떤 사상에 일시적으로 취할 수 있으되 절대신봉을 말하며 절대이념이니 따르라 함은 일종의 사기이다. 세상의 모든 것은 불안전하고 불완전함으로 안전과 완벽을 추구한다. 이 세상에 대두되는 사상이니 이념이니 하는 것은 우리가 인간다운 삶을 영위하기 위한 수단으로 일시 혹은 장구히 사용하는 것이지 이념과 사상이 개개인이나 집단에 철저하게 적용될 때 인간의 삶은 옥죄게 되는 것이다. 모든 사상을 아우르나 어떤 특정 사상에 지배당하지 않는 자유정신이야말로 인간다운 삶의 목표가 되어야 한다. 아자.

어떤 한 미인이 모든 남자의 마음을 만족시킬 수 없듯이 인간의 마음 모든 것을 만족시킬 수 있는 이념은 없다. 혁명가들은 자기의 생각과 내세우는 이념으로 세상을 변화시키려 하나 이 또한 많은 부작용을 갖게 되기 때문이다. 어떤 특정 이념에 취하여 매몰되면 독선적 혁명가처럼 중독된 아편쟁이처럼 이성을 잃을 수 있다. 모든 이념도 섞이고 융합되어 새로운 실용주의적 이념으로 창조적으로 변모하며 개발 진화되어야 창조적 이념이라 할 것이다. 이러한 시대의 변천에 치이는 사람도 있겠으나 상호 이해하고 적응하려고 애써야 할 것이다. 최적의 변화를 위해 지혜를 모두어야 하는 격변의 전환점에선 우리의 사회이다. 서로 존중하자.

중독된 공산주의 배타 자본주의… 이런 이데올로기와 종교에 맹목적인 믿음이 더해지면 선한 의지에 대한 확신은 오히려 자기 독선에 매몰되기 쉽다. 신념이라는 미명하에 망상은 그 가지를 더하여 스스로 합리적이고 이성적이며 비평 가능한 자기 절제를 상실하기 쉽다. 이데올로기는 생각이 넘쳐도 근본적인 인간의 삶 속에서 헝클어지고 무너질 수밖에 없는 불안전한 이념의 모형일 수밖에 없다. 왜냐하면 시대는 날씨처럼 변화무쌍하고 인간의 대처는 언제나 그러하듯이 부족하고 결함을 가질 수밖에 없기 때문이다. 편협된 이데오로기로 한 시대를 오만한 마음으로 실험화하려는 의도는 매우 위험한 발상일 수 있다. 자, 생각하자.

문재인 대통령의 취임 초 제반 정치적 행정을 높이 지지한다. 처음 마음으로 임기 마지막까지 쭉 이런식으로 소통하며 모범된 대통령, 칭송받는 대통령으로 기록되길 진심으로 바란다. 대한민국 만세!

무릎이 아파 고생 중이다. 아픔은 자기를 성찰하게 한다. 병원에 가도 차도가 없으면 절망의 벽 앞에서 시름한다. 하기야 병원 가면 즉각 낫는다면 그 누가 죽을까. 관심 있게 봐주는 분들에 심려를 끼치는 것 같아 이것도 죄송하다. 자신의 구차한 모습을 드러낼 수밖에 없을 때 비참함을 느낀다.

오월은 생명의 나날이다. 초록은 오월을 더욱 오월답게 한다. 생명은 언제나 황홀하나 초록은 겸양할 줄 아는 생명의 빛이다. 꽃피우기까지는 그저 묵묵히 스스로에 충실할 뿐이다. 생명은 기쁨만을 말하지 않고 또 슬픔만을 지적하지 않는다. 희망은 생명을 유지하는 것, 새로운 생명에 생명을 잇게 하는 것 그 외 무엇이 더 중할까. 소망하는 자여 그대의 믿음은 무엔가? 세상에 기쁨을 찾아봐도 때론 이것이 슬픔의 씨앗이 되고 슬픔 또한 기쁨이 되는 것을 그 무엇이 슬픔이고 그 무엇이 또한 기쁨인가? 모든 건 부질없어라. 슬픔과 기쁨이 종이 한 장 차이라도 쌓인 그 종이가 뒤집혀야 되는 변화를 요구하는 것, 그래 그 차이가 크다. 아자.

첫 대화, 때론 이것이 운명이 된다. 대화는 속에 있는 의식의 표현이다. 누가 뭐라든 속에 내재되어 있는 언어들이 배설물처럼 떠진다. 아침에 아내와의 첫 대화, 아이들과의 첫 대화, 직장에서 상사와 동료, 후배들과의 첫 대화는 그날의 생활을 상징하기도 한다. 어쩜 신혼생활의 첫 대화가 그들의 운명을 상징하기도 한다. 대화에 기쁜 감정과 즐거운 기분으로 환하게 웃는 아내와 남편처럼 문재인 대통령의 출근길 모습에서의 주고받는 인사 사진은 평범한 얘기지만 아주 훌륭한 대화였다. 아자.

스트레스가 쌓이면 소리를 질러 보라! 메아리는 언제 들어도 모호하다. 도시엔 소리 지를 곳이 마땅치 않아 홀로 있는 목욕탕이나 지하에서 비명처럼 질러 보는 괴성. 산에서 소리치면 누가 들을 것 같고 바다나 강에서 소리 지르면 파도와 물결이 삼켜 물속 깊이 잠수한다. 소리 지르는 일도 쉽지 않다.

장사는 시장에 가야 공정한 거래가 된다. 주식은 주식시장에 생선은 어시장에서 장사가 된다. 절에서 교회에서 장사하면 스님도 목사님도 화내고 난리이다. 예수님도 성전 뜰에서 장사하는 사람들을 향해 화를 내셨다. 세상은 복잡하고 어지러운 가운데도 나름대로 질서가 있다. 이런 법칙을 꿰뚫어보는 통찰력이 숨은 경쟁력이다. 장사도 공부처럼 무조건 책만 붙들고 있으면 지식과 지혜가 쌓이는 것이 아니듯이 요령껏 맥을 짚어가며 내가 잘할 수 있는 과목이나 문제부터 주의력으로 잘 살펴 집중력을 가지고 있는 열정을 다해야 한다. 이것이 공부의 요령이듯, 장사도 아마 이 같은 도가 있을 게다. 어찌 보면 누구나 상인이다. 성공하자.

아, 은혜! 삶이 혼자의 힘으로 이뤄질 수 없음을 지혜와 경험이 쌓일수록 그리고 총명한 이는 더 빨리 눈치채며 알게 된다. 사랑받는다는 것은 사랑받을 행위가 전제되어야 찾지만 상대의 자의식과 환경 태도에 따라 무조건적으로 다가오기도 한다. 어쩌면 이것은 공짜의 사랑인지도 모른다. 서로서로 먼저 최선을 다하여 배려하게 되면 그 어느 날엔 서로 이를 누리게 되리라. 아자.

세상은 급하게 내달리고 다가오는 미래를 제 원하는 곳으로 운전하려 한다. 여기저기 비명인지 울부짖음인자… 그 모를 소음 속으로 들어온 느낌. 나도 자유하고 싶다. 나도 편안하고 싶다. 일과 평안의 균형 그 조율에 신경은 더 예민해지고… 그 무슨 한처럼 울부짖음의 시를 토하는가. 시인은 언제나 조용하고 싶다.

　국민마다 스스로 소망적 사고에 길들여진 상태에서 한반도의 위기상황 가운데 대한민국 대통령 취임식이 있었다. 이번 19대 문재인 대통령은 미중일의 일명 한국을 제외하며 대한민국의 문제를 협의하며 해결하려는 그 어떤 기도도 허락해서는 아니 된다. 한반도는 어쨌든 정치적 변곡점을 만들어야 되는 시점이다. 정치라는 것이 전쟁과 다른 점은 대화를 우선하며 압박하는 것이라 할 것이다. 힘있는 자는 압박을 우선하며 대화를 이어 가려 하고 약한 자는 압박을 되도록 피해 가며 대화의 기교와 대화 전에 상식과 원칙을 중시하며 설득하려 한다. 이것이 무력을 전제로 대화 아닌 요구를 하며 실천을 강요하는 전쟁과 다른 점이다. 아자.

　사람은 결국은 외롭게 살다가 쓸쓸히 생을 마감하지만 그 아쉬운 어떤 정이랄까 가치랄까 생의 절벽에서 제 발목을 잡는 죽음을 두렵게 여기게 하는 그 어떤 것이 있다. 이 문제가 풀리지 않으면 모든 사후의 세계는 불안 그 자체이며 두렵다. 달콤하다고 하기엔 뭐랄까 미련을 갖게 하는 상상마저 멈추게 하는 지독한 아름다움이 있다. 언젠가는 소멸될 것임을 알지만 꿀처럼 자꾸자꾸 따라가면 더 큰 아름다움이 있을 것 같은 이 미련한 생각이 죽음의 천국에서 망설이게 하는 건 아닐까.

절대 정직을 중심에 삼고 시인이고 수필가이신 피천득 님의 사후 10주년이 되었다는군요. 그의 세상의 부귀와 명예를 탐하지 않고 선비의 길을 가고 저 청빈한 삶과 아이 마음, 순수의 마음으로 평생을 후학들에게 귀감이 되셨던 분도 현대에 흔치는 않는 데 닮고 싶고 존경하게 되는 우리나라의 보배 같은 자랑하고픈 분이다. 오월은 많은 사람들이 좋아할 수밖에 없는 환희의 달이요 꿈의 계절이다. 여러 바쁜 일로 허겁지겁하다가 인사도 못하고 수일을 보내고 나니 허전하다. 특히 오늘은 대통령 선거일이다. 사람으로는 12번째요 대한민국 민주공화국 제19대 대통령이다. 누가 되던 하늘이 점지해 주신 분으로 여겨 평화롭고 부강한 나라로 만들자.

전달 4월이지 시적으로 잔인한 달로 인식된 사월은 사실 생명들에게는 풍요로 가는 길목이요 생의 축제를 담당할 힘을 키우는 달이었다. 이제 5월이다. 오월은 풍요의 계절이다. 좋은 날들이 모여 있는 달이다. 기념하기 좋은 달이다. 오월이 되었다. 모든 생명의 축제요, 환희의 날이다. 이웃을 축복하자. 가족을 사랑하자. 나를 자신을 진실로 사랑하자. 자신을 우울에서 건지고 건전하고 평범한 마음을 사랑하자. 돌출적인 면이 없나 살피자. 이 세상에 나만이 왕자가 아니고 왕 또한 아니다. 모두가 왕자요 공주요 왕임을 인정하자. 결국 서로 존경하며 좋은 감정을 유지하여 이웃을 좋아하려 애쓰는 이외에 그 무엇이 있다 하는가. 아자.

　뜨거운 대통령 선거가 이제 일주일 앞으로 다가왔다. 모두의 염원이 담긴 공약들이 선택적으로 취해질 수밖에 없는 것이 현실이다. 무엇을 우선할 것인가. 대통령은 미래의 상황을 예측하고 국가를 최고의 수준을 유지시키기 위해 기획하고 그 현실을 감당하여야 한다. 스마트하게 나라를 이끌 지도자를 뽑자. 어제 근로자의 날에 이를 노동자의 날로 하자는 요청들이 있었다. 그 의견은 좀 아니다 싶다. 매우 정치적 냄새가 난다. 아자.

　4월 늦은 봄날, 상상 속에 새 님을 만나는 것에 기대가 그 자취마저 확인할 길이 없는 연인, 오늘도 그 여윈 님에 대한 슬픔으로 잠겨 있기엔 저 들판 벚꽃 활짝 핀 거리는 너무 화려하지 않은가.

　부모나 선생님으로부터 전해진 지식, 신문 책이나 친구로부터 얻어진 지식과 어떤 지혜로 혼자 힘으로 체험하여 깨달은 지식과는 별개의 문제이다. 이 심오한 깊이는 깨달은 자만이 알고 있는 것이다.

하늘의 도움은 우연인가 필연인가. 이 세월은 언제나 나와 동행하지 않는가.

당신은 나의 별, 언제나 희망이다. 기쁨이 되고 즐거움이 되는 원인은 오직 당신이 있기 때문이다.

태양열은 어딘가 충전된다. 이 방출되는 전지를 찾아쓸 방법은 비밀이다. 내 속에서 방전되는 에너지는 그 무엇인가. 내게 믿음이 오는 대통령 후보가 이번에 당선되었으면 한다. 그러나 결과는 나의 확신과 나의 예언과는 다르다면 미칠 일이다. 그러나 대한민국은 공화국이고 민주주의를 표방하는 나라이니 받아들일 수밖에 없다. 국민이란 합리적이고 이성적인가. 어떤 면에서는 부화뇌동하고 조잡하며 충동적인 설익은 블랙 스피커 같다. 흰 종이 위에 먹물을 뿌리며 글이라 외치는 격인 경우도 많다. 이것이 화나게 하는 그 무엇이다. 세상은 평화를 원하는 듯 평화, 평화 외치고 소리 지르지만 전쟁을 부추기며 선동하는 것 같은 세상이다.

이념의 종언을 알리는 여러 정황과 세태를 꿰뚫어 보지 못하고 다시 새로운 이념의 감옥을 더 튼튼하게 지으며 아직도 색깔론을 들먹이는 여러 정치인들은 이미 자기 당과 자신은 상대의 상징적인 색깔을 입고 세상은 다시 전보다 강한 벽으로 쌓아야 한다고 더 크게 말한다. 알맹이 없는 말들이 난무하니 공포의 균형을 취하여 안전과 평화를 누리려던 지도자의 계획들이 무너진다.

자신의 허물이 보이는 나이에도 불구하고 뭔가 욕심처럼 드러나는 욕망, 희망도 아니건만 자꾸자꾸 더 잘할 것 같은 의욕 그러나 나의 시대는 갔다고 여기고 모든 것을 후배들을 믿고 양보하여야 한다. 이것이 평화에 이르는 길이다. 나의 평안은 젊은이에겐 불행이요 불안일 수 있다. 젊은이들이 성취욕을 이뤄 내는 그 성과를 칭찬해 주어야 한다. 양보해야 한다고 여기는 사람들이 많다면 이제 곧 사라져야 하는 세대 아닌가 의문을 가져 보아야 한다. 선하고 건강하고 젊고 다부지게 또 똑똑한 자라면 그냥 믿자. 그리고 오늘을 맡기며 박수쳐 주자. 오직 미래는 그들의 것이다. 아자.

✿

지나친 염려는 뼈의 진액이 마르게 하고 골수를 더욱 메마르게 하며 쪼갠다. 배짱은 건강한 몸과 강한 정신 바른 영혼의 소리를 들을 수 있어야 한다. 깨어 있는 정신이 그의 품격을 형성한다. 아자.

✿

태양열에 말린 나락을 도정해 드립니다. 3,168제곱미터 농사 짓는 농부 드림.

✿

이미 소지품을 쉽게 잃어버리는 경우가 잦아지고 있는데 지금껏 자신이 세우려는 정의며 정리된 지식들마저 쓸모없는 쓰레기처럼 용도를 찾지 못하게 되는 시절이 급히 다가오는 듯하다. 이루려는 꿈이 언제까지 자신의 가슴을 뛰게 할까? 답이 없는 곳에서 답을 찾으려 애쓰는 자신에게 누군가 "뭐, 있어요." 묻는 듯하다. 아자.

눈으로 뷰파인더에 고정시키며 한 장면을 의식을 다하여 포착하는 일과 제 손가락으로 적당한 시간에 셔터를 누루고 한 장면을 취하는 일은 예술 또 몸속에 시가 머문다는 것은 엄청난 사건이다. 몸속에서 시가 읊조려진다는 건 위대한 문명이고 유명한 문화적 사건이다. 공기오염 걱정이 안 되는 날 쾌청한 날씨에 오존 걱정을 해야 된다는 뉴스다. 어쩌자는 건가. 하루하루 산다는 건 전쟁이다. 인류의 미래는 매우 절망적인데… 왜 정부는 아이를 자꾸자꾸 낳기를 바랄까. 개인의 행복보다 준거집단의 유지 발전이 염려되나 보다. 모임마다 젊은이가 휴거된 듯 사라진 듯 채워지지 않는 이 현상 그냥 모른 척하기가 어려워진 세태다.

내 소유의 그 무엇이나 팔고 싶어지는 요즘 그 누구에게 내 모든 것을 내놓고 사 달라고 조를 것인가. 할 수 있는 한 그 누구 것도 팔아치우는 이 시대를 감히 세일 시대요 시장화된 세상이라 할 것이다. 개인의 존엄마저 무시하고 저 하는 이 천박의 인간이 그 어디에서 제 존엄을 세울 건가. 세상은 점점 심심하고 기계화, 자동화, 로봇화되어 가는 세상에서 비교우위적인 상상은 가상현실에서나 현실상상으로나 가능하지 않은가. 매일 쏟아지는 영상 동영상이 현실보다 더욱 현실적이고 신의 나라라 착각하게 한다. 주인 없는 세상에 주인들이 즐비하나 곧 사라지는 주인들 대체될 주인들 세상은 끝임없이 변한다. 아자.

시인나라엔 시인들이 있고 시를 좋아하는 분들이 모이고 시를 생각하며 시의 나라를 꿈꾸며 시인의 마음을 엿보는 곳이다.

인생에서 문제는 언제나 사랑이 문제다. 사랑의 유무에 대한 의심과 사랑에 대한 오해와 집착과 여타 사랑의 유형에 대하여 이런저런 얘기로 혹은 생각으로 머리는 언제나 비상이다. 사랑도 실천이다. 사랑의 실천만이 모든 해결의 열쇠요 그 문이다. 이 단순한 답을 위해 삶을 헤집고 깨달음을 찾기 위해 발광을 하는지 모른다. 세상의 모든 일은 너무 단순하지만 복잡하게 여기기 때문에 이러쿵저러쿵하는 것이 아닌가. 단순하게 쉽게 살려는 마음이 중요하다. 그러나 제 욕망에 중독되면서 술취한 듯 비틀거리게 되는 건 아닌가. 아자.

상식처럼 혹은 이를 넘어 창의적으로 생각하는 것이 참 쉽지 않다. 상식과 편견을 정설로 삼고 상상과 행동을 설정하는 일반인들… 그 누구에게 잔소리랄까. 지시나 명령을 하기는 쉬워도 몸소 스스로 이를 이행하는 실천은 매우 어려운 것이다. 사람의 몸은 곰뜨고 게으르며 생각마저 민첩하지 못함이 그것이다. 말로는 하루 아침에 궁궐을 지을 수 있어도, 컴퓨터로 이를 흉내낼 수 있어도 실체의 궁궐에다 못질하기란 참으로 어렵다 할 것이다.

하루하루 불안의 깊은 터널을 초조히 들어간다. 보이는 출구는 없어도 믿음은 있어야 하건만 타인들의 소문과 유언비어와 가짜 소식에 중독된 채 그저 눈감고 있으며, 영혼은 그만 자연스럽도록 몸이라는 갑옷으로 갈아입는다. 스스로 비전을 상실한 그대 몸과 영혼은 모두 안녕하신가. 우울은 치매와 알츠하이머, 파킨슨병 등에 원인이라는 데 의사는 운동하고 약복용 잘하라 할 것이다. 아자.

오늘 밤 TV에는 주요 대선후보님이 서서 난상토론을 우리나라에서는 처음 한다고 한다. 다양한 방식의 후보자 검증은 민주주의를 추구하는 공화정에서 바람직한 시도라 할 것이다. 정치적 메시지가 국민의 속마음을 제대로 반영할지 두고 볼일이지만 시대는 이미 전진적으로 변하였고 진보의 외침은 과반을 넘어 진보 후보들끼리 다투는 모양새다. 세월호의 해결이 눈앞에 다가오자 노란 리본 물결이 어느 정도 자자들고 중립적 결합적 정당들이 국민의 뜻을 거스리지 않고 저 안달인 듯하다. 말하고 듣고, 듣고 말하며 안보며 공동체 동반성장 등의 이슈로 침묵을 지향하고저 했던 보수주의자들은 저 정치적 발언에 불안해하고 있을 것 같다.

죄라는 것은 사회규범의 위배에서 설정되지만 철학적 의미로 게으름과 무지 어리석음 등에 기인하여 죄가 되는 것임을 알 수 있습니다. 철학적으로 윤리적으로 자신을 부단히 연마함이 옛부터 주목되어 왔다. 서로 자신을 밝혀 세상이 밝아지도록 노력해야 할 것이다.

세상은 사랑의 능력으로 생명을 지켜 갑니다. 꽃 같은 생을 살 수 있다면 그것은 벌 나비를 유혹하는 능력이 있기 때문이다. 누구나 사랑을 찾으나 사랑을 발견하지 못한 이는 사랑이 원래 없다고 없었다고 여긴다. 사랑을 일찍 발견한 사람일수록 생의 기쁨을 먼저 알고 삶을 즐기는 능력이 생기는지 모른다. 사랑은 구하는 만큼 수확하게 되고 바라는 만큼 사랑을 전하게 되는지 모른다. 사랑하는 모습을 좋아하게 됨은 스스로 자신이 결핍을 느낄 때이다. 사랑하지 않으면 절망의 절벽에서 우울을 느끼게 된다. 우울의 치료제는 깊은 사랑뿐이다. 사랑은 기도하고 깨닫게 되면 만능열쇠처럼 자신의 많은 문제들이 해결됨을 알 수 있다. 아자.

대한민국 정치는 국민의 정치인 더불어 민주정치를 위하여 자유한국정치 정의정치를 세우는 바른정치를 하면 강한 나라, 평화의 나라가 되리라 여깁니다. 앞으로 네거티브적인 낭비 논쟁보다 정책과 철학 그리고 자신의 신념인 원칙에 대하여 논쟁하는 것이 좋을 듯합니다. 대한민국을 위해 서로 격려하는 각 정당의 대통령 후보님들 되세요. 앞으로 원내 정당들의 더 큰 활동을 기대합니다.

날씨 좋습니다. 벌 나비들이 꽃 찾아 사랑하기 딱 좋은 날입니다. 여인들의 노출한 팔과 다리의 살결이 매우 따뜻하게 느껴지는 봄날입니다. 서울의 총각들의 피부결이 아가씨와 그 우열을 다투려는지 얼굴이 하얀 젊은이가 많아졌습니다. 세상 이상하게 되어 가는 것 같아 돌아가신 작은어머니 말씀처럼 "세상 확 다 뒤집어져야 한다."는 것 같기도 합니다. 어쨌든 각자 인생에서 경험해 보지 않았던 일들이 자주 새롭게 다가와 운명처럼 선택을 강요받습니다.

이번 제19대 대통령 후보님들이 다급한 생각에 작은 실수로 큰일을 그르치는 일 없이 5월 9일 선거 잘 치루셨으면 합니다. 이번 대통령선거 후보님들은 다 대통령이 되어도 좋은 훌륭한 분들이라 여깁니다. 대한민국의 복입니다. 단지 대외 정세가 여간 불안한 게 아닙니다. 이 어려운 세태를 헤쳐나갈 지도자들이 불쌍하기도 하고 기대도 됩니다. 이왕 내디딘 그 발길 성공하시고 우리는 격려하고 고마운 마음을 가져야겠습니다. 세월은 유수처럼 별똥처럼 혜성처럼 스쳐갑니다. 어찌할 바를 모르겠습니다. 대한민국이여 영원하라! 우리 국민에게 영광과 기쁨 있으리! 아자.

어제는 여럿이 홍성에 갔습니다. 구물꾸물한 날씨이지만 하늘에 구름이 경치를 만드는 날입니다. 원주에서 또 추어탕을 먹었습니다. 어쨌든 먹는 것과 보는 것이 다인 듯 지내며 그 얘기가 그 얘기인 대화를 버스 안에서 해댑니다. 어쨌든 그 무엇에 쏠려 홀린 듯 살아갑니다. 오늘은 쾌청합니다. 오랜만에 하늘이 공기가 맑습니다. 아자.

봄날의 화창한 날씨는 마음을 기쁘게 한다. 웃음으로 마음을 즐겁게 하여 토파민의 생성을 활성화시키자. 산천과 도시의 가로수엔 벚꽃이 화려하고 여인들은 즐거이 그 꽃비를 맞는다. 아자.

조현병과 신앙의 깊은 경지와의 차이는? 조현병이라 함은 분노와 폭력 충동에 의한 조절 실패와 망상에 의해 환청이 들리고 환영이 보이며 정신적으로 범죄적인 증세로 압박하여 사리분별을 마춰시켜 충동장애를 일으키며 그 환청 환영대로 행동하게 하는 병적이고 범죄케 하는 범죄적 증세인 싸이코패스, 소시오패스에 이르게 하기도 하는 일종의 알코올중독 같은 중독성 짙은 정신병이다. 자기 신앙의 신의 주문기도나 신의 지시나 명령으로 받아 스스로의 기도하여 자기 치유적인 영적 행위라고도 할 것이다. 이성과 감성으로 신앙에 의해 자기 조절이 가능하나 조현병인 경우 치료 시기엔 스스로 자신이 이 환청, 환영에 시달리고 있음을 스스로 감지한다.

그 누구에겐 이것저것 하며 살기에 좋은 날이고, 그 누구에겐 모든 생각을 접게 하는 마지막 결심도 하기 좋은 날이기도 하겠지요. 어떤 삶을 이해하거나 오해하거나 혹은 축하하며 숱한 의혹 속에 있더라도 어쨌든 오늘의 태양은 늘 비치고 있다. 아픈 자는 성실하게 늘 고통을 참으며 자신의 생각을 정직과 열심으로 허무에 이를지도 모르는 그 무엇을 위해 단결, 통합, 의리 숱한 목표들을 내세우며 당초부터 무지한 목적인 명예롭지 못한 틀린 생각으로 거창한 이름들을 불러모으는 사랑과 세계 평화를 단순한 진리나 진실인 것처럼 단정하고 뱉어내는 건 아닌가? 생각은 점점 심연으로 빠지고 결심은 아리송해지고 스스로 우울해진다. 아자.

현재를 직시하며 너그러운 마음, 착함으로 살려는 의지가 나와 각 사람 마음에서 떠나지 말기를 기도합시다. 화합은 겸손 상대의 입장으로 생각해 보는 습관이며, 이것이 주위 사람의 마음을 편하게 합니다. 오만을 경계하며 스스로 부드러워집시다. 오늘도 말만 뻔지르르한 내 혀의 소리를 봅니다. 주변의 사람들이 나의 미래이고 즉 훗날 그리워지는 내 추억의 사람들입니다. 이런 의미에서 나는 나에 대한 분노에 스스로 슬픔을 만들고 있습니다. 기쁘고 즐겁게 하기 위한 긍정의 상상력을 즐겁게 생각하는 재능을 기도합니다. 코미언들 중에는 생활이 너무 어려운 이가 적지 않다는 얘기가 의미 있게 다가옵니다. 아자.

더 더 더, 뭔가 부족을 느끼며 갈증에 허덕이는 군상들… 냉장고엔 오래 전에 사다 넣어 논 음식 재료들이 썩어 가고 옷장엔 안 입는 옷이 좀 먹어 가도… 아까와 버릴 줄 모르고 그저 쌓아 놓기만 하는 강박증 환자 아닌가. 정리장애, 저장장애라 할 수 있는 일종에 정신장애요, 습관장애이지만 스스로 고치기 쉽지 않다. 나이가 든다는 건 인식과 이해에 장애를 느끼는 것인지도 모른다. 스스로 담대해야만 자기 정리가 된다고나 할까. 사람들은 다른 사람의 허물은 쉽게 지적하면서 스스로의 결함은 감추며 살고 애써 외면하며 지내는지도 모른다. 산다는 것은 자신을 알아가는 과정이지만 너무 늦게 깨달아 알게 되면 젊음 날의 낭비이다.

여름날이 아닌가 싶도록 이마에 땀이 고이고 햇볕보다 그늘을 찾게 되는 처음 날 같기도 하다. 사회문제를 인식하는 분석은 따뜻하고 다방면에서의 종합적인 예리한 시선이 필요하다. 너무 거창한 구호 속에 무시되는 많은 변수— 그 경우의 수를 염두에 두어야 한다.

식목일 전국에 봄비가 내린다는군요. 일찍 산이나 물려받았다면 과일나무며 경제림이나 정원림 같은 묘목을 심어 보아도 좋았을 것 같습니다. 답안지를 보고 시험을 보는 것과 시험문제를 전혀 예측할 수 없는 상태에서 시험을 보는 것은 전혀 다를 것입니다. 인생을 사는 것은 앞을 볼 수 없는 상태에서 명령을 따라 작전을 하며 돌격하는 것 같습니다. 앞으로 무슨 일이 벌어질지 모르고 앞으로 전진 또 전진합니다. 아자.

창조적 복지를 제가 1977년도에 생각하여 1978년 2월 논문에 발표하였다니깐 창조적 복지란 무어냐고 묻는다. 쉽게 얘기하면 자금 고갈 없이 복지 혜택을 넓혀 가는 것이라 하겠다. 있는 재원을 낭비하듯 써 버리면 기금이나 재원이 쉽게 바닥을 드러내기 때문에 담당자가 시의적절하게 배분하고 적용하므로써 기금이 재창출되도록 복지 재무구조를 피드백 될 수 있도록 짜임새를 새롭게 해야 한다. 이를 위해 현장 복지 확인과 비용절감을 위한 합리적인 비용산출로 인한 절약 복지는 기본이라 하겠다. 이를 위해 선한 지도자는 항시 연구하고 공부해야 하며 훌륭한 후배 지도자의 양성은 언제나 절박한 일이다. 즉 선진 생산적 복지이다. 아자.

긴 시간 홍성에 갔지요. 황소도 많다지만 안면도 바닷가 회도 맛있었어요. 갈매기도 물갈퀴가 있다는 것을 새삼 확인하고 갈매기 몸이 어찌 그렇게 깨끗한지 마치 생선처럼 눈부셨습니다. 좀 씁쓸함이 있었다면 갈매기들이 횟집에서 내려오는 생선 조각에 취해 기다리고 앉아 먹이를 챙기는 모습은 뭔가 잘못된 것이라 여겨졌습니다. 바닷가에 오수 정화시설이 생겼으면 좋겠다 여겼습니다. 공무원님들 어디 생각 좀 하시길… 사실 이미 잘 알고 계시거나 오폐수 정화시설도 잘 되어 있겠지요. 도로 표시판에 해미라는 지명이 매우 눈길을 끕니다. 그 이름 아름답습니다. 아자.

떠들면서 긴 여행을 하면 생각이 흩어진다. 생각은 생각하는 샘에서 퍼날라야 한다. 행복한 순간에는 생각이 없어 보인다. 지나치게 슬픈 시간에도 생각이 없어진다. 증발하지 않고 정화수처럼 맑은 생각 그래 모두에게 유익이 될 것 같은 생각들이 극단적인 곳에서는 쉴 곳이 없나 보다. 서로 좋은 생각을 나누며 재밌게 지냅시다. 지금 나는 무심히도 나는 너의 얼굴을 떠올린다.

사람이 악하냐 선하냐 하는 문제는 궁극에 신의 영역이겠지만 지나온 경험과 스스로를 돌아봐도 인간은 악하고 단지 수양과 교양의 훈련으로 선하게 보일 뿐 결국 자기 중심적이고 자기밖에 모르는 듯 행동하며 사유하는 게 인간이다. 구름처럼 수시로 생기고 사라지는 것이 하늘의 구름이라면 구름을 꿈이라 부르고 바람 따라 가다가 어느 순간 사라지는 것처럼 꿈도 스스로 소멸하듯 사라지지 않던가. 검은 구름이 천둥과 비와 눈을 만들 듯 마음 깊이 야망의 텐트를 친다. 하늘엔 언제나 수많은 꿈을 포옹하며 세상의 많은 이의 꿈을 모은다. 아자.

젊은 여인들이 아름다움의 절정을 스스로 제시하는 것이 아닐까. 첫 생명을 잉태할 능력이 있을 때 가장 아름답다 하여 틀리다 말하기 곤란할 것이다. 사랑은 생명이 가장 활동적이고 기운을 크게 뿜을 때 힘찬 아름다움을 느끼게 되는지도 모른다. 자연의 웅장한 아름다움과 인간의 섬세한 아름다움의 조화로운 관계가 내보이는 풍경 이것이 가장 아름답다. 아름답게 속삭이듯 지저귀는 저 새소리 나비들의 군무… 이와 같은 경치들… 살아 있기에 느껴지는 놀라운 아름다움이다. 마음에 사랑을 품고 착한 일 하기를 먼저 하면 우리는 천국의 천사처럼 아름답고 인간답게 산다 할 것이다. 저 하늘을 우러러볼 때, 종종 부끄럼을 느끼며 살자.

법의 적용은 검찰의 권리요 의무이다. 뇌물죄냐 강요죄냐 이것이 문제인 경우가 있다. 절대 권력자에게 적용하는 경우 귀에 걸면 귀걸이 코에 걸면 코걸이인 경우가 적지 않다. 특히 살아 움직이는 권력자의 경우는 더 그러하다. 아자.

사랑이라고… 온통 사랑 얘기라니깐, 사랑이 이 세상을 창조했을 게다. 모든 존재도 사랑이다. 사랑만이 존재를 있게 한다. 사랑이 무언가 물으면 마땅히 꼭 맞는 말을 제시하기 어렵기 때문에 무수한 형용구를 만들어 보는지 모른다. 명사로는 절대어 사랑은 신이다. 모든 언어는 사랑이 그 뿌리다. 사랑이 모든 언어를 만들고 뿜어낸다. 세상은 온통 사랑 얘기요, 사랑 타령이요, 사랑에 대한 물음이다. 사랑하는 자 조건을 달면 사랑은 그것으로 사랑은 소멸된다. 사랑은 무조건 사랑해야 생명이 있다. 까다로운 조건 속에 사랑은 스스로 질식한다. 악조건이라도, 그럼에도 불구하고 사랑하는 것이다. 자신부터 꼭 사랑하기로 결심하자.

개개인은 저마다 운명이 있는가. 각 사람은 사정이 어떻든 자신의 의지로만 안 되는 그 무엇이 있음을 감지된다. 각 사람마다 의미 있기에 그 누구의 인생이 비교 우위적으로 좋다 나쁘다 할 수 없는 그 무엇이 있음을 알고 있다. 각자 갖고 있는 것을 행복한 마음이 생기도록 스스로 활용하는 기술 그것이 값지다. 그 어느 인생치고 의미 없는 인생은 없다 함은 옳은 것이다. 그러나 지나치게 지치는 인생은 고달프다. 아, 지혜여. 아자.

조국, 듣기만 하여도 어머니처럼 아스라한 느낌, 말하면 힘 돋아 괜히 벅차지는 그 이름, 조국은 그래 신비로운 언어다. 목숨을 다해 정성을 모아 온힘을 다해 지켜야 할 이름이다. 태어나면서 사랑해야 마땅한 의무처럼 각 마음에 각인된다. 사랑하는 자여 조국의 이름이 그대를 품지 않아도 홀로 배반할 수 없는 그런 무서운 힘이 있다. 한때 조국이 혹 나를 버리게 될지라도 그 언젠가 기어이 돌아가 쉴 곳이다. 아자.

무슨 일을 만나든지 기회로 여기고 상승하는 발전적 자기를 추구하는 역량을 보일 때 그가 자신의 삶에 바라는 바 성공 확률을 높인다. 최선, 최고의 능력으로 성실히 일구는 자세 특히 정직이 몸에 밴 모습으로 산다는 것 최고의 가치 아닐까. 정직하게 살면서도 사업을 성공적으로 이끌기 위해서는 경쟁력 있는 경영 능력과 우수한 기술력 등을 갖추어야 한다. 우리가 공부하고 연구하며 삶에 성실을 추구하며 사는 것도 정직하여도 먹고사는 데 그리고 기타 문화생활을 하며 인간답게 사는 데 지장이 없게 하기 위함이다. 아자.

인생이란 결국 시작이 사랑으로 시작하지만 마지막도 사랑으로 끝인 것이다. 산다는 것은 사랑 탐색이요 사랑 사냥이다. 결국 사랑만 얘기하다가 끝나는 시인이나 소설가나 수필가나… 모두가 사랑을 찾아 헤매는 나그네들이다. 결국 어떤 절망도 분노도 사랑 앞에서 무릎을 꿇는다. 아, 사랑에 대한 인식과 이해와 오해 그리고 그 수긍이 사람의 인격의 수준을 메긴다. 사랑하는 자만이 사람을 본다. 자발적인 사랑이냐 무모한 사랑이냐 이성적인 인식의 사랑인가 아니면 몽매한 상상처럼 행운인가. 오늘도 서서히 하루를 마감한다. 잠자리 드는 순간 난 의도하지 않은 새로운 상상의 세계로 잠입한다. 그곳은 신전처럼 거룩한 세계다. 아자.

사람은 각자의 결정적인 운명을 만드는 그때가 있다. 좋은 운명이 열릴 그때를 발견하고 추진할 수 있는 힘 성공자로 기억되기 위해서는 그런 식견이 요구된다. 흔들리는 마음에도 굳센 의지로 추진할 수 있는 판단력 누구나 애타게 갈구하는 바 아닌가. 아자.

봄다운 봄이다. 날씨는 아침부터 따뜻하고 낮에도 따스하다. 겨울 난로가 좀 안 어울리는 그런 날씨다. 동네 공원에는 젊은이들이 그들의 젊음을 누리는가. 젊음이 다한 장년들은 뒤로 밀린 듯 공원에서 그들의 숫자는 한결 적다. 청춘을 구가하며 사는 날이 좋은 것은 머리카락이 하얘지고 피부가 탄력을 잃고 무릎이며 허리가 아파 오는 그런 날인 그때, 나이들어 봐야 알 것이다.

시는 시이다. 시 판매대에서 수필이나 희곡, 소설을 고를 수 없는 법, 시 있는 곳에 시가 있다. 그러나 가까이에 시 판매대도 있을 확률이 크다. 큰 서점 교보문고에서 느낀 소감이다. 시인이 넘쳐도 개인의 시집이 있는 시인은 적고 시집이 그 시집이 밥벌이 생활이 되도록 제대로 팔리는 시인은 더더욱 적다. 팔리는 시인이 돼야 한다. 시인도 내공이 있고 공감을 얻어야 한다. 팔리는 그것에 자신이 없어 홀로 시인으로 머무는 시인이 얼마나 많은가? 나도 그렇다. 그대는 어떤가? 아자.

사드가 어쩌구 하지만 주권국가는 제 나라 방어를 위해 무장할 수 있는 권리가 있다. 오늘 보도는 이미 중국은 내몽골에 사드보다 성능이 우수한 것으로 보도되는 전파탐지기를 설치했다는데 이것으로 봐도 웃기는 중국의 간섭 아닌가. 자신은 원자폭탄이며 핵 항모며 여러 무기들을 확보하면서 북한의 원자탄이니 수소탄이니 하는 무기를 대항하여 최소한의 방어 무기조차 확보함에 시비하는 것은 주권국가에 대놓고 항의하며 반대하는 것은 아무래도 지나치다. 또한 시비를 걸며 경제적으로 보복을 일삼는 것은 자국국방의 권리를 무시하는 것으로 대국으로서 바람직한 자세라 볼 수 없다. 지금같이 군비 경쟁으로 냉전화하는 것은 공포다.

뉴스에 의하면 오늘 세계정세와 미국의 태도와 중국의 저항과 일본의 반응 등으로 살펴볼 때 한국의 외교가 위태하게 보인다. 아무리 아름답고 겸손한 자세로 임해도 힘이 모든 것을 좌우하는 국제 관계는 각나라의 국력, 특히 국방력은 세계 평화를 위한 것이라 해도 평등한 입장의 외교와 협상은 연목구어이다. 나라의 힘도 국민 각자의 역량과 국가가 지니고 있는 화력과 기타 인접한 여러 힘의 결합에 의한 총체라 할 것이다. 이럴수록 세게 대처해야 한다. 자존의 국력을 위해 때론 배짱으로 일갈해야 한다. 어쨌거나 우습게 한번 밀리기 시작하면 세게 주눅들 수가 있다. 원로의 지혜가 필요한데 누가 누구에게 자문을 구해야 할까? 아자.

정말 사랑하는 여자에게 선물을 하고 싶다. 사실 절박하게 우러러 나지 않은 사랑이기에 내겐 사랑 없는 탓이다. 사실 그 누가 말하기를 "시인 좋아하네." 해도 할말이 없겠다. ㅎㅎㅎ 진짜 그 누구에겐 "사랑합니다."라고 웃으며 하고 싶은 날이다. 헤헤헤. 블랙데이나 아니길… 아자.

산다는 건 축복인가 재앙인가. 축복인 삶이 되도록 긍정적인 마음을 유지하고 내 인생 기쁨으로 향상시키며 감사와 절제로 살자. 아자.

나에게 국가란 무엇인가. 국민이란 그 누구인가. 내 나라 헌법은 무엇인가… 한 번 더 생각을 해야 할 시점이다. 아자.

착찹한 심정으로… 자, 이젠 새로운 대한민국이다.

세상은 사랑이 문제다. 사랑은 이미 있는데 사랑 없다 얘기하는 사람과 사랑은 충분이 있다 여기는 사람들 간의 심리전투장인지도 모른다. 사람마다 그의 정신의 문제, 영혼의 문제이다. 왜 우린 이런 딜레마에 빠져 있는가? 신은 사랑이기 때문이다. 신을 사랑으로 여기느냐 불신, 증오와 미움의 대상으로 여기느냐는 그의 가치관의 문제요 믿음의 문제이다. 내 마음에 사랑 없으면 스스로 황폐해지고 사랑이 넘치면 행복바이러스를 퍼트리기 때문이다. 이는 어렸을 적 인생에 대해 첫인상으로 또는 무엇으로 각인된 인생이냐에 따라 이런 가치관이 갈린다고 봐도 무방할 것이다. 각 가정은 어린 자녀나 손자들에게 좋은 이미지를 심어 주도록 노력하자.

지도자가 뭇 구성원의 요구와 생각을 듣는다는 건 힘이기도 하지만 들을 수 없는 자세가 되면 과도한 권력의식에 취해 있거나 오만한 맘으로 겸손의 자세를 잊은 경우라 하겠다. 구성원으로 자유의지 없이 힘없는 상태에서 들음은 그저 한갓 종일 뿐이다.

사는 것이 기적이라면 죽는 것은 축복인가? 어쨌든 하루하루 산다는 것이 기적이요 행운이다. 내 가슴엔 영혼의 빈집처럼 비어 있어 그 누군가 기다려도 무모하고 허무한 행위처럼 속절없다. 혐오하며 스스로의 부고장을 써 본다… 정말 소풍 온 듯 살았는가? 하루하루 삶이 의미 있고 행복했는가. 일기장에 기쁨과 즐거움으로 가득했는가. 일상의 일이 우울과 슬픔 속에서 자기 혐오나 스스로의 분노로 증오로 채운 세월은 아니었는가. 아, 물로 쓴 내 인생 들춰 보니 아무 글도 없다. 리셋할 수도 없다. 어째야 될까? 그 누구는 검은 종이 위에, 먹물로 글씨를 쓰고 과거를 읽으려 하며 기억을 들춰낸다. 내 인생은 무효인가? 아자.

자기주도적인 자기 삶인 제 인생 가꾸기는 개인 발달에 근거하여 스스로 생각하고 판단하여 닥쳐오는 여러 문제를 해결하는 그 모습은 창조적인 삶으로의 디딤이다. 스스로 결과에 대하여 책임지며 스스로 그 문제점을 파악하여 스스로 해결하며 보다 더 낳은 일이 되게 하는 작업이다. 뭐냐고 물으면, 듣는 이가 책임지기 싫어-"그런 거 같아요."식의 대답은 듣는 사람을 질리게 한다. 이는 특히 젊은이들이 체득하고 있어야 할 책임의식이다. 아자.

당신은 누구입니까. 당신은 누구입니다. 그런 답을 듣고 싶어하지만 정작 자신이 누구인지 이 단순한 물음엔 당혹하기 일쑤이다. 가자, 그대 이름을 떨쳐내고 자존감을 확인받으며 삶의 의미를 추구할 수 있는 가치와 의미를 위하여 새롭고 창의적인 그 무엇을 위한 세계에 착한 사람들을 위한 그 유익함으로 나가자. 아자.

사유 없는 삶은 인간적인 삶이 아니다. 마치 장기판에 장수처럼 또는 졸병처럼 살아가기 원하는 인간의 지배욕과 잔혹성을 본다. 그곳엔 배려가 없다. 다른 이는 어쩜 바둑의 하나의 돌처럼 어느 곳에 자리하냐에 따라 그의 영광이 혹은 참혹함으로 갈라진다.

난세가 영웅을 만든다지만 영웅이라 믿고 있는 자가 난세를 확장시키기도 한다. 이것이 지도자를 맹신하며 따름을 주저케 한다.

생각, 생각이 떠오르지 않을 때 조금 전에 생각한 것, 그것마저 배신할 때 살아 있다는 것에 의심을 품는다. 살아 있다는 것은 과거의 기억이 존재하고 회상할 수 있을 때 그 의미를 더한다. 기억조차 없는 것은 그 사건이 존재했던 것, 존재하지 않았던 것과 구분조차 할 수 없을 때 우리는 비애를 느낀다. 생존의 의미는 기억으로 확인되고 기억되지 않는 것은 보잘것없는 것으로 치부된다. 산다는 것은 기억됨으로 의미가 되어 추억되고 기록하고 싶은 건 아닐까. 기억하십시오. 이 시대에 함께 살고 있는 이들이 누구인지. 그들의 기억 속에 자신이 어떻게 투영될 것인지를…

믿음이 문제다. 믿음이 있으면 번성이 불신이 있으면 파멸을 재촉하는 분규가 있을 뿐이다. 믿음은 정직한 소통 속에 사랑하는 마음이 있는 곳에 자리한다. 그때에 관계의 결실로 희망을 품게 한다. 우리의 믿음을 만드는 것은 관계에서의 상호 정직과 부드러움이다. 자기 중심적이거나 배려 부족은 무식과 주의력 부족에 근거한다. 관계 악화는 무지와 무식에 근거하지만 연관성에 대한 자기통제조절 결여에서 일어난다. 사실을 모르고 우쭐하고픈 마음은 많은 일을 그르치게 한다. 좋은 견해, 나보다 나은 견해에 승복하며 내 주장을 거둬들이는 일은 많은 겸손과 내공을 필요로 한다. 긍정적인 마음으로 관계를 이루기 위해서는 믿음이 먼저다.

습관적으로 익힌 생각의 방식은 강화된 편견을 지향한다. 이런 의미에서도 상상의 자유를 확대시킬 필요가 있다. 사유의 습관은 판단의 장애를 행동의 습관은 사유와 논리의 장애인 판단의 장애를 갖게 한다. 두뇌에서도 기계적 결함과 같은 신경오류의 장애는 많은 신경증적인 병리현상을 돌출시키며 외부에서 그 원인을 찾게 한다. 아자.

사드 문제의 해법을 생각해 보면 구조적으로 열악한 조건의 처지에 있는 나라들은 그 언제나 불안하고 처연하다. 마치 고양이 앞에 쥐 신세다. 그러나 독립적이길 원하고 존재감을 나타내려는 나라들은 언제나 고금 역사는 그 대가를 치뤄 왔다. 현재 상태에서 말하면 그렇다. 사드가 문제인 듯하지만 이는 강대국들의 오만한 자기 유익을 위한 일방적인 행위이다. 강대국은 멋대로 초강력 무기를 생산하고 있으면서, 주변국엔 일체의 무기를 비교우위적인 것은 용납하지 않으려는 것은 국가주권의 평등성에서 문제가 아닐 수 없다. 사드가 방어건 공격이건, 현재와 같은 불균등한 무기 경쟁과 보유는 세계 평화를 공격하며 위협한다 하겠다.

　누구나 힘듭니다. 산다는 게 사실 만만하지 않잖아요. 그 누구의 삶은 쉬울 것 같아도 막상 직접 물어보면 한결같이 힘들단다. 나의 방석은 언제나 꽃방석이고 싶고 그대 방석은 바늘방석이건 더러운 똥방석이건 내 방석 아니면 괜찮은 것 같은데 이게 문제다. 누구나 꽃방석에 앉기를 바라며 내가 미리 준비해 두는 마음, 이 마음이 필요하다. 이 마음을 우리 모두가 공유한다면 천국이 아닐까요. 누구나 자기 자리가 가시방석 같아도 그 자리를 누구는 그렇게 앉고 싶던 자리였는지도 모른다. 내 자리에 불평하는 것은 내가 지금 비교하여 어떤 자리인지도 모르는 게 대부분이다. 꼼꼼히 따져 보면 제자리도 그런대로 견디며 지낼 만하다.

　긍정적인 생각과 진취적인 행동은 생각대로 말하게 하고 말한 대로 이뤄질 것임을 믿게 한다. 말한다는 것은 평소 생각한 바를 어느 순간 확신이 드는 때에 내뱉게 되는 언어인지 모른다. 아, 단순하면서도 간단치 않은 이런 의식이 행동을 구속하고 바랄 바를 망설이게 하며 지속해야 할 일에조차 대상에 대하여 근심으로 연민과 사랑을 선택하거나 포기하게 한다. 아자.

사물인터넷, 인공지능, 4차산업, 5G 시대… 와 미치겠네, 도대체 이런 여러 산업이 동시에 밀어닥치는데… 돈다 돌아. 깊게 안 할 수도 없고 모르면 뒤처져도 너무 처지고, 생존의 위협으로 다가오나… 내 갈 길 몰라도 발 내디딜 수밖에 없다. 과학도 적당히 발전하고 인구도 그 시대에 맞게 유지하여 평화가 있는 지구환경이면 더 좋을 텐데. 사람의 수명도 어느 시점에서는 영원한 삶이 가능할지도 모르겠다는 생각마저 든다. 젊어지는 샘물 이야기가 동화 속만의 얘기로만 그칠 것 같지 않은 시대에 살고 있다. 어때요? 기계처럼 모든 걸 기억하고 지울 수 있는 기억장치에 생명을 조절할 수 있는 키를 발견한다면 어떨까?

어제 98주년 3.1운동을 맞고 보내며 우리의 자세는 어찌함이 좋을지 생각해 본다. 시대에 대응하기 착잡하다. 의식없이 살아야 육신의 보전을 지탄으로부터 자유로울 수 있는 게 아닌가. 허술한 애국주의 공허하게 느껴지는 민족주의 그 무엇을 자신 있게 상속시킨 것인가. 하루하루 무사히 사는 것으로 만족하자. 부귀공영하기를 원하지 않을진데 그 누가 시비할까. 그러나 혜택받고 사는 이 시대의 한 사람으로서 도덕적인 의무라는 게 있는 게 아닌가. 후대에 기여할 그 무엇이 있지 않을까. 거져 받은 인류의 문명 선각자들의 지혜 뭐 이런 것이라도 개선시킨 경험을 나눠야 할 게 아닐까. 산중에서 도를 닦더라도 깨달음이 있으면 세속으로.

철학이 있는 정치, 집단 철학 그 사상이 있는 각 사람마다 정치 이론이 알차게 형성된 그런 정치인 그 어디 없소. 내공이 꽉차 있어 감히 시비 걸 엄두도 안 나는 카리스마 있는 정치인, 그런 진정성이 돋보이는 그런 정치할 그런 사람 어디 없는가.

오늘은 삼일절, 태극기를 생각하며 유관순 누나를 생각해 본다. 나라가 무엇인지, 민족이 무엔지? 한겨레라 외쳐도 반응은 제각각이다. 강대국들은 제멋대로 무기를 만들고 실험도 하고 하면서 약소국은 위협이 될 만한 심각한 무기는 못 만들게 한다. 못 수입하게 한다. 비록 방어용이라 주장해도 공격당할 우려가 있다 하여 온 힘을 다해 저지한다. 약육강식은 동물의 세계, 생명의 세계에서는 어쩔 수 없는 신의 법칙이기도 한 거다. 사람들끼리 협동하고 사랑하며 지혜를 모아 아름답게 사는 모습을 신은 질투하시는 건 아닌가. 매우 심각하게 의문을 품게 될 때가 있다. 산다는 게 무언가. 아, 어쩌다 내팽겨진 이 생명이여! 난 몰라.

자신의 행위가 법률에 중대하게 위반하지 않는 상태란 무엇일까. 예의와 예절에는 맞지 않지만 관습에는, 관행에는 어느 정도 부합하고 엄격한 의미로는 법률 위반이지만 어찌 보면 인간사의 기름질 치는 듯한 묘한 미세한 어긋남이라고나 할까. 그러나 너무 중대한 일에 이 일을 적응시키는 일은 뭔가 문제다.

대한민국은 자유, 민주국가입니다. 나의 견해는 법에 근거해 민족국가를 지향하는 국가이다.

아침에 내리는 진눈깨비 이 시간까지 땅을 적십니다. 호떡이 그리운 날입니다.

세상에 날씨처럼 변화무쌍한 게 세상사입니다. 모든 건 예측 능력에 따라 희비가 갈리지만 정말 정확하게 뭘 맞추듯이 점치는 일은 정말 불가능에 가깝습니다. 기술의 변화가 그렇고 과학의 발전이 또한 하루하루 다르게 진보됨을 볼 때 뭣 하나 변하지 않는 게 없습니다. 이제 작은 가게 하나도 컴퓨터를 모르면 아무것도 할 수 없게 된 시절이 되었습니다.

교통 문제 특히 도시 주차 문제가 여러 행정의 화두이다. 도시는 지하 주차장이 확보되기까지는 별도의 주차 건물이 요구된다 하겠다. 이런 문제는 시급한만치 주차 시설을 하는 자에게 유익이 활당되게 하는 게 좋겠다. 아자.

　배움에만 열중하면 배운 것조차 곧 잊게 되어 배우는 것에 자신감을 잃게 되기 쉽다. 한 가지 배움에 열중하면 그곳에 매몰되어 편협해져 우물 속의 개구리처럼 자기만의 세계에서 떠나오기 쉽지 않다. 따라서 어느 정도 익히고 다시 다른 분야를 섭렵하고 다시 되돌아오거나 타 분야를 연구하여 아는 지식을 진일보할 수 있도록 노력해야 발전이 있다. 타 분야와 접목 내지는 융합해야 화학반응처럼 새로운 것이 태어나는 것이다. 따라서 습득하고저 할 때는 장인이 되고 저 열심을 다해 하고, 배우고저 할 때는 초보자처럼 겸손하게 배워야 한다. 아자.

　며칠 전 지갑을 분실하고 신분증이며 신용카드 등을 재발급 받으며 여러 가지 생각을 하게 된다. 날씨 탓에 수도가 얼어 터지고 도시가스도 스스로 잠그게 되어 집은 냉방이 되었다. 더구나 졸음운전으로 접촉사고를 치루고 타이어는 펑크나고 백밀러와 옆의 면은 약간 찌그러지고 페인트 벗겨지고 하여튼 천국 문인지 지옥 문전 앞에서 머물다가 돌아왔다. 산다는 것은 어떤 분 얘기처럼 삶은 "삶은 달걀이다." 으흐흐, 나 어떡해? 아자.

만약, 생물적으로 여인으로 태어난다고 할 때, 우선 사람으로 태어난 것에 감사하고 자라 소녀가 되면 여자의 귀여움의 꽃인 소녀 시절을 겪고 임신할 수 있는 아가씨가 되면 성인이 된 여인으로 인정을 받게 되고 결혼을 하게 되면 아이를 임신할 수 있는 여인으로 그 품격을 인정받게 되어 성숙한 여인으로 평가받게 된다. 아이를 임신하게 되면 강인한 여인의 품성을 이해하게 되고 어머니로서 최고의 대우를 하게 되면 결혼을 시키는 어머니가 되어 여인의 존엄을 실제로 인정하게 된다. 한 삶— 여자아이가 여자가 되고 여인이 되어 다시 인간다운 인간, 사회적으로 거듭난 참 사람, 어머니의 세계인 것이다. 아자.

죽음이 아니면 자유를… 최고의 자유가 아니면 누리는 것조차 까탈스럽던 우리들….

애국할 수 있는 국가란 무엇인가. 국가 안에 공동의 목적을 헌법에 명시하고 이를 위하여 국방을 철저히 하고 산업 문화 등 여러 면을 추구함에 그 시대에 인간으로서 마땅히 누릴 수 있는 최소한의 기본을 제도적으로 구축해 주며 국민간 공정한 게임이 되도록 법률적으로 제도화시키는 것이다.

여성호르몬이 많이 나오는 탓인가. 작은 감동에도 울컥대는 자신의 모습을 느낀다. 헛된 욕망으로… 살아가는 사람들… 이 속에서 나 또한 예외가 아니다.

노예는 생각하지 말고, 관심 갖지 말며, 판단하지 말라. 오직 주인의 명령에만 복종하여 행동하라! 돼지처럼 먹되 개처럼 복종하고 양처럼 따르라! 이것은 독재자와 게으른 탐욕에 길들여진 금수저와 누군가를 지배하기만을 원하는 자의 마음이다.

※

세상에 가장 많아야 좋을 것 같은 사랑은 찾기 쉽지 않고 당하고 싶지 않은 시기와 질투 속에 잡혀 있는 듯 세상이 험하게 느껴지게 한 이유는 무엇인가. 하나님이 스스로 자신의 정체성을 말하심과 같이 질투하시는 하나님이라는 것을 인식하고 매사 조심하며 삼가할 일을 주의하며 사는 일이다. 촛불이 미약하다 하여 혹 바람에 쉽게 꺼질 듯하다 하여 가볍게 치부한다면 어리석은 생각이다. 바람 불어 그 미약한 촛불길이 번진다면 세상을 불태울 수 있다. 태극기가 펄럭여 굳건한 깃대에 달려 있는 한 태극기는 그 존엄으로 그 국민의 경외로운 신념을 강화시킬 것이나 깃대에서 떨어지는 순간 바람이 멎으면 땅에 떨어져 부끄러움이 될 것이다.

※

하나님에 대해 인간은 사랑의 하나님이라 말하고 질투하시는 하나님이라 표현한다. 그렇다면 이 상충되는 그 의미로 볼 때 어떤 의미가 두 개념 중 우선하는가 살펴보면 어떻게 정의함이 옳을까. 사랑이 우선인가 질투가 우선인가. 하나님 당신에게 속하는 인간들의 죄성에서는 질투가 우선이고 여타 부문 인간이 인간에게 혹은 자연에게 저지르는 죄에 대해서는 사랑이 우선이라 할 것이다. 사랑을 할 때 잊지 말아야 할 일은 사랑엔 반듯이 질투가 따른다는 것이다. 아, 그 누가 질투 없는 사랑을 할 것이며 사랑 없는 시기심에 젖을 것인가. 미움 없는 사랑을 받는 자 복되도다. 질투는 모든 것을 파괴하며 혼돈상태로 들어가게 한다. 아자.

사람 성격에 대해 분석할 때 여러 유형이 있지만 병적 성격이라 할 이상 성격 혹은 특이 행동에 대해 심리적 분석, 사회적 분석, 문학적 분석, 일반적인 분류와 의학적 분류는 다를 수 있다. 과인행동 인지장애와 같이 뇌에 신경전달물질 결함이나 이상 혹은 혈액순환 장애와 같은 이유로 이런 류의 고통을 당하거나 뇌전증 같은 그런 증상으로 자기 힘으로는 어쩔 수 없는 데도 그의 신념과 의지로 그 행동을 교정시켜 보려는 것은 무리가 아닐까? 이런 증상은 병적 상황이지 의지나 성격이 아니다. 그러므로 학교에서 무차별적인 훈계나 국가의 무차별적인 법률 적용은 재고되어야 마땅하다. 정신장애에 대한 사회의 새로운 시각이 요구된다 하겠다.

오만한 생각과 거만한 그 자세는 주변의 사람들로부터 존경을 거두게 하고 사랑을 받지 못하게 하여 외톨이로 늙어 가게 하여 쓸쓸한 죽음을 맞게 한다. 또한 편견과 오해는 스스로 타인을 사랑하지 못하게 하는 장벽을 만들고 사랑하는 즐거움을 누리지 못하게 한다. 심지어는 미움과 사랑의 경계에서 가족과 이웃을 마음으로 단절시키는 힘이 있다. 가정폭력 또한 이에 근거함이 얼마나 많은가. 오늘 신문 보도에 따르면 러시아에서도 가족 간에 일어나는 범죄가 나라 범죄의 40%에 달한다니 얼마나 잔혹한 사회인가. 어디 러시아뿐이겠는가. 그래 가족 간 특히 가정의 화목과 화평이 중시되어야 할 이유이다. 말씀대로 우리 서로 사랑하자.

창조적 복지라 함은 선진조치요 우선조치라 할 것이다. 수요에 관한 예산에 대한 평가와 그 지출을 예단함 못지 않게 수입에 맞는 과다한 지출의 결과를 예측하여 복지 수요를 정도와 수요를 조절하는 것을 말한다. 국가 예산에 총괄적 예산을 바르게 구축함이 중요하다.

국가의 품격이 얘기된다. 민족이란 자기 유산의 혈통에 대한 자부심과 존경심 그리고 자연스런 자기 뿌리에 대한 신묘한 애정이다. 민족은 혈통은 같아도 나라가 다를 수 있고 국가는 같아도 경우에 따라 민족이 다를 수 있다. 나의 존재와 나의 가치를 어느 특정 굴레 속에 가둔다면 나라건 혈통이건 우상이다. 자유란 각 개인에 독특하게 임재한 지적 신체적으로 구속되지 않는 원초적인 상태로 유지함을 말한다. 자유란 필요할 때 스스로 해방하고 혹은 구속하여 절제됨을 스스로 인지 간직함을 말한다. 해방을 바라는 그 어떤 마음이 있을 때 아직은 자유상태가 아니다. 아자.

자신을 살피는 일은 다른 사람 열을 살피는 것보다 어렵게 느껴진다. 봄은 왔다는데 낡은 내 마음엔 봄이 자리하지 못한 듯하다.

말로야 하루 아침 아닌 약간의 횡설수설하는 시간에 성을 쌓고 다리를 놓고 궁전을 짓는 일인들 그 무엇이 어렵겠는가. 밀가루 반죽하는 일도 잘하기 위해서는 착실히 배우고 그 익히는 일에 평생이 가도 지극한 달인의 경지를 경험한다는 것은 누구나 할 수 있는 일도 아니다. 무릇 세상 일이 그렇게 만만하지 않다는 것 아닌가. 그대여 남들 하는 일은 그리 쉽게 보여도 내가 하면 작은 일도 만만하지 않다. 함부로 다른 사람의 일을 쉽게 단정하지 말아야겠다. 하기사 태극기를 들고 흔들든 촛불을 켜 기도를 올리건 함부로 평가할 일은 아니지만 최소한 자신이 하는 행위에 대해 정직한 마음과 성실한 자세로 임하며 최후의 책임을 져야 한다.

한 번의 실수가 치명적일 수 있다. 매사 조심할 일이다.

자신을 가장 귀한 인물로 여기기까지 스스로를 돌아보면서 언제야 제 힘으로 깨달아 사랑할 수 있을까. 세우고저 하는 자존심은 무엇이던가? 한 번의 생각으로 온 세상을 바꾸고 싶은 영웅적인 삶을 동경하며 마술적 힘, 초인적인 능력, 슈퍼맨이 되고 싶은 충동은 나이 든다고 없어지는 건 아니다. 험한 길 살 동안 우리는 고통의 울부짖음을 스스로 만들고 혹은 그런 비명 속에서 동정을 혹은 쾌감을 짜릿하게 느껴 오지 않았던가. 행복이란 정유라처럼 최순실처럼 우리는 살고저 실은 동경하지 않았던가. 무너지지 않는다면 할 수만 있으면 가장 동경의 대상이었는지도 모른다. 일찍 스스로 제 인생의 가치관을 세움이 중요하다. 아자.

　세상엔 완벽한 이론도 완벽한 논리도 없다. 완벽함이 없어 세상은 천국이 아닌지도 모른다. 완벽함, 온전함을 추구하는 인간은 처음부터 논리의 허구점을 갖고 시작하는지도 모른다. 추구하는 행복, 평화, 안정 등 추상적이기도 한 이 명사의 의미가 사람의 사유를 시험한다.

　촛불을 들었다 하여 모두 민주주의자가 아니듯이 태극기를 높이 들고 외친다 하여 바른 애국주의 민족주의자라 말하긴 곤란하다. 불안과 공포를 느끼는 그 누구의 어둠은 그 누구에겐 평화와 안정 탄탄한 천국에 길인가? 환한 대낮에 촛불은 복된 세상을 태울 불장난이라 여겨지는가. 민주주의의 큰 광장엔 상대를 설득시키는 토론의 자유를 통해 해결 방안을 모색하여 그 소통의 길을 찾는 데 있다. 많은 이들의 의견에 승복하고 따르는 데 있다. 입장을 설득시키기 위한 노력을 보이는 데 있다. 민주주의는 시대의 결정이요 이래서 그 시대정신을 찾는 데 있다. 합리적으로 논리적으로 그 해답을 모색하는 것이 바른 민주주의 정신이다.

제 힘이 아닌 다른 어떤 힘으로 어떤 문제를 해결하려는 것은 우상숭배라 할 것이다. 나 아닌 그 무엇에 의존하는 건 신앙 아니면 신념이거나 또는 마술이요 우상숭배라 할 것이다.

내일은 까치설, 이제 곧 설날 연휴가 4일이나 계속된다. 모두가 즐거운 연휴요, 반갑고 기쁜 설이 되시길 기도한다. 나는 누구인가. 나는 왜 이런 틀 속에서 창조적인 이탈을 하지 못하는가. 한 번쯤 살아 본 생애처럼 왜 살지 못하고 그저 허덕이며 허벌떡 허벌떡 할까. 모두가 준비하는 이 순간 아무 경험도 안 해 본 사람처럼 무심히 그렇고 그렇게 지내는 이 몸 아닌가. 자신 생일을 기억하지 말고 사는 것도 한 의미이다. 기억하지 않는 생일 기억해지지도 않는 생일로 하여 시큰둥할 때 존재 의미를 되새겨 보는 시간인지도 모른다. 나 자신이 태어난 날에 그 의미를 확인하고 싶고 그 가치를 더하고 싶은 것이다. 다시 설날이 다가온다. 아자.

누구는 생각함으로 그의 존재 이유를 느끼고 그 누구는 무엇을 만들므로 존재 이유와 즐거워한다면 그의 기쁨과 행복 조건이라 할 수도 있을 것이다. 사람마다 자기의 하는 일에 존재감을 느낄 수 있다면 살아가는 이유를 삶의 목표를 발견함이라 할 것이다. 내가 행복하다 하여 모든 사람이 나와 같은 조건의 삶을 사는 것이 아니기 때문에 같은 답을 제시한다면 상대는 이의를 제시할 수밖에 없다. 존재감이 얼마나 중요한 개념인가. 그러나 존재감을 확산시키기 위해 어긋장이나 엉뚱한 행동으로 시선이나 끌고저 한다면 무식한 행위이듯이 그 존재감은 합리적, 논리적일 때 그 진정성을 평가받게 되는 것이다. 존재감은 상대적이다.

아침에 일어나 보니 세상 모든 사람들 특히 어여쁜 여인들이 모두 나를 좋아하는 것 같을 때 세상 사는 맛이 난다. 그러나 세상 여인들이 유독 나만 싫어하는 듯한 그런 느낌이 들 때, 그건 우울인가 아니면 자학인가. 아, 나는 사랑받고 싶어요. 아, 그 누구를 사랑하고 싶어요. 그러나 나는 누구를 좋아하는가. 진정 그 무엇을 좋아하는가. 이 모호한 개념과 스스로의 목표가 두루뭉술함을 느끼며 실체 없는 증강된 스스로의 상상력에 낙망할 뿐이다. 소망은 추상적 개념이 아닌 구체적이고 명확할 때 그 기도도 이뤄진다. 자신의 목표는 확실하게 하여 단순화하라! 그 기도의 힘이 강해진다. 아자.

우리나라에 공공의 이익을 위해 매진하는 공직자들이 많기를… 어느 정도 먹고사는 일에 걱정이 없으면 사명감으로 채워진 국민이 한 공직을 맡아 봄도 좋을 듯하다. 이런 멋진 분들이 많아야 나라가 잘 된다. 사람 냄새 나는 사람들로 채워진 나라 정말 좋지 않은가. 식민지 노예나 종이 아니고 주권을 갖고 스스로 주인 됨을 깨달은 자라야만 바람직한 주권국민이다. 왜 우리가 일제의 그 식민성을 규탄하고 온갖 자유를 주장하고 민주를 외치며 빵 못지 않게 자유를 외치는지를 공정한 사회를 위해 왜 정의를 주창하며 민족과 한겨레임을 외쳐대는지 그 이유를 새삼 되새겨야 한다. 평화로 안정된 사회를 주권을 가진 국민이 이루자.

제 작은 일도 제대로 못하면서 나라 걱정, 세계의 기후 문제, 핵무기 폐기 문제 등 온갖 걱정하는 내 모습이 우습다. 나이 들면 눈 오는 날에는 힘이 된다는 홍삼이나 씹으면서 누워 TV나 보는 것이 최고 아닌가. ㅎㅎㅎ. 아자.

은혜를 은혜로 여기는 이 그 누구인가. 그리고 감사하는 마음으로 그 은혜를 갚으려고 그 누가 몸부림하는가. 몸부림치듯 지난 은혜를 감사히 여겨 보은하려는 그 모습, 그 마음 얼마나 행복하고 아름다운가. 은혜를 배신으로 앙갚음하는 자 그 얼마인가. 은혜를 하찮게 여기는 자 그 얼마인가. 은혜를 은혜로 여기지 않는 자 그 얼마인가. 충성하는 자, 정직하게 일하는 자, 그 얼마나 아름다운가. 좋은 모습을 따라할 일이다. 늙어서도 습관은 총기보다 강하다. 아자.

계속 잠을 제대로 이루지 못하고 설친다. 광고 동영상의 표현처럼 누구는 출근하여 일하고 싶고 또 그 누구는 빨리 퇴근하고 싶은 것이 이 시대의 현실이라면 이건 또 무엇인가. 신상털기─ 과거의 오점과 실수들을 들춰내면 스스로의 과거에서 자유로운 사람이 그 누구일까. 사또의 취조와 그 판결의 주 목적처럼 "네 죄는 네가 알아야 한다." 신 앞에 선 것처럼 스스로 죄를 고백할 수 있는 높은 지혜를 가져야 한다. 이것은 약한 자의 설움이다. 권력 없고 돈 없고 배경이 없을 때, 이런 구조의 사회에서는 아무리 실력이 좋아도 배경 좋은 사람에게 모두 내놓을 수밖에 없는 것이다. 공정과 정의로운 사회에서는 이를 분배의 구조성이라 한다.

힘들어! 정말, 힘들다고! 외치는 광고 문구가 현실의 나의 비명 같을 때가 있다. 행복 정말 행복하고 싶은 것이 우리 아닌가. 그 누가 이 세상 험하고 힘들게 살고플까. 사람들은 평화를 누리며 건강하고 편하게 살고 싶어 한다. 소통하며 살고 싶은 우리는 상호 불통하는 순간 우리는 피가 막힌 듯 불편을 느끼게 된다.

하루하루를 제대로 마무리 정리하지 않으면 그 대가는 혹독하다. 모든 것에 챙기는 것이 중요한데 홀로 이것저것 챙긴다는 것이 만만치 않다. 무엇을 위해 사는지 이 나이가 들어도 답답함이 해결되지 않는다. 지나가는 사람들이 마치 로봇처럼 걷는 것이 아닌가 관찰하게 된다. 택시를 타고 오는 길에 막내 딸아이가 의대를 졸업하고 인턴인데 아직도 열심히 공부한다는 말에 부러움과 그 대견함이 자랑스럽게 여겨진다. 아버지가 택시기사를 해도 홀로 스스로 일어서는 자녀를 가진 부모는 얼마나 대견스러울까. 금수저 은수저가 아니라도 스스로 챙겨 가며 사는 그 모습은 얼마나 아름다운가. 어린 자녀들은 스스로 자란다는 말이 실감 있다.

지금은 아웃사이더 시대인가. 트럼프가 미국 대통령에 당선되고 이를 계기로 의외의 일들이, 사람들이 지도자의 반열에 오르며 세계의 분위기를 새롭게 만드는 듯하다. 기존 틀에서는 해낼 수 없던 일들을 전혀 다른 틀에서는 그 해답이 나온다는 것은 사회적 편견에 중독되어 있었기 때문이다. 어쨌든 트럼프의 현재 최강국 미국 대통령 취임은 앞으로 여타 국가들은 이때까지와는 다른 세계의 흐름을 예의 주시해야 함을 말한다. 어느 국가가 착한지 덜 착한지 혹은 나쁜지 구분하기 힘든 분위기일 것이다. 모든 인간이 자기의 유익만을 위해 쫓아갈 때 그리고 힘있는 나라들이 오직 제 나라만을 생각할 때 아, 세계는 그 끝은….

노후 설계. 건강만 하기를… 건강을 잃으면 대책이 없다. 건강만 하면 어떤 허드렛일도 하겠지만 의지만으로 안 되는 게 건강관리! 이것이 문제다.

세상살이를 때론 길이라 말한다. 길에는 여러 모양의 길이 있다. 때론 눈에 보이지 않거나 보여도 어쩔 수 없는 장애가 되는 돌뿌리가 있고 쉽게 피할 수 있는 재밌는 장애가 있다. 이를 극복하는 사람은 승리의 면류관을 쓰게 되고 이에 넘어지면 패자의 잔을 마시게 된다. 때론 패자가 되면 자신의 생명을 내놓아야 한다. 그래서 누구나 승자요 극복한 용자의 모습이 되기 원하나 패자 중에는 큰 어려움을 잘 극복하고도 오히려 작은 돌뿌리에 쉽게 넘어져 주변을 안타깝게 하기도 한다. 인생살이 작은 일에도 성실하고 정직하게 임하여 작은 부주의로 큰일마저 놓치는 일이 되지 않도록 정성을 다 해야겠다. 파이팅.

작은 추위에 움츠러지는 이 몸, 그래 얼마나 허약한가. 이 몸이 생명일 때 그 어느 것보다 귀하다. 생명이 포기되는 순간 모든 것은 헛되고 허무한 것이 된다. 추위에 넘어지는 것들 허약하다. 더위에 넘어지는 것도 허약하다. 생명들은 자신의 체질을 알아야 그 환경을 유지한다. 밤에도 꿈을 꾸지 못하는 날들이 늘어 가면 머릿속의 세포는 썩어 가고 있는 것이다. 꿈이 사라지면 희망도 품지 않게 되고 희망이 없는 사람은 얼굴에 표정마저 사라진다. 공동의 유익을 위해 꿈꾸는 사람만이 우리의 희망이다. 이런 희망으로 꿈꾸는 사람이 우리의 지도자이다. 꿈꾸며 젊은이들이 꿈으로 무장하게 해야 한다. 의욕을 부추겨 열정을 쏟게 해야 한다.

52

헷갈린 듯 바람 따라간다고…? 그래 잠시 흥이 넘쳐 있는 건 아닌지? 로또복권 당첨된 듯 억세게 운 좋은 사람이 되어 그 누구엔가엔 쓸모 있게 된 이 사람아! 그대같이 그 누구든 그의 삶이 하나의 소설처럼 혹은 한 편의 시가 되고 싶다. 알 만한 사람은 알지, 그 누구도 지극히 위험하지 않은 인생은 없다는 것을… 아자.

늦은 아침 눈 내리는데, 그 함박눈이 눈부시게 하네요. "당신을 사랑합니다."라고 그 누구엔가 하고픈 그런 낭만의 날이라고나 할까. 눈을 본 그 누구나 빛나는 하루이기를 기도합니다. 이 시대는 새로운 정권 아닌 새로운 정치가 더 그리운 유권자들 아닌가 생각해 봅니다. 대통합을 위해 무엇을 어떻게 해야 된다는 해답은 많이들 알고 계신 것 같은데 실천할 수 있는 역량을 갖춘 분이 누구인가는 모르는 듯 아는 듯 ㅎㅎㅎ. 정치적인 패권과 기득권은 누구나 탐하는 가치가 된 지 이미 오래 아닌가. 언제나 새롭게 시작하는 것은 두렵고 떨리며 또한 설렘의 혼합체 아닌가. 대통합은 있는 자, 갖고 싶은 자의 욕망 조절을 의미한다.

사진을 찍건, 그림을 그리건, 시를 짓건 간에 예술적이기 위해서는 아름답게 느껴지기 위해서는 어느 강사의 말씀처럼 사랑이 배여 있어야 한다. 어떤 형태건 그곳에서 사랑을 찾을 수 있을 때야 그곳에 아름다움이 있다. 사랑 그것은 무엇인가. 알 것 같은 그곳에서 또 하나의 벽을 발견할 때 사랑의 혼돈을 느낀다. 이러면서 사랑의 깊이와 의미를 반추하며 인간다운 인간으로 그 성숙의 길을 찾아간다 할 것이다. 아자.

별이 자기만의 별이 희망이다. 반짝거리는 저 별이 희망의 상징이다. 소한, 대한 춥지만 대한이 소한 집에 놀러와 쉬다가 소한 집에서 얼어죽었다는 소문이 있던데 오늘 소한은 너무 따뜻해. 별이 되어 시를 흠모하는 마음으로 별들을 바라볼 땐 기쁨이 되기를 즐거움이 솟아나기를… 나는 그 누구의 희망인가. 그 누군가가 나에게 희망을 걸 때 부담이 되기도 하지만 희망이 나의 기대가 되기도 한다. 별이 희망이 되는 것은 나의 소원이 맑고 밝은 순수성이 있기 때문이리라. 아자.

누군가— 이때가 밤이라 외치며 촛불을 들고, 그 누구는 이러다간 나라 망한다 하여 태극기를 들고 뭔가를 부르짖고, 하여튼 불안의 시대는 증폭된다. 이런 모호하고 불확실한 시대의 터널은 더욱 길어지고 있다. 가라, 그대의 길 생각의 길 신앙의 길로… 진짜, 진짜로 묻노니 그대 이 나라의 이름 그 헌법의 실현을 바람이냐, 아니면 그대의 유익을 위함이 우선인가. 공동체의 선인가 아니면 개인의 일상의 편안함 그 몰입의 결과물인가. 그대를 위한 비책은 이 민족과 우리나라 장래에 얼마나 유익한가. 고민이나 해 봤는가. 지금은 중세 암흑시대처럼 맹목적인 신앙의 발현인가. 아니면 인류 역사의 당연한 발전의 결과물인가. 알고 싶다.

맡은 일을 잘 감당할 수 있는 자가 유능한 사람이다. 책임은 그 일을 관리할 수 있는 능력에 따라 누구나 그에 걸맞는 직책을 맡기고 맡아야 한다. 모르고 맡은 직책에 뒷감당하지 못하면 무능자가 되고 게으르면 무책임한 사람이 되고 직무를 제때에 처리 않으면 직무유기자가 된다.

고생은 사서 한다는 옛말이 너무 잘 맞을 때가 있다. 사서 하는 고생 보람이 있고 의미가 있다면 어쩜 즐거운 일이 될지 모르겠다. 그런데 처음 마음과 공언한 마음과 그 외침이 얼마 가지 않아 마치 봉사로 하는 양 은근히 자신의 희생이나 헌신을 드러내 놓으며 뭔가 보상을 바라는 심정이 노출될 때 우리는 역겨운 생각이 드는 것이다. 훗날의 명예를 위해서 설사 봉사정신으로 하는 일일지라도 자기 의지로 기쁘게 즐겁게 하는 모습을 볼 때야 우리는 마음 깊이 감사와 고마움을 느끼게 되는 것이다. 뭔 일을 하든 스스로 생색내는 일이 되어서는 좋은 일하고도 욕먹는 일이 될 수 있다.

각종 불안 장애가 시가 된다. 충동장애, 의식장애, 판단장애, 결정장애, 정리장애, 마무리장애, 정신적인 장애도 육신의 장애 못지 않는 결함 장애이다. 상상장애, 합리적인 결함, 논리장애이다. 그 정신장애는 말투와 행동 경향으로 표출된다. 현실과 상상의 세계를 구분 않고 모두 영영 감출 수 없다. 때론, 이런 의식이 정신장애 아닌 시나 문학 예술로 드러난다. 어떤 땐, 이런 장애가 천재성으로 오해된다. 각종 불안이 협력하며 천재적인 왜곡으로 상상의 세계로 간다. 각종 장애가 다른 두뇌 부위를 자극하여 특정 재능을 확장시킨다. 때론 각종 상상장애와 활성화되는 특정 부위의 발달은 천재로 여기게 한다. _고삼석 시 〈정신장애〉 중에서 설날이 다가온다. 해마다 설은 새로움을 더한다. 더 새롭고 새로워져야 되는 설날이다. 주일이 다가오면 강박적으로 거룩함을 생각하고 더 거룩해져야 하는데 거룩은커녕 점점 더 부패해지는 마음, 그 양심과 신앙심을 보며 자신이 왜 이렇게 뻔뻔해지는지 괴로움도 잊어 가고 있는 듯하다. 타인을 지탄하는데 핏발을 세우고 자신의 모습에는 변명하기 바쁜 모습을 느끼며 인간이란? 정말 얼마나 허약한가. 세상의 도덕과 윤리와 사회 질서를 세우고자 법가사상의 한비자는 스스로 세우는 법에 의해 그의 정적들에게 모함을 받아 죽지요. 예수님도 소크라테스도 법에 의해 쓰러졌다. 이래서 마키아벨리가 그 대안으로 떠오르는지 모른다. 아자.

아침 점심 이렇게 떡국 두 그릇을 먹고 시무식을 마무리한다.

53

붉은 닭이 붉은 기운을 품은 붉은 알을 낳았는가? 저 태양은 붉은 알인가. 새해는 이렇게 시작되나 부다.

미래의 불안과 불확실한 현실에서 돌이킬 수 없는 과거를 떠올린다. 성찰을 아무리해도 이런 현재의 소비 경향을 바꿀 수 없는 것을 안다.

우리에겐 진짜 보수라는 계층이 있는가? 진짜 보수란 무엇인가. 전통 가치를 유지 발전시키며 다른 집단 외의 사람들을 큰 아픔 없이 이끌며 다독이며 여타 집단을 따뜻이 아우르는 그런 계층을 말하는 게 아닌가. 보수는 자유와 민주의 사상을 중심으로 안보와 시장경제를 안정적이고 주도적으로 이끌려는 집단이다. 우리 사회에 이런 보수주의자가 얼마나 될까. 매우 아득한 생각이 앞을 어둡게 한다. 아자.

몸이 붓고, 살이 찌고, 이거 뭐야? 거울 안 보는 여자처럼, 거울 안 보는 사람처럼 살고 있잖아. 거울 볼 용기를 갖고 살아야 한다. 거울 보기를 멈출 때 그때부터 사람은 망가지는 것이 아닐까. 거울 보기를 싫어할 때 자신을 돌아보는 능력이 중요하다. 걱정이 많아도 걱정의 우선순위를 모르는 경우 그리고 그 경중을 헤아리지 못할 경우 그는 허물어지고 있는 것이다. 건강한 사람은 제 몸이 스스로 허물어지기 전에 보수해야 한다.

강화도에 가서 조찬모임 끝나고 가까운 회원들과 함께 꽃게탕을 먹었습니다. 팔자 좋습니다. 강화도가 살기 좋은 곳으로 느껴집니다. 무언가 새로운 것을 모색해야 하는데 의욕이 소진되어 있음을 느낍니다. 흔히 열정이라는 것은 의욕의 산물이라 여겨집니다. 젊은이들에게서 무언가 하고 싶은 의욕을 소멸시키면 우리나라의 미래는 없다 여겨집니다. 젊은 사람들이 무언가 창조적인 일을 위하여 이런저런 일을 자꾸 시도하고 그것을 옆에서 부추기고 해야지 무언가 시도할 때 찬물 끼얹 듯 찬바람 휙휙 불 듯 쏘아대면 그 결과는 뻔하다 하겠습니다. 젊은이뿐 아니라 국민 모두가 희망에 들뜬 채 열정에 상기되어야 합니다. 아자.

자기주도학습으로 자기 지식으로만 추정 탐색하여 스스로 알아 가는 능력이 있다는 것은 놀라운 일이다. 옛글이라든가 전혀 모르는 언어, 기호 등을 관찰 추정하여 그 뜻을 헤아리는 작업은 인간의 신비한 능력 중에 하나다. 모르는 기계에 대하여 여러 시도로 그 작동법을 찾아내는 일이라든가 직관으로 무엇을 단정하듯 하는 작업들은 아무리 생각해도 놀라울 뿐이다. 아자.

착한 마음만 있는 사람들은 불합리적인 세상에서 매사에 내 탓을 분별하는 능력이 있는 사람은 대단한 사람이다. 그는 우선 마음이 맑아야 하고요 지식과 지혜가 충만하여 마음이 넉넉한 인격이어야 합니다. 이 경지는 한 마을 한 나라를 다스릴 수 있는 사람입니다. 내 탓에 책임이 따를 때 이것을 긍정하고 책임을 지는 사람은 형벌을 감수하고 저 하는 용기와 능력이 있는 사람이다. 그리고 사람은 아시다시피 목숨이 하나이고 이를 대체할 수 없으며 그 책임으로 스스로 소멸을 감수해야 된다는 데서 불안과 자신이 없기 때문일 것입니다. 그래서 부활 신앙이 존재하는지도 모릅니다. 영생은 인간이 희망하는 가장 귀한 것입니다. 오래 살자.

우리가 자신이 희망하는 천국에 있지 않는 한, 우리는 그 무엇에도 만족함이 없을 것입니다. 이 세상은 우리가 불평하기 좋은 곳이다. 만약 불평마저 할 수 없는 곳이라면 바로 지옥일 것이다. 세상에 다른 사람의 힘이 아닌 나의 주도적인 힘만이 문제를 바르게 해결할 수 있다. 오직 다른 사람의 힘을 빌어 나의 평안을 찾으려 한다면 어리석은 생각일 겁니다. 그 누구도 나의 평안과 행복에 관심 없습니다. 나의 적은 힘으로 다른 사람이 행복해할까 봐 심통을 부리는 것이 인간의 속성이라 할 것이다. 그래 순자는 성악설을 제시하고 있지 않은가. 지혜 있는 많은 사람들이 말한다. 인간은 악하고 악하다. 그대여 지혜로 이 악에 대비하라.

자신의 형편대로 모두 다 잘하시고 있다. 단지 내 기준으로 살피면 모든 게 허술하다. 그러나 세상은 그런대로 잘 굴러간다. 제 일이나 제대로 할 일이다. 도사들이 침묵하는 듯해도 다 생각이 있기 때문이다. 때론 생각을 묶어 추억의 창고에 넣어 기억되게 하자. 아자.

내 입장에서 사물과 인간사를 생각하면 항상 나를 배신하고 있다. 내 입장을 변호하거나 내 편이 되어 줄 그 누구도 없다. 이런 의미에서 주변은 나를 항상 배신하는지도 모른다. 이는 유아적인 자기중심적인 사고라고도 할 수 있다. 왜 사람들은 나의 말을 따라야 하고 내 생각대로 움직여 주어야 할까. 그들도 그들의 입장이 있는데 말이다. 결국 내가 그들 편에 설 수 없는 이유는 무엇인가. 내가 우수하기 때문인가. 내가 금수저 다이아몬드 수저이기 때문인가. 이것은 타당성의 문제, 정의의 문제가 결핍되었기 때문은 아닌가. 한 집단의 공동의 선, 공동의 이익이 있을 때에만 이 합의에 도달할 수 있다. 인간의 어리석음은 발달장애 수준이다.

어설프나마 어린아이들의 평화 노래에 감동이 되는 것은 그 어린아이들의 생각 속엔 자기중심만의 평화관이 없기 때문일 것이다. 평화란 아이의 마음을 가져야 한다. 행복도 그 속에 있다. 아이의 맘으로 노래하고 웃을 때만이 우리는 작은 행복을 느끼는 것이다. 깊은 생각과 논리적이며 합리적인 것을 찾아 누리려면 평생에 단 한 번의 진리도 찾지 못할 것이다. 수줍은 사람들이 품고 있는 반전의 생각들이 세상을 뒤집어 놓고 있다고 난리다. 소통의 한계를 느낄 때 기득권자들의 강한 저항을 느낄 때 소수의 약함을 느끼는 사람들은 자기주장을 숨기거나 웃으며 침묵한다. 이런 사람들은 다투거나 논쟁을 싫어한다. 아, 이들의 표심?

마을 기획한다는 것도 전문가와 주민이 협력해야 한다. 전문적인 건 전문 영역이라서 일반인에게서 좋은 작업을 이끌어 내는 것이 그리 만만한 일이 아니다. 간단한 아이디어와 실체의 일을 호소하는 일이다. 아자.

연세대 앞에서 신촌로타리까지 크리스마스 축제 준비로 차량이 통행금지되어 한적하다. 뭔가 바빠해야 하는데 잡히지 않은 일로 마음만 쿵쾅거린다. 이거 공황장애 아닌가. 놀라게 하는 낯선 일들이 매일 일어난 듯한, 이 회색도시에서 시를 지어 본들 도시가 이 시인의 구원을 힐긋 보기나 하며 찾을 건가. 세월의 경계가 가까울수록 괜한 투정만 부리는 듯하다. 모든 책임은 스스로 져야 한다. 어쩜 예수님의 구원을 찬송하기 전 나의 모든 죗값에 대하여 스스로 져야겠노라고 다짐하는 회개가 있어야 자신과 사회도 변하는 게 아닐까. 세상 죄를 짊어진 예수님처럼 "다 이루었다." 고백은 못해도 제 일만큼 책임지는 자세가 필요하다.

예술은 인간만이 할 수 있는 작업이다. 영적 작업, 영혼을 느끼게 하는 행위, 심령을 뒤흔드는 말씀, 인간 영혼의 갈증이다. 육신의 욕정과 그 관심보다 상위의 개념으로 존재할 것 같은 여러 표징에 의해 차원이 다른 세상을 감지하고 느껴 보고 저 하는 열망이 솟아난다. 빛의 직진현상을 왜곡시킴으로 또 다른 세계를 확인하고 저 하는 인간의 지속적인 관심과 그 의지는 궁금증의 발로이다. 인류의 구원으로 오신 예수에 대하여 당시 헤롯이 지상의 왕이 아닌 영적인 왕으로 바르게 인식하였다면 당시 유대 땅에 2살 이하 남자아이의 집단 살육화는 없었을 것이다. 참으로 기쁜 소식은 무엇인가. 진정 인류의 참 평화란 개념의 예술인가.

작은 일에도 전설을 만들면 신바람이 날 수 있다. 사실과 현실은 가장 각박한 언어일 수 있다. 사람들은 전설이 있는 곳에 흥미를 느낀다.

무언가 정리해야 할 것이 많은 연말인 요즘 정리장애를 생각한다. 버려도 될 것을 버리지 못하고 꼭 버려야 할 것도 버리지 못하는 것은 일종의 병이라 할 것이다. 점점 여러모로 각박한 요즘 그 무엇으로 평안을 누릴까. 작은 것부터라도 하나 둘 정리를 해야 한다. 어쩌다 이미 홀로 사는 구두쇠가 된 건 아닌가. 아자.

가상현실이 현실인 양 살고 싶은 사람들… 가공 세상은 우리를 구원할 마지막 현실이 될까.

어제는 연희동 마을 계획단을 위한 교육이 구청 보건소 강당에서 있었습니다. 회의하며 소통하는 자세와 방법에 대해 생각하며 토론하는 시간이었습니다. 날씨가 매우 춥습니다. 건강 조심하시고… 한해 마무리 잘 하시고 크리스마스 잘 맞으시고 즐겁게 보내십시오. 많은 사람들에게 신세만 지고 사랑만 받고… 제대로 사랑에 보답도 못한 듯하여 여간 찝찝한 게 아닙니다. 산다는 건 알게 모르게 신세지며 사는 것이라 여겨지는군요. 그 어느 누가 감히 제 힘으로만 산다 하겠습니다. 짧은 인생입니다. 서로 관심 보이며 위로하고 격려하며 삽시다. 아침이 다시 밝았군요. 어 추워!

침묵의 장기인 간은 70%가 손상되어도 아무런 통증을 느끼지 못한다는 건 상식입니다. 이는 우리 사회에서 묵묵히 일하는 사람들도 그 일상생활에 많은 아픔이 있어도 그것이 치명적이기 전까지 침묵하며 묵묵히 제 일만 하는 것과 별반 다르지 않습니다. 침묵하는 민중 백성들의 상태를 수시로 점검하고 돌보아 건강한 사회가 되도록 노력하는 일은 정치 지도자와 각 분야의 지도자들이 할일이라 할 것입니다. 아자.

세계가 평화롭지 못한 것은 왜 그럴까. 이는 상대를 믿지 못하기 때문이 아닐까. 공평한 마음 화해하는 능력을 십분 이해하면 어려움도 아니겠으나 자기주도적인 삶을 위하여 상대를 무시하고 어쭙잖은 자신의 지식과 능력을 과대평가하고 오만한 행동으로 방자한 생각과 말을 거침없이 하기 때문일 것이다. 자신을 겸비하게 한다는 것은 생각같이 그리 쉬운 문제가 아니다. 자기도 모르는 사이에 툭툭 튀어나오기 때문이다. 본성적으로 인간은 자기중심적이고 탐욕적일 만큼 이기적이기 때문이다. 그 어느 누가 스스로의 힘으로 이 늪에서 헤어나올 수 있단 말인가. 가벼운 부축임과 약간의 알랑거림과 칭찬에도 쉽게 우쭐대는 사람들….

천국은 어디인가. 장소인가, 이미지인가. 성경은 장소성에서는 그 어디나 천국이라 일컫고, 그 어느 곳이든지 주님이 계시다 하고 그 계신 곳은 어디나 천국이라 말씀이다. 장소로서는 신의 손과 말씀이 계신 곳이 천국이라 할 때 그 어느 곳이든지 천국 아닌 곳은 없다 할 것이다. 이미지로서는 사람의 형상이 하나님의 형상을 닮게 창조하셨다는 것은 모든 생명체가 자신의 모습에서 하나님을 보고 느끼게 하는 것이 아닌가. 사람은 자신의 능력 이상으로 사물과 세상을 판단할 수밖에 없고 그것이 그 사물의 한계요 인식에서도 임계선이 아닐까. 세상은 자기 능력 이상의 상상을 할 수 없다는 것이 진실이라 할 것이다.

세상 사람들을 존경하고 싶다. 사랑이라는 말은 너무 벅차다. 사랑은 단 한 사람에게 해야 할 듯하다. 요새는 사랑이라는 말을 너무 쉽게 쓰는 듯하다. 자신의 목숨을 담보로 하는 정, 그것이 사랑이 아닐까. 이러면 감히 그 누가 사랑을 고백할까. 아자.

감옥에 갇히거나 병원에 입원하게 되면 성경을 읽게 되는 게 아닌가. 쉽게 하던 일이 어려운 일이 될 때란 그 난관이 앞을 딱 가로막고 있을 때이다. 이런 기분을 느낄 때— 사람은 여린 마음으로 하나님을 찾게 되는지 모른다. 하나님 말씀은 경전이다. 삶의 지도서요 역사적인 사유서인 동시에 지혜의 서이다. 철학하는 자세로 경전을 읽고 사회과학적으로 성경의 여러 사건들을 분석하며 이 시대를 살아갈 지혜를 축출할 수 있어야 한다. 아자.

연말이면 그러했듯이 아쉬운 날들이 훌쩍 지나갑니다. 나 정말 싫어 헛되이 이 세월 보낸 것. 날 좀 보소, 날 좀 보소 해도 사람들은 날 주목하지 않습니다. 무언가 큰일을 하고픈 마음, 이름을 떨치고 싶던 마음도 젊은 날의 한 꿈처럼 지나갑니다. 헛되고 헛될 뿐입니다. 그 무엇을 위하고 그 무엇을 한다는 것은 큰 오만일 수도 있습니다. 그러나 이런 마음이 없다면 이런 발전이 있을 수 있을까 하는 생각도 듭니다. 사는 동안 서로 소통하여 화합하며 산다는 건 우리의 희망인 동시에 우리의 현실이 되기를 기도해야 합니다. 자꾸 말을 많이 하게 되는 건 나의 취양인 듯하군요. ㅎㅎㅎ.

무언가 이뤄야 성공이라 생각하고 저마다 사명을 생각한다. 뭘 이루기 전에 나는 누구인가 알아야 하고 네가 누군지 알아야 한다. 서로를 알기 위해 소통을 생각한다. 대화하자! 서로 배려할 수 있게 하자. 그래도 제 얘기만 한다. 사람들은 그 뻔한 이야기를 마치 처음 알게 되어 깜짝 놀라기라도 하는 양 또 그 무언가 바라며 하루 종일 지껄인다. 결국은 헛된 일이다. 더 커지는 근심과 걱정은 언제나 살아 있는 자, 건강한 자, 지혜 있는 자, 힘 있는 자의 몫이다. 아자.

연희동 새마을 기획단에 아이디어를 제출했다. 어느 골목은 시의 거리로, 다른 골목은 그림이 있는 골목으로, 또 사진의 거리, 디자인의 거라… 어느 지역은 조각 거리로… 어때요 그럴싸하지 않나요. 이렇듯 예술이 숨쉬는 동네를 꿈꿔 봅니다. 예술동 연희동 만세. 아자.

바람 불고 눈비 와도 촛불은 들풀처럼 타올라 너와 나의 마음에 가슴속에 지펴진 모닥불처럼 활활 타오른다. 언제까지 타야 할까. 우리는 희망의 노래 속에서도 상록수처럼 푸르지 못하고 아침 이슬처럼 새벽을 알리고 사라지기도 해 때론 절망의 흔적을 느낀다. 그대 절망을 잊은 자여 아직도 희망을 반기는가? 우리는 또 다른 대한민국에서 희망의 횃불을 그린다. 대한민국 만세.

올바른 일을 해야 명예로운 것이자… 양의 탈을 쓰고 늑대가 되고 살쾡이가 되고 하이에나가 되어 있다면 얼마나 겁나고 무서운 것인가. 스스로 미화하는 인격이라면 얼마나 바보스러운가.

　미필적 사기— 미필적 직무유기, 미필적 고의를 가장한 상해와 살해, 미필적 직무해태에 의한 생산성 저하 등 우리의 발전을 가로막고 있는 것들, 그리고 내가 알게 모르게 저지르는 일들… 세상은 이래 모두 각자의 책임에서 벗어날 수 없다. 이런 미필적 행위는 두뇌 활동의 저하 그 왜곡된 사유에서 오기도 한다. 또한 미숙한 지시과 무지한 탓에 생기는 엉뚱한 행동 등… 가능한한 그 필연성에 의한 행동이 나를 지배하도록 정신건강 유지와 상식적인 행동과 이성적인 판단을 할 수 있도록 자신의 건강과 지식을 강화해야겠다. 아자.

　하루하루를 견디는 힘은 어디서 오는 걸까. 그것은 자기만의 희망사항이 있기 때문일 것이다. 목표가 있으면 확실히 덜 지치고 신바람이 나는 법이다. 우리나라에서 가장 존경받는 인물은 인간적으로 말하면 세종대왕과 이순신 그리고 장영실일 것이다. 이들이 있었기에 우리가 나라와 민족을 말할 수 있는 것이 아닐까. 우리 백성들의 귀감은 아무래도 장영실이 아닐까. 뭔가 시시한 그 무엇에서 기적 같은 일을 일군 그런 사람이 그립다. 우리도 이들의 다른 모습이 되자. 아자.

나라를 위하고 국민을 위한다는 건 어쩜 각자가 제일을 정직하고 성실이 실천하는 것일 게다. 촛불을 들고 조용히 기도하듯 시위함은 아직도 대통령에 대한 적은 애증이 있기 때문이다. 상호 존중하며 마지막 사랑과 이별에 품위를 남기자.

아침 추위가 매섭다. 어제 장어구이를 맛있게 먹고 잠 잘 잤다. 나라적으로 세계적으로 커다란 사건이 홍수처럼 터져도 나의 감각은 둔탁해진 듯 시 한 편 만들지 못한다. 추위가 본격적으로 시행되고 평창엔 스키 예선전을 위해 작년에 모아둔 눈으로 스키장을 조성한다는 뉴스에 놀라운 마음이 들었다. 눈마저 저축할 수 있다는 것이 신기하다. 이조 시절 아니 신라 시절에도 궁중에서 얼음을 저장해 가며 살았다는 역사적 사실도 있으니 놀라는 것은 좀 모자라는 생각 같기는 하다. 난 무엇인가. 존재의 의미를 생각하다가도 바로 생각 없는 사람이 되곤 한다. 누군가에 모범적 어른으로 살아야 하는데 나잇값 못하고 어른이 되지 못함이 부끄럽다.

철학이 있는 예술이 주목받는 듯하다. 미적이 조명뿐 아니라 과학적 심미적 접근 혹은 정신분석적 심리적인 작품에 이르기까지 예술의 이름으로 그 존재를 각인시키며 시대를 대변하여 왔다. 새로운 시대를 열기 위해서는 앞세대와의 다름을 요구받고 바로 앞 세대에 대한 결별 이유를 그 독자나 관람자에게 제시하며 설득할 수 있어야 한다. 과거는 새로운 시각으로 들춰 내며 설명할 수 있을 때 우리는 그것을 예술에 있어 창의라 말한다. 자신이 예술을 함으로써 존재가치를 드러낼 때야 삶의 의미를 느끼며 시대를 한 걸음이라도 전진시키는 선구자적인 시대의 리더라 할 것이다. 예술을 지향하고저 할 때, 철학적인 입장을 바로 해야 한다.

하루하루 사는 것이 그렇구 그렇습니다. 울화만 치미는 일이 많아지면 혈압만 높아집니다. 모두가 제 살기에 바쁠 뿐, 옆 사람들의 형편을 돌아보지 않습니다. 공동체 삶이라 해도 제 일이 먼저입니다. 하기사 내 감기가 다른 이의 염병보다 중하게 여겨지는 것이 일반 사람 마음입니다.

태초의 말씀은 신의 말씀으로 시작되었다. 이 말씀은 신의 언어다. 유대어, 히브리어, 헬라어 그 외 어떤 언어도 아닌 신의 언어로 신이 직접 말씀하셨다. 신은 인간이 그리고 만물들이 어떤 언어로 말하여도 익히 알고 계시듯 우리 인간도 신의 언어를 들어야 한다. 해석할 수 있어야 한다. 그렇다면 방언이 신의 언어일까. 나도 모르겠다. 아자.

내 몸과 내 지성과 내 이성으로 스스로 문제를 발견하고 스스로 문제를 풀 수 있는 능력이 요구되는 시대이다. 나의 이름이 없어질지라도 그 무엇인가 흔적으로 사람다운 사람의 흔적으로 남기고 싶은 그 무엇이 있다. 농담 속에 농담을 떠벌릴 때에도 지나친 농담이나 죄스런 발언에 분노할 수 있기를… 허허실실하며 넘기는 웃음 속에 죄가 널린다. 뜨거운 햇빛 음울한 구름 그 날씨 속에 밤비 내리겠다. 아자.

마음을 비운다는 건 쉽지 않은 일이다. 다른 사람에게 권할 순 있어도 스스로 본능을 통제하는 능력에 수긍하며 거부하기란 여간 어려운 일이 아니다. 대인이 통큰 마음을 가진 자가 그리워지는 건 이 때문인지도 모른다. 아자.

올 들어 최저의 기온이 된다는군요. 한 2, 3일 추위를 느끼겠다. 찬바람에 의혹이 있다. 눈발이 날리고 세계 곳곳에 지진이며 폭설과 홍수 만만치 않다. 여러 찌뿌린 듯한 일들이 이상 기온처럼 터져 나오기 때문이다. 아자.

디즈니 캐릭터는 정말 대단한 필력이다. 그 작가는 참으로 신묘한 재능의 소유자의 선이다. 함부로 넘볼 수 없는 그의 탁월한 솜씨는 그 누구도 넘볼 수 없는 영역에 있다.

그 사회 구성원의 절망은 어디서 오는가. 목표가 다르고 성향이 다른 채, 마주앉아 얼굴 보며 얘기하는 것 없이 문제해결 의지 없이 소통 없는 대화 절벽에 있다. 논리적이고 합리적이며 정의로운 말을 해도 통하지 않는 것이다. 민주주의사회에서 통하지 않는 이유는 무엇인가. 자기 이익에 집착하거나 타인을 무시하거나 상대를 존중하는 예의가 없기 때문이다. 이는 끼리끼리 나눠 먹고 히히덕거리는 연고주의적 직책에 대한 집착이 문제다. 정치나 관료 법조 교육 노동에 이르기까지 공정한 경쟁 없이 일정 집단이 그에 관련하여 돌아가며 때론 대를 이어 가며 정보를 독점하여 나라 살림을 구성원의 재산을 사유재산처럼 이용하는 경향 때문이다.

만화 같은 세상이다. 웃자. 비 내리는 도시의 아침, 구름에 실려 온 황사인가. 숨쉬는 것조차 의식 속에서 호흡을 센다. 버스는 달리고 나는 왠지 깊어 가는 가을 속에서 자꾸 잠이 온다. 모든 것을 잊고 싶다. 오염된 공기 속에서 쉽지 않은 호흡이다.

인간 발달, 특히 개인 발달사는 인간 개별 변화사라고 지칭함이 옳을 것이다. 생명은 태어나고 일정 기간 인간은 발전하나 어느 순간 퇴보하고 연약해지기도 하여 결국 늙고 병들어 죽게 되는 이런 현상은 인간 혹은 생명의 발전과 변화 형태라 할 것이다. 아자.

방금 119— 응급 차량이 비상벨을 누르며 병원에 가는 듯합니다. 마치 오늘의 우리나라와 미국과 기타 유사한 상황에 처한 나라들이 응급 처방을 받아야 살아날 것 같은데 그 누구 도움의 손길도 없이 스스로 해결해야 하는 절박한 상황에 내몰려 있습니다. 세상은 언제나 위기입니다. 이 위기가 그 누구에게 기회가 되기도 합니다. 지혜를 찾아야 하는데 쉽지 않습니다. 마음에 응어리를 풀고 통 크게 생각하고 먼저 베풀어야겠습니다. 먼저 사과하고, 먼저 용서하고, 먼저 베풀고 먼저 인사하며 겸손해야겠습니다. 이러기를 내가 나에게 명령하며 지켜야겠습니다. 아자.

정치가 그 구성원에 흐르는 분노를 감지하지 못할 때, 그건 위기의 징후이다. 구성원 중 주류에 해당하는 기득권과 그렇지 못한 비주류권의 구성원의 갈등은 대부분 분배 정의에 대한 현실적인 불만에서 온다. 아자.

쓰나미처럼 새 기류, 새 물결이 밀려온다. 미국 대선에서 트럼프의 승리 소식은 세계가 이제 뭔가 새로운 결심을 하기를 원한다. 기존의 기득권에 안주하는 세력들에게 책임을 묻는 듯하다. 우리나라도 뭔가 새로운 낯선 것이 밀려드는 듯하다. 지금 각자 자기의 살길에 반성과 새로운 그 무엇을 모색해야만이 생존할 수 있음을 암시하고 있다. 변화 어쩌란 말인가. 아자.

인공지능의 발달은 미래의 삶을 또 한 번 획기적으로 변화시킬 것이다. 이에 대한 준비가 되어 있는 자와 그렇지 못한 자의 차이는 더욱 벌어질 것이다. 오늘도 새로운 기계인 기기가 쏟아지고 있다. 아, 어지러워….

만화를 그리다가 혼자 히히히 웃는다. 인물이 제대로 확정되지는 않았지만 이런저런 표정 그리다 보면 내가 그리고도 너무 우수워 혼자 핫~킬, 낄낄거리게 된다. 우연히 생각지도 않은 표정이 재밌다. 그런데 언제쯤 주인공이 확정될까. 나도 모르겠다. 그림을 그린다. 아니 만화를 그린다. 그러므로 나는 웃음의 존재를 알아 버렸다. 웃음은 나 자신의 존재를 확인시킨다. 아자.

가을에도 에어컨을 줄곧 켠 기억들… 입동이 바로 지난 탓이라지만 지금도 에어컨을 켜지 않으면 난로를 핍니다. 잠시 가을보다 추운 날이 있을 거란 얘기는 잠시 나의 어린 시절과 비교해도 무섭게 온난화의 두려움이 다가옵니다. 올겨울은 어떨까요. 세계의 정치 행사들은 마치 미래의 다큐입니다. 그 무엇 하나 드라마요 연극보다 더 재미있는 현실입니다. 사건 속의 인물들은 누구나 작가보다 더 작가다워 보입니다. 연극이나 공연도 그 끝을 보고 싶듯이 현실의 주인공들의 결국을 보는 재미는 더욱이 공연을 더욱 드라마틱하게 합니다. 아자.

자존심 있는 주체적인 의심은 때론 가장 믿을 수 있는 진리에 이르는 고귀한 문이다. 종교적인 신심으로 한 줄기의 빛처럼 위안을 얻고 있어도 더 큰 증오로 잔인하게 되는 증오 그 큰 악의 주체가 되는 적은 없는가. 우리가 공론인 양 떠드는 논쟁은 옳고 그름을 논하는 것이 되어야지 권력 추구와 사익 추구로 변질되면 선과 악의 논쟁으로 비화시키기 쉽다는 것이다. 이렇게 되면 돌이킬 수 없는 상태로 비화하기 마련이다. 더구나 내가 선이기 위해 너는 악이 되어야 하는 경우는 더 참담하다 하겠다. 아자.

시란 언제나 외롭고 쓸쓸한 기분 그 우울을 경험하며 낭만을 얘기하는 것인지도 모른다. 환희랄까 기쁨 즐거움 뭐 이런 것들…은 시로 승화시키기엔 어려운 그 무엇이… 우린 우울을 피하면서도 우울한 기분에 더 가까이하게 되는 것은 어쩜 위로받고저 하는 일들이 일상에 많기 때문일 것이다. 새롭고 더욱 새로워져서 완전히 새로워지고 싶지만 우리의 유전자는 이를 허락하지 않는다. 어쨌든 시인도 제 스타일로 시를 써야 한다. 제 스타일을 발견하고 타인의 스타일을 일축하며 창조적으로 시를 만들고 짓는 일이 얼마나 어려운가. 앞으로 발전하는 시의 진보를 위하여 시인과 시의 독자를 위하여 자신의 스타일로 지어야 한다. 아자.

어떤 결과를 놓고 그에 대해 의견을 말하며 점쟁이처럼 얘기하는 건 얼마나 홀가분한 얘기인가. 한담이 될 수밖에 없다. 결과를 예측하기 어려울 때 그 결과를 말할 수 있다면 평론가의 영역을 넘은 선지자나 예언가 대접을 받을 수 있을 것이다. 정치는 어쩜 옛 정치와 관료들처럼 점치는 작업일 수 있다. 미래를 알고 싶고 확연히 제시할 수 있을 때 지도자로서의 권위는 배가 될 수 있기 때문이다. 최근 혼돈의 정국은 많은 국민들의 우려 속에서도 대통령의 통치권의 훼손으로 국가 혼란은 지속되고 있다고 봐야 한다. 운명의 황금시간이다. 이제 정치를 새롭게 대한민국을 새롭게 하여 새빛의 나라, 희망의 나라로 인도할 자 그 누구일까.

지금은 국가 비상사태라고 뉴스는 소란하다. 지금은 국가 원로들의 숙고와 조언이 필요한 때이다. 왜 이렇게 되었는가. 반성을 넘어 회개해야 할 시점이다. 어떻게 할까. 공개적으로 제시할 방안을 마련하지 못하겠다. 이럴 때 진정 국가안보가 걱정이다.

종합병원에 들러 환자를 찾는다. 환자와 그 가족 그리고 의료진들, 어마어마하다. 큰 도시다. 서울의 낯선 길을 가면 아주 이상한 길이 된다. 아직도 모르는 동네가 있다. 외국은 고사하고 제 이웃 동네도 제대로 모르고 살아왔다. 얼마나 이상한 일인가. 우리는 이웃에 대해 전혀 모르고 살고 있지 않은가. 이러고도 누가 나를 알아주기 바란다는 건 얼마나 어처구니 없는 기대인가. 모르고 사는 인생 아는 척해도 정말 모르고 산다. 아자.

그 누가 조자룡인가. 코너에 몰린 외로워 보이는 지도자. 그 누가 친구이며 진인인가… 자지러드는 호위의 군사는 눈에 안 띄이고 사면초가의 한 사람만이 외롭고 쓸쓸히 슬픈 외침만이 귓전을 그의 고막을 마비시키는구나. 아, 허무하고 허무하다. 무너지는 성벽 속에 그를 구할 자 누구일까. 그 누가 제 목숨으로 주인을 구할까. 세상인심 옛과 지금 다르지 아니하니 내일도 훗날도 이 같으리라. 아자.

바라는 것이 소멸될까 봐 그 바라는 바를 진중한 침묵으로 대하며 조용히 기도하고, 진정 그 사랑을 위해 당사자에게 사랑의 말을 하지 않으며 그 믿음을 위해 언제나 믿고 있다 외치지 않아도 스스로 믿어 달라 하지 않으며 오직 조심스럽게 가슴으로 기도하는 날이기를 바랍니다. 사랑이 그리워지는 가을… 시샘하는 약간의 찬바람 조금은 떨리는 추위입니다. 난 이런 날이 좋습니다. 약간의 우울이 낭만을 엮는 것 아닙니까. 흐흐흐.

앞으로, 앞으로 가자. 함께 가자. 늘 함께 가자.

젊은 날에 친구를 사귐에 신중해야 한다. 이들이 나를 돕고 보호의 손 길을 주다가도 어떤 때는 나의 앞에 걸림돌처럼 장애가 되게 한다. 힘있는 자와의 사귐에도 대의명분과 공사를 구분해 논의해 주어야 할 책임 의식과 실천 능력을 갖춘 친구라야 오랜 친구가 될 수 있다. 인생은 외롭다. 그 누가 도움을 줄 수 있을까. 도움 받기보다는 도움 줌이 좋은 그런 사람이면 더 좋을 것 같다. 처가집 도움도 싫다 하는 사위의 울부짖음이 이해가 된다. 내 속에 거지 문화, 종의 문화가 배어들면 존경의 대상이 될 수 없다. 주체적으로 사유하며 그 사유에 책임을 져야 한다. 자유인이라면 먼저 지녀야 할 큰 요소다. 책임질 자리에선, 책임을 생각하자!

사람들이 사는 동안 일생의 그 길에 돌 없는 길이 없다. 단지 그 돌로 집을 짓거나 디딤돌로 하여 인생의 장애장벽을 넘을 수 있기도 하다. 그러나 걸림돌이 되면 인생의 패배자가 될 수 있기도 하다. 하나 누구는 걸림돌의 돌들을 모아 성공의 길을 만들거나 유익하게 하나, 이 지혜가 막히면 좌절을 느낄 수밖에 없다. 사람들은 걸림돌을 디딤돌로 여기는 자와 또 다른 누구는 대개 길가의 돌 하면 그 돌을 귀찮은 장애물로 여긴다. 즉 어떤 이는 디딤돌마저 장애물로 여기는 자가 있고, 장애물도 디딤의 발판 삼아 성공을 이루게 하는 자가 있다는 말이다. 가능한, 우리는 이런 성공의 길을 달리는 그 지혜를 본받아야겠다. 행운 있으라!

친구를 만듭시다. 좋은 친구를… 나도 좋은 친구에 좋은 친구가 됩시다. 그냥 아는 친구는 아는대로 잘 지내며 절대로 서로 해코지하지 않도록 합시다.

하루를 보내는 것이 길게 느껴질 때도 있지만 연말이 다가오면 일 년이 한 달 지났나 하며 세월이 갔음을 슬퍼하게 된다. 연초엔 무언가 이뤄 보겠다고 설친다고 할까. 이리 뛰고 저리 뛰지만 산행을 한 자의 경험처럼 준비 안 된 산행에서 길을 잃으면 자기도 모르게 옛 그 자리 그 길은 잃은 자리로 돌아오게 되듯이 우리 인생에도 목표가 있어야 하고 그 준비가 있어야 한다는 사실, 이 당연한 사실을 깨닫는 데 거의 세월을 탕진하고 지난날의 무모한 계획에 후회한들 지금은 늙어 가고 있고 희망은 때를 놓친 듯 허허롭기만 하다. 아, 그대 세월을 놓치지 말아요. 세월 너무 빨라요. 아으— 흐흐흐. 아자.

요사이 우리나라 전반적인 대소 조직의 구조혁신은 참으로 얽키고설켜 마차 구조물에 끈적거리는 이물질이 들러붙어 있는 격이다. 참 어렵다. 어려워 모든 문제가 참 어렵다. 사실 모든 건 윗물격인 지도자에 의존하게 되는 시스템은 그 결과에 대해선 책임은 아랫사람이 지는 경우가 많아 영광은 스스로에게 오기를 바라게 되고 그에 따른 책임에서 서로 책임은 회피하고저 하는 격이다. 지도자는 이런 와중에 지신이 먼저 책임을 지고저 하는 의지와 솔선수범하는 자세와 영광스런 자리는 아랫사람에게 돌리는 자세가 요구된다. 이것은 인격이기도 하다. 아자.

무역이라는 것도 사실 장사다. 나라는 주로 무역으로 흑자를 내야 뭐든 게 잘 돌아가는 것 같다. 나라 살림 보태는 게 걱정 함께하는 것이지만 제 일도 버거운 판에 이것저것 생각하기 쉽지 않다. 신문과 뉴스를 접하면 모든 것이 내 걱정 속으로 들어오지만 모든 뉴스를 끊으니 세상은 조용하고 내 근심도 내 문제에 집중할 수 있어 좋다. 흔한 말로 신문 TV 안 봐도 세상은 잘 돌아가요. 정말 이렇게 살아도 될 것 같은데 그럼, 모두 이래도 될까?

하루를 시작하고 하루를 마감하고… 세월감이 무섭습니다. 그러구 보니 내겐 우울증만 있는 게 아니고 그 무언가 생에 대한 집요한 애착이 아직도 끈질기구나 여기게 됩니다. 생각보다 더 끈질긴 이 생에 대한 집착은 본능적이라 봄이 타당할 것입니다. 지난 화요일 동창회에서 이참 씨의 강연을 들었습니다. 그의 철학의 나라 한국을 설파할 때 매우 공감이 컸다 하겠습니다. 유일하다시피한 철학의 나라, 종교의 나라, 평화의 나라라 하겠습니다. 이것이 한국인의 매력입니다. 태극기는 물론 한글이며 여러 풍경이 그러합니다. 세계의 삶의 지표와 방향을 이끌 나라가 될 수 있다 하겠습니다. 아자.

상처엔 보상만이 위로가 되는가. 아름다운 언어들이 중독된 언어로 하여 그 의미가 상실될 때 우리는 무슨 언어로 자신을 보호하게 될까. 유치해지는 의식… 유치해지는 행동….

그 누군가 과학은 아무나 알 수 없는 것을 누구나 알 수 있게 설명하는 것이고 시란 누구나 아는 것을 아무나 알 수 없게 얘기하는 것이라고 하네요. 거참 말은 맞는 것 같은데… ㅎㅎㅎ. 시들을 생각하다 보면 쉽고도 어렵고 어렵고도 쉬운 듯이 보이네요. 착한 마음 언어의 의미와 기술 그리고 환상과 상상력이 미묘하게 화학반응처럼 융합하는 기교랄까 영감 같은 것이 더해지는 시가 좋은 듯한데요, 글쎄요. "당신 뭐야!" 하면 침묵밖에 없네요. 시들어 가는 몸속에 베아트리체의 육신이 그리운 건 왜지요. 영혼은 마지막 불꽃처럼 타올라도 육신은 이미 죽기 한 시간 전의 모습이 아닌가 여겨지네요. 지금 막 태어난 아기는 가장 예쁘다.

너는 왜 내가 아니고 난, 왜 너일 수 없나, 내가 나를 모르는데, 넌들 나를 알겠는가. 김국환의 〈타타타〉 노랫가사 같기도 하고 내가 방금 지은 것 같기도 한데, 어쨌든 우리네 노랫가락에는 철학적인 내용이 많다 하겠다. 사실 생각이 많은 민족이다. 국보 불상 중 미륵불상도 로댕이 담지 않았나? 아자.

천국에는 누가 있을까? 의를 위하여 싸운 자, 화평케 한 자, 긍휼이 여겨 줄 이를 긍휼이 여긴 자… 산상 수훈에 열거된 팔복 자의 팔자는 천국에 가는 초청장이다. 당연히 이 자들이 천국에 있을 것이다. 천국은 상상의 영역인가, 아니면 환상의 영역인가. 이도 아니면 실제 장소의 개념인가. 천국은 어려워 내게 잡힌 듯 잡히지 않는 개념 모호한 설명으로 스스로 답을 만든다.

과잉행동 충동장애는 뇌의 어떤 특정물질 혹은 영양요소 등 호르몬 장애일 수도 있다. 사실 모든 일을 침착하게 대하면 거의 많은 문제들이 큰 탈없이 해결될 것들이 긁어 부스럼 만들듯이 과잉행동으로 반응하므로써 일을 그르치는 경우가 허다하다. 사회문제도 그러하다. 정상적인 바른 시스템을 갖추고 상식적으로 해결하고 공정하고 합리적으로 대처하면 많은 문제들이 자연스레 해결될 수 있는 것이다. 왜 우리는 지나치게 예민한가. 숙고해 볼 일이다. 문제는 수뇌부의 의사결정 과정에 대한 정상적인 정의와 구체적인 매뉴얼이 있느냐 인가이다. 마치 마녀사냥하듯이 모호한 기준은 아닌지 확인해 볼 일이다. 사실 두뇌 집단이 문제다.

하루를 살고 마감을 하면 떠오르는 단어가 있어야 하듯이 하루의 시작에 또한 희망의 단어가 나의 발걸음에 힘이 들어가 힘차게 하는 그 무엇이 있어야 한다. 기억, 기억 재생 그 의미 파악, 다시 그 기억의 위치 가려내가… 이런 사람의 두뇌 활동이 반복되고 상상력이 더해져 창의와 발상의 전환도 일어나는 법이다. 앞으로 인공지능이 무한대에 가까운 기억장치로 융합하고 결합하여 그 무슨 결과물이 탄생할지 궁금한 시대로 다시금 달리고 있다. 기계의 힘이 아니더라도 이제 사람들은 영원한 삶을 누릴 수 있으리라는 상상을 포기하지 않으며 그 성공을 의심도 하지 않는 시대에 와 있다. 인간은 무엇인가 그 근본을 따져야 하는 시대 아닌가.

사랑해! 말로만 하면 뭘 하나, 우린 그에 따른 후속 조치가 있기를 바란다. 나는 사랑한다는 말이 좋다는 말에 좀더 강한 표현으로 얘기하는 투로 얘기를 해도 듣는 이가 목숨 걸고 보호해 주겠다는 투로 이해한다면 뭔가 삐딱해질 수밖에 없지 않은가. 사랑한다는 말이 여러 의미로 얘기되고 쓰여지는 시국이다. 사랑도 사랑 나름인 세상이다. 사랑해, 정말 어떤 때 우린 사용하며 그 의미를 알고나 말하고 있는 걸까. 가을바람이 얼굴을 스친다. 바람 따라 정처없이 떠돌고 싶은 지금은 사랑하고픈 계절 가을이다. 사랑해! 정말 사랑해, 미치도록 사랑해~ 하며 연극하듯 고백하고픈 계절이다. ㅎㅎㅎ. 아자.

하루의 계획이 아침에 있다 합니다. 게으른 아침이 하루의 초반의 일과를 놓치게 합니다. 오늘 계획 등반에 참여하기로 했는데 아쉽게도 놓쳤습니다. 사소한 생각, 생각없이 그냥 넋놓으면 모든 것은 어그러지고 혼탁한 삶이 됩니다.

아름답고 고매하며 유혹적인 행동은 고급스런 두뇌 활동이라 여겨진다. 미적이고 심미적인 예술은 물론이고 고차원의 계산 능력과 여러 과학적인 논리성과 우연성이 복합된 행동은 고도의 창의적인 두뇌 활동이라 하겠다. 두뇌 활동이 허약해지면 심신도 약해지고 쉬웠던 일도 어려워지며 작은 일마저 버겁게 된다. 담대한 활동도 용기이고 용기를 합리적으로 분출할 수 있는 능력도 차원 있는 뇌 활동이다. 고매한 두뇌만이 아름다움에 취하고 추론하며 꿈꾸며 진리가 무엇인지 그 답 모를 길을 무모하게 걷고자 용기를 갖게 하기도 한다. 인간은 도무지 알 수 없는 합리와 모순의 결합체라 하겠다. 저녁노을이 아름답고 꽃이, 아이들이 아름답다.

하루 종일 기분이 안 좋습니다. 이런 날 있지요. 뭐든지 묘하게 꼬이는 것 같은 것. 그림을 그리니 마귀나 험상궂은 얼굴이 됩니다. 참 이상합니다. 뭔가 기분이 상한 듯 혹은 무슨 이상한 기운이 스며든 듯… 마음이 즐거우면 그림도 재미있는 모습으로 그려지는 걸 보면 참 신기하기도 합니다. 시란 무엇인가. 왜 시를 지으려 하는가. 매일 시를 짓고 싶지만 그게 쉽지가 않습니다. 나는 왠지 자꾸 게을러지고 싶습니다. 아자.

꿈을 꿉니다. 꿈은 현세와 다른 차원의 또 다른 현실입니다. 꿈은 신비롭습니다. 동물도 영감이 있는 줄 모르겠으나 아마 꿈은 꾸진 않을 듯합니다. 사람만이 피조물 중 유일하게 꿈꾸는 동물일 거란 예감입니다. 어떻습니까. 요즘도 젊은 시절처럼 꿈이 꿔집니까. 꿈꾸는 사람들은 더 많은 경험을 하며 사는 듯합니다. 하기사 꿈이 무언지 모르는 사람도 있더라구요. 평생 꿈이 꿔지지 않는데요. 하기사… 꿈은 사람에게 준 유일한 축복입니다. 아자.

오늘은 제가 처음 세상의 공기를 맛보던 날입니다. 5인의 저명한 장노님의 축하 속에 강화도에서 옻오리한약탕숙을 먹은 날입니다. 참으로 평생 가장 귀하게 생일을 치른 듯합니다. 기념으로 호박고구마를 한 박스씩 사서 나누고 좋았습니다. 뭐 이렇게 사는 겁니다.

살얼음처럼 위기감이 마음을 흔들며 불안케 한다. 제일 큰나라의 대통령도 한 인간이다. 별의별 이야기 온갖 풍문이 강한 지도자도 소문이 그도 한갓 인간임을 확인시킨다. 바람 부는 날이다. 가을이다.

인사동에 화랑을 순행하듯 반나절을 걷고 나니 피곤하다. 이런저런 구경을 하다가 고서점을 고물 같은 유물들을 파는 점포에 들러 이것저것 구경을 한다. 별 눈에 띄는 것이 없어도 지난 세월의 유물을 확인할 수 있는 나이니 은근히 새롭다.

저녁이 되니 구름이 수상하다. 비를 뿌리려나. 하늘엔 구름으로 뒤덮혀 어둠이 닥칠 것 같은 을씨년스런 분위기다. 친구여 집으로 가자. 속 편히 TV나 보며 뒤집어 자는 게 제일 될 듯싶다. 세상에 뭐 재미있는 것 있어요. TV 시청이 제일 싸고 시간 보내기 좋은 거 다 아시잖아요. 내가 게으름 피우며 즐길 수 있는 게 이나마 있다는 게 다행이다 싶네요. 마음이야 부지런도 떨며 좋은 칭찬 들어가며 살면 좋지, 한데 이것도 부지런하고 무엇보다 습관이 되어야겠다. 세상에 공짜 없어요. 좋은 말 제대로 하기 쉽지 않다. 취할 수 있는 건강과 함께 마셔 줄 친구와 무엇보다 돈 걱정 않고 지낼 수 있기를 기대한다. 아, 적은 노력으로 큰 성공 바라네.

계명을 주신 하나님께 감사하자. 우리는 인간의 원죄를 들먹이지 않아도 아담과 이브의 선악과를 들먹이지 않아도 우리 인간은 결국 죄인일 수밖에 없음을 고백하게 된다. 죄인이기에 자력으로는 결코 거룩해질 수 없는 존재임을 깨달아 알게 되는 것이다. 무죄하다는 것은 당초에 죄에서 무관한 존재, 신이거나 신의 자식으로 태어나야 한다. 존재의 이 차별성이 죄로 벗어나는 것이며 마치 사면권자인 대통령이 죄가 없이 해 주는 특별사면이 있을 때이다. 죄로부터 무관한 존재이거나 죄의 무관을 선언할 수 있는 자여야 한다. 존재는 죄에서 해방할 수 있는 탁월한 초능력자여야 한다. 인간은 살아서 무죄하기는 불가능하다. 아자.

한 삼십 년 멈추었던 그림을 다시 해야겠다 싶어 낙서를 해 보니 아직은 아닙니다. 드로잉이며 스케치가 예전 같지 않고 그 마음 같지 않습니다. 하다 중지하면 아니한 것 같지 않다는 선인의 말씀도 있곤 합니다. 지나는 사람들을 유심히 봅니다. 뒷모습, 앞모습 처음 배우는 사람처럼 가까이 살피려 해도 쉽게 대상이 나의 관념과 개념 속에 흡입되지 않습니다. 나의 스타일을 찾아야 하는데 무언가 부족함이 나의 용기를 꾸짖습니다. 한 백세를 살면 문제가 해결될까요. 사람이 무슨 일에 성공하기 위해서는 자신을 필요로 하는 곳에 태어나야 합니다. 또 사람을 잘 만나야 하고 때를 잘 만나야 합니다. 이는 하늘이 도울 수 있는 경우입니다.

준비된 자는 담담하게 기다리나 준비 안 된 자는 지나갈 때까지 항상 불안하다. 준비 덜된 모습으로 사는 우리 언제나 허겁지겁할 수밖에 없다. 부지런한 모습 주변에서 보기도 좋고 듬직한 모습이 보기 좋다. 그대는 아는가. 언제나 몸으로 성실한 사람을…

슈퍼 태풍 차바가 울산, 제주 지역을 강타하며 피해가 속출했다는군요. 이런 물폭탄과 순간풍속은 한반도에서 측정한 이래로 역대 4위라는데요. 피해가 속출하는 가운데 어쨌든 지나갔습니다. 앞으로 자연재해를 예상하며 여러 도시계획과 작물계획을 새로이 해야겠습니다. 인재들이 여러 각 분야에서 필요로 하고 있습니다. 총체적인 여러 요인들을 제대로 파악하고 대책을 수립하는 것이 쉽지 않고 그 방면에 타고난 재능이 있어야 하나 봅니다. 교육으로만 안 되는 그 무언가의 영감, 내공, 재능 등이 필요하는 것이 지도자의 덕목입니다. 지도자는 태어나는 걸까요, 길러지는 걸까요. 아마 이 모두를 아우러져야 할 것일 겁니다. 아자.

10월 1일이 국군의 날인데 왜 태극기가 거리에 걸려 펄럭일 때야 아, 하며 국군의 날을 떠올렸을까. 살기 고달파? 어쨌든 오늘은 개천절, 한민족의 시발을 알리는 날이다. 오늘은 특히 민족에 대해 그리고 나의 뿌리인 한겨레에 대해 생각하고 되음미해 보자. 뒷북치는 국방 행정들이 주도권을 갖고 안전한 대한민국이 되도록 관계자들은 목숨 건 사명의식과 정신으로 매진해 주길 부탁한다. 이 연휴 작품에 매진할 수 있기를… 모든 발전에 게으름 만큼 성공을 방해하는 악마는 없다. 아자. 파이팅.

한랭 지방의 나무들이 거의 몰살해 가는 징조들이 이 땅도 지구온난화로 이와 같은 영향 탓이라니. 문명의 급속한 발달은 인간의 종말과 문명의 종말이 속히 온다는 것인가 싶다. 너는 나를 위해 아니 나는 너를 위해 준비할 것이 무엇인가. 아니 내가 나의 생존을 위해 준비할 것이 무어냐… 다가오는 암울한 징조들이 그 전개가 나를 뒤흔든다. 이때 희망의 영감이 떠올라야 한다. 아자.

주도적인 능력을 가진 자가 스스로 한 얘기를 번복하거나 부인할 때 그를 믿고 따르던 자는 정말 황당하기 그지 없을 것이다. 왜 약속 어김을 아무렇지도 않게 여길까. 자신은 약속을 위반해도 자신을 처벌할 방법을 찾지 못할 것임을 알기 때문일 것이다. 상대를 무시하거나 자신을 지나치게 우위에 놓고 교만을 피우는 것이라 할 것이다. 교만은 패망의 가장 큰 원인임을 왜 모를까. 아, 허무한 인생이여! 아, 왜 우리는 하루에 한번도 자세히 거울 속에서 자신을 살피지 못할까. 아자.

어제는 무엇 때문에 글을 못 올렸을까. 나도 궁금해진다. 바쁘지도 않는 세월 그러구 그렇게 보내는구나. 아침 모임을 착각하고 보내고 왜 이럴까. 생각하니 머리가 나빠졌다. 의지와 상관없이 흐트러지는 생각 그리고 기억들… 무엇을, 나를 위해 아니 그 누구를 위해 기록할까. 기억이란 내 두뇌 속에 기록이다. 생명이 다하도록 아니 기억되는 건강한 그날까지만이다. 아, 세상에 인간에게 아니 만물에 영원한 것이 무엇인가. 허무하다는 생각뿐이다. 아름다운 기억과 추억만이 우리의 관계를 아름답게 할 뿐이다. 아자.

나라 걱정을 정치적으로 하는 것이 아니고 윤리적이거나 도덕적인 잣대로 혹은 국제법적으로 분석하다가 이거 나 무엇하는 거야 하며 스스로 허망한 제 모습에 놀란다. 나라 걱정은 어디까지나 정치적일 수밖에 없다. 정치적이란 무엇인가. 제 나라 유익 기준이랄까. 존립에 관한 걱정 안보에 관한 걱정… 매스로우의 인간 욕구의 단계와 별반 다르지 않은 듯하다. 우리나라는 최종적 욕구는 무엇인가. 이것을 잊지 말고 자존심 잃은 넋빠진 민족이 되지 않기 위해 당당한 철학적 무장으로 노력해야겠다. 아자.

온 산에서 가을 깃발 들고 뛰는 단풍 깃발 날린다. 그래도 개인적으론 열감이 느껴지는 비 오는 날이다. 이런 듯 쳐들어오듯 가을을 알려도 나는 생열을 느낀다. 가자, 또 하나의 몸부림으로. 고정관념에 대하여 무엇이 어떻구 하는 것은 무엇이 잘 안 풀릴 때야 얘기하는 것이다. 시평에 대해 책임없이 혹은 지껄이고 싶은 것은 얼마나 쉬운 일인가. 이러쿵저러쿵 얘기하는 것은 너무나 쉽다. 운동경기에서 책임 없는 코치는 얼마나 통쾌한가. 무슨 일이든지 제 말만 하는 것은 세상에서 가장 쉬운 일인지 모른다. 자기 말에 목숨 걸고 말하면 무게를 느끼게 되고 우리는 그에게서 향기를 맡게 되는 것이다.

몸이 뇌처럼 반응할 때까지 운전을 해야 옆에서 볼 때 제대로 운전을 하는 것 같고, 매일 하는 요리라도 그냥 쓱쓱 하는 것 같은데 맛있는 요리가 되고, 가끔 보기 좋은 밥상을 보노라면 그의 요리 경륜을 느끼게 되지 않는가. 척척 반응하는 몸의 훈련을 게을리한 것도 있지만 일에 대한 정확한 지식과 지혜를 일하기 전 사전에 취득하고 있지 못한 것이 있고 제대로 알려는 의욕도 없이 맹목적으로 시간을 보낸 헛된 시간 때문이 아닌가. 성인이 되기 전에도 많은 것을 알고 반응에 대한 눈치가 꿰뚫어 보는 통찰력이 있어야 한다.

산다는 건 젊으나 늙으나 버겁다.

떳떳하게 오래 살고 싶다면, 자신과의 대화를 살리기 위해 무엇보다 자신한테 정직한 마음을 지켜야 되는 것이다. 건강한 몸, 건강한 정신의 소유자가 이 시대의 지도자가 되어야 한다.

계속되는 핵실험에 끈덕지게 집착하는 북 핵에 대한 재제는 가능한가? 언제든지 6, 7차 핵실험이 가능하다고 여기게 되는 현 핵무장에 대해 오바마도 혼자 힘으론 한계를 느끼고 있음을 고백했듯이 오늘자 뉴스에 그의 연설문의 일부가 게재되었다. 어쩜 전술핵의 재배치가 필요하고 우리도 똑같이 핵무장에 박차를 가해야 함에도 불구하고 효과적 방어적인 아무런 군사적 조치도 못 취하는 격이다. 결국 말폭탄 말고 그 무엇을 대항적 군사 조치를 취할 수 있는 것일까. 사실 6자 회담은 본인이 이미 78년 2월 논문에 제시된 것이지만 계속 이뤄지지 않는 남북회담은 그 골든타임을 놓쳤다 할 것이다. 회담에 앞서 자기 점검과 그 능력을 채우자.

메밀꽃 피어 흐트러진 9월, 한적한 마을에도 귀여운 소녀들의 웃음소리 피는 환영, 그 환청의 계절 가을 아닌가. 아, 메밀꽃 송이 너무 귀엽다. 입추— 밤과 낮이 같아지는 시점으로 알려진 그 입추가 바로 지나서인가? 바람에 찬기운 넘친다. 아자.

우울은 내가 나에 대한 불만이요 분노의 증상이라 할 때 자신과의 소통의 단절을 말하는 것이다. 타인과의 소통은 화목을 누리게 하지만 소통의 절벽을 느끼면 관계 단절을 결심케 하고 미움과 증오를 증폭시킨다. 타인과의 관계는 이기심의 타협이요 공동의 유익의 배분에 대한 만족이요, 합의이다. 자신과의 관계 회복에 실패하는 주요인은 습관화된 게으름 탓이며 몸이 제 생각과 같이 호응하지 못한 것에 대한 불만이다. 몸이 생각하고 말하며 행동하게 하지 못하는 것 이것이 현대인의 완벽에 이르지 못한 결함이다. 자신에 대한 완벽주의가 실천에 미약할 때 사람들은 자책하며 자신에 실망한다. 이래서 현대인은 우울증이 많다 하겠다.

지금의 남북 대치는 세계 평화의 걸림돌이다. 이를 세계 평화의 디딤돌이 게 하기 위해서는 아는 바 대로 남북통일이 답이 되지 않을까. 그러나 이 를 강하게 주장하기에는 너무나 많은 담이 장애물경주처럼 많다. 우리 민족이 지혜를 발휘해 창조적인 방법을 발견할 수 있도록 시대의 지혜를 찾아야 할 때다. 그러나 아, 그 누가 이 한민족과 조국을 위해 이 겨레의 십자가를 질까. 아자.

기억장애— 알츠하이머는 기억장애를 일으키는 병이다. 건망증은 얘기하 다 보면 생각이 나지만 알츠하이머는 기억조차 떠오르지 않는 병이다. 흔히 치매라 하는 병이 이 병이다. 그러나 파킨슨병은 행동에 있어 느리게 반응하 는 병이다. 치료를 하여도 그 상태를 늦출 수는 있어도 치료는 현제의 의료 로는 아니 된다. 이도 약물치료를 꾸준히 해야 한다. 2년에서 3년 병을 지연 시킬 수 있어도 완전히 치료할 수는 없다. 약물을 멈추면 일주일 안에 재발 한다. 급하게는 시간에 약 복용을 중단하면 증세가 악화된다. 아자.

충동장애— 자기통제 내지는 행동제어가 잘 안 되는 정신적인 결함이다. 식욕장애와 신체 분석에 게으른 행동을 유발시키는 분석진단결함으로 인 한 그 의식과 인식을 방해하는 판단장애다. 주의집중의 장애에 해당되면서 도 옆에서 얘기해 주어도 둔감한 반응을 하게 된다. 이도 일종의 정신장애 다. 경증인 경우엔 심리치료와 약물치료가 가능하나 중증인 경우엔 약물 치료로서도 불가능하다. 이러한 예는 성적 충동과 도벽 내지는 폭력 충동 에도 적용시킬 수 있는 사례가 아닐까 한다. 충동 장애는 강박장애이기도 하고 개인적인 경험에 근거한 많은 독특한 트라우마의 예속된 자기충동 조절장애이기도 하다. 도벽·마약·도박중독, 명예는 정치중독이다.

이호철 작가의 별세 소식은 분단 문학을 지향해 오던 그의 작품에 대한 평가를 우선 뒤로하고서도 인간적으로 많은 아쉬움과 미안함이 있다. 우선 그의 명복을 빈다. 수고 많으셨습니다. 통일이 되면 많은 사람들이 선생의 작품과 선생님의 생애에 대해 더 좋은 평가가 더 많아지겠지요. 문화계로서도 매우 안탑깝고 아쉬운 슬픈 소식입니다. 선생님의 활동한 많은 일들이 앞으로 통일에 많은 도움이 될 겁니다. 정말 좋은 일 많이 하셨습니다. 감사합니다.

무언가 괴롭다. 먹어도 먹어도 또 게걸스러워지게 먹어도 풀리지 않는 그 무엇, 그리고 자도 자도 풀리지 않는 이 피곤, 알 수 없는 곤고함이 자꾸자꾸 깊은 잠으로 유도한다. 아, 피곤해 정말 정말. 피곤하고 피곤하다. 홀로 피곤한 저녁, 나는 꿈속으로 사라진다. 그 많던 여인들은 모두 떠나고 남은 건 악담과 저주뿐이다. 여기에 맴도는 공기 속엔 자신의 한숨과 탄식뿐이다. 아, 나 피곤해!

이미 보도된 것이긴 해도 남쪽에서 지진이 경상남도 지방을 매우 불안하고 재해 있게 했고 북쪽엔 해방 후 경험해 보지 못한 풍수재해로 고통이라 한다. 각설하고 도움이 필요한 곳엔 도와야 한다. 외국도 아닌 동족을 서로 배려하는 마음으로 도와야 한다. 정부가 나서기 뭣하면 민간 차원에서도 도움의 교류는 이어져야 하다. 통일을 바라는 마음으로 통일 후엔 서로의 마음을 돌아보는 추억이 되기 위해서도 정치적이 아닌 문화적인 교류로서도 지속되어져야 한다. 물자교류 못지 않게 마음의 교류로 상호소통이 가능하다는 믿음이 쌓이도록 노력하자. 사상은 시간이 흐르면 변하기 마련이나 민족의 개념은 더욱 오래 지속될 것이다. 아자.

뭔가 해 주고 싶다. 감사하고 고마워할 그 무엇을 해 주고 싶고 가능하면 후세에 그 사연을 남기고 싶다. 상속해 주고 싶으나 자산이 없는 부모처럼 그저 마음뿐이다. 그저 선조들이 고마울 뿐인 그 시점적 나이에서 나는 비로소 이나마 누린 삶에 대해 그저 감사하게 된다. 바람이 불고… 지진이 나고 태풍이 있고 소나기가 땅을 헤집듯 할 때 나는 나에게 미안하다. 이 육체 살덩이 나는 그 무엇을 위해 존재했던가. 비게도 아닌 것이 살덩이도 아닌 것이 말을 하고 움직이는 생명체 자신을 드러내는 그 표현력을 구비한 인간으로 태어난 것이 감사할 뿐이다. 나를 창조한 신에게 감사한다. 나를 있게 한 부모님께 감사한다. 바람 분다.

내가 왜 무엇을 어떻게 할까. 자신도 결정할 일에 대해 주저하면서 남탓이나 다른 이의 결정에 무엇 때문에 내 불만만 더 큰 불만으로 쌓이는 것일까. 자신이 이루지 못한 한계에 대한 막연한 불만 아닌가. 결국 자신에 대한 불만이다. 결국 내가 바로 서야 한다. 언제나 그랬듯이 태풍은 지나가도 세상은 그대로 아닐까. 스쳐가는 태풍은 어떤 이에겐 삶이요 또는 죽음이기도 하지 않은가. 이것이 신비인가 불안인가. 계속 태풍은 지나갈 것이다. 하루 혹은 이틀 만에….

택시를 타고 오는데, 우리나라 산의 아름다움에 신이 났다. 아름다움을 의식하지 않고 살고 있는 것 같다 주장하는 젊은 기사는 산도 한 50번 이상은 보아야 그 진면목이 보인다고 일갈한다. 같은 산이라도 무의식적으로 오르고 내려가는 등산은 어쩜 산행이 아닌 고행일 거라는 거다. 산행에 즐거움을 느끼기까지 살피고 꼼꼼해져야겠다. 아자 추석 기간 이런 인사도 안 하고 푹 쉬었다. 그간에도 일어날 건 일어나고 터질 건 터지더라. 언제나 느끼는 것이긴 해도 개는 짖어도 시간은 흐르고 모든 건 시간의 블랙박스 속으로 사라진다. 아, 나는 누군인가. 다시 되묻게 되는 추석이었다. 모든 건 입장과 그 상황에 따라 달리 의미를 지니듯이 객관적인 시간의 흐름은 나도 아니 그 누구도 달리 작동시킬 수 없는 한계를 느끼게 된다. 우리가 살아 있다는 것은 신이 있다는 것이다. 살아 있기에 존재의 이유를 캐 묻는 것도 인간이기 때문이다. 몸 신과 신 신은 우리 언어로는 신 같은 신이다. 신은 새 신, 펄 신… 알고 보면 신의 개념에 나름대로 무한히 상상할 근거이기도 하다.

연휴입니다. 미리미리 건강체크 중요하겠죠. 급하면 응급실을 마다하지 말라. 골든타임을 놓칠 수 있다. 순간의 결단력이 생사를 가를 수 있다. 먹는 것도 생각하며 드시기를. 급하게 먹으면 체할 수 있고 돌을 씹을 수 있고 뜨거운 것을 먹다가 입술이나 혀, 입천장 등에 화상을 입을 수 있다. 큰 행사가 있을수록 조심조심해야 한다. 식사할 땐 너무 잔소리하지 마시고 깜박 하는 일이 무엇인지 혼란 이르키게 하지 말자. 사랑의 이름으로 하는 잔소리가 듣기에 따라 상대에겐 짜증이 될 수 있다. 자식과 손자들에게 부모님에게 예의를 다하자. 여자들은 바쁜 일이 나의 기쁨임을 알고 친인척을 밝은 미소와 부드러움으로 맞자. 아자.

충동장애, 인간 심리와 정신상태와의 관계 말초신경·말초혈류장애가 인간 정신과 심리에 미치는 영향력은 어떤 것인가. 알츠하이머적인 두뇌와 파킨슨적인 두뇌 활동의 차이는 무엇인가. 근육의 쇠태와 급작스런 연골의 급 소멸로 인한 근육이완 류마티스와 퇴행성 관절염 근육·신경염은 두뇌 활동과 어떤 연관성이 있는가. 통점의 치료는 손 마사지만으로 치료가 가능한가. 치매는 일상의 길치, 기계치, 둔치, 건망증과 관계는 어떤 것인가. 행동력, 시력, 청력, 미식력 등과 관찰력, 통찰력, 판단력, 인식력, 암기력, 분석력, 식별력, 이해력, 미감력 등에서 일반인 치이는 무엇일까. 기억하고 식별하고 이해하고 의견을 말할 때 아우트라인만 얘기하는가.

예술을 한다 하며 의자를 테마로 하여 그림을 그리거나 조각을 하는 경우를 많이 본다. 그리고 이는 문학에서도 흔한 주제이다. 의자 자리로 비유되는 이 의자는 누가 어느 의자를 차지하느냐가 사회에서 성공의 가치척도로 자리매김하기도 한다. 욕심없이 자리를 차지해도 욕심 있어 보이기도 하는 의자, 그 의자는 존경받을 만한 자리로써 전통적인 권위를 나타내는 경우가 많기 때문이기도 하다. 아자.

사람들은 공생하며 평화하는 법을 알아도 실천하지 않고 존중하기보다는 멸시로 미소하며 사랑하기보다는 미워하며 증오를 더하는 것이 더 쉬운가 보다. 사람과 사람도 그러하지만 나라도 같은 원리 아닌가. 집단이 되면 착한 사람이라 여겨지던 사람도 집단 속으로 들어와 있으면 제 얼굴이 가려지기 때문에 집단 이기주의 혹은 포퓰리즘적인 경향이 더 강화되는 것은 이미 알려진 바이지만 나라와의 대결에서도 서로를 존중하며 좋아하지 않아도 미워하는 것을 대물림하지 않기를 바란다. 사랑만이 좋은 평판만이 대물림해도 좋을 것이다. 미국의 9.11 테러에 대한 기념 추도식이 있는 가운데 세계는 계속 평화와 축복을 마다할 것인가.

주일을 지내고도 마음은 왠지 불안하다. 사람들은 자기 책임조차도 버거운 양 타인의 책임이라 떠넘기길 좋아한다. 인생은 무엇인가. 언제나 한계를 느끼는 결말이지만 앞으로도 사람들은 인생이 무엇인지 고민을 하게 될 것이다. 우리가 사는 세상을 낙원으로 하지 않고 왜 사람들은 그 어딘가에 있을 듯한 그 아름다운 곳이 존재하리라 여길까. 아마 우리가 사는 이 세상에서는 그 누구도 낙원처럼 만들 능력이 없다 여기기 때문이리라. 우리가 마음과 뜻과 정성을 다하면 그리고 힘써 노력하면 못 이룰 리도 없건만 지레 겁을 먹는 건 아닌가. 내가 이룰 수 있는 것은 내 마음을 잡아 콘트롤하면서 마음에 천국을 이루는 것이 전부일 게다.

젊은이는 언제나 누구에게나 부러움이나, 늙어 본 사람들은 말하지요 젊어서는 몰라요. 젊음이 얼마나 좋은지. 제 생일도 몰라요. 가을밤이 깊어 가는 추석이 있기나 하는지. 심심해. 아, 심심해. 거리엔 썩지 않을 낙엽이 그냥 뒹굽니다. 아자.

오늘은 9월 9일, 쌍구절이다. 1월 1일, 2월 2일, 3월 3일~12월 12일. 같은 숫자가 쌍이면 외우기 쉽고 기억하기 쉽고 하여 무슨 중요한 날을 이런 날에 잡는 것이기도 하리라. 오늘은 무슨 사건이 터질까. 더욱 조심스러운 날이기도 하다. 100세 시대, 어쨌든 세월이 너무 빠르다. 아자.

선천적인 주의력 결핍은 성격으로 이해되기 쉽다. 후천적 주의력 결핍은 모자라는 사람, 정신적으로 문제인 사람으로 오해받기 쉽다. 일반적인 주의력은 사소한 운동신경의 예민성과 정확성을 의미하며 지적인 주의력은 지식보다는 통찰력에 더 가깝다. 장시간 집중할 수 있는 사람이 내공을 자랑하며 사태 파악의 고수이고 판단력이 뛰어난 사람으로 사회 지도급에 자리하고 있다 하겠다. 뛰어난 사람은 주의력과 담대함, 포괄적인 지식과 지혜를 터득한 사람이 많다. 아자.

그 어느 순정으로… 순수의 이름으로 지옥이 천국보다 좋다고 여길 자를 본 적이 있는가. 천국이 체질에 맞지 않아 천국에서 지옥을 느끼는 그 누구를 본 적이 있는가. 지옥이 좋은 자는 천국이 더 두렵다. 천국 가서 봅시다 하면 그는 웃는다. 아자.

그 어느 누가 나를 위하여 기도해 주시는 분이 있으면 우리는 결코 나쁜 길에서만 머무를 수 없다. 그 한 사람 때문에라도 선한 길, 공동체의 길로 회기할 수밖에 없는 충분한 이유가 된다. 기도하자. 나를 위하여, 또 그 어느 누구를 위하여 내 마음이 정화된다. 자신이 아름다워진다. 아자.

그대가 스스로 다짐하기를, 이젠 난 물에 둥둥 떠 있는 통나무가 되어 개구리의 놀이터가 되리라 결심한 적이 있는가. 말없는 통나무 잔소리 안 하는 통나무가 되어도 좋다고 외쳐 볼 생각이 있는가. 술집 여자가 좋다고 여긴 적 있는가. 술집 여자를 애인 아닌 아내로 맞아 보고 싶은 생각이 있었던가.

인연이 맺어진 사람과 화목과 평화를 원한다면 먼저 그를 존귀하게 여길 때이다. 그럼 그가 나의 귀인이 된다. 신을 가장 우선적으로 존중하게 여기면 축복의 사람이 된다. 만나는 이에게 경계는 하되 먼저 부드럽고 친절하게 미소로 대하라. 자신의 무기는 통찰력, 집중력, 협상력, 경계력 자신의 직업엔 장인의 숙달력 등이다. 철학을 세우면 당당하고 신학을 세우면 겸손해진다. 수학을 익히면 세밀해지고 사회학을 익히면 적응력이 키워진다. 예술을 익히면 자유로워지고 정치를 익히면 힘의 중요성을 이해한다. 언어를 연마하라, 아름답고 섬세한 교류를 하게 되리라. 과학을 익히면 논리적이고 신비한 물질에게 관심을 갖게 된다.

사람마다 그의 황금 시절이 있다. 기회의 계절이다. 또 장사건, 일이건 황금시간대가 있다. 이 골든타임을 놓치면 물건이 있어도 못 팔거나 안 팔리고 뭐든지 목적하는 소기의 성과를 이룰 수 없게 된다. 또한 있어도 팔 수 없는 지경에 이르거나 어떤 일도 최대한의 성과를 이뤄 낼 수 없는 경우에 이르게 된다. 나라의 장래를 위해서나 이를 위해 젊은이들에게 더욱 관심을 가지고 격려하며 도와주어야 할 일이다. 특히 그 나라에서 혜택을 받고 있는 기득층은 이에 더 큰 관심을 갖고 도와주어야겠다. 아자.

식사 중 나만 돌을 씹는 일이 있다. 이럴 땐 재수에 옴붙은 듯하다.

인간은 자기 자신을 알 때, 신을 제대로 이해할 수 있는 게 아닐까. 계율과 말씀을 완벽하게 수행할 수 없음을 인식할 때 자신의 능력의 임계상황을 이해할 수 있다. 사람마다 그 능력이 다르듯 그 임계치가 다름은 당연하다. 자신의 타고난 한계치를 살피고 완벽하신 하나님의 말씀을 준행하도록 애쓰는 흔적을 하나님께 보이고 싶은 거다. 이렇게 애쓰는 한 인간의 모습을 하나님은 사랑하시는 것이다. 왜냐면 이것이 진리를 쫓는 인간의 참 모습이기 때문이다. 진리 속에 있어야 안식을 얻을 수 있는 인간은 이럴 수밖에 없다. "나는 매일 기도하며 신을 찾는다. 그러므로 나는 존재한다." 이것이 나의 일상의 고백이 되기를… 아자.

마음 그 중심에 기도하는 것은 신이 되고 싶은 간절한 믿음이다. 신이 되면 완벽하고 초능력을 상대에게 눈에 띄지 않게 능력을 행할 수 있다는 믿음이 있다. 이것은 귀신의 능력에 대한 믿음이다. 악마의 믿음이다. 상대를 지배하고저 하는 믿음이다. 죽어야 귀신이라도 되건만 산 채로 신이 되고픈 이 마음들, 이것은 모든 근심과 걱정의 뿌리이다. 계명과 말씀을 주신 하나님은 인간에게 은혜를 베풀어 사랑을 주시고 그 사랑에 감동한 인간은 하나님의 존재를 인정하고 그 권능을 본능적으로 감사하여 영광과 찬송을 드리며 그 권위를 찬양하는 것이다. 인간이 계율과 말씀을 주셔도 인간의 능력으로는 해결할 수 없는 존재일 뿐이다.

대개 남자들은 술집 여자 스타일을 좋아한다. 젊고 예쁘고 몸매 좋아도 부담 없고 애교 많은 여자— 그런 여자가 남자엔 딱이다. 술집 여자에도 스타일이 있다. 논개 스타일, 요정 스타일, 막걸리 스타일, 룸사롱 스타일… ㅎㅎㅎ. 백치는 좋아해도 지식과 지혜, 생각 많은 여자를 가까이하는 것을 싫어하는 사람 많아요. 웃겨? 왜 그럴까. 후후후. 제 한 행위에 지탄받기 싫어서 그런 건 아닐까. 백치처럼 상대의 말과 행위를 기억하지 않는다면 어떨까. 오직 따르며 좋아만 해 주면 좋아할 것이다. 나이 들면 더욱 상대가 복종해 주길 원한다. 인간은 언제나 비합리적이고 매우 자기중심적이고 이기적이다. 아자.

생활의 경험상 절대선이 없고 절대악도 존재하지 않음을 인식론적으로 이해하지만 시대와 지역에 따라 특히 사람에 따라서도 그 기준이 모호하거나 저울추처럼 왔다갔다 하여 헤아리기 두려워 침묵하곤 하지 않았던가. 세상의 논박에 나서는 것이 두렵다. 무엇이든지 흑백을 원하고 힘있는 편이 자기편에 서서 절대 최고선이기를 홍보하며 절대복종을 원하는 집단에 소속되게 될 때 더욱 곤혹스럽다. 집단에서는 리더가 되지 않음이 천만다행이다. 그러나 알고서도 침묵해야 한다면 이건 양심의 문제, 아는 자의 책임은 아닌가. 아자.

상처 있는 마음으로 어린아이같이 사랑한다는 것은 쉽지 않은 것이다. 어쩜 불가능한 것이다. 그럼에도 불구하고 마치 로봇처럼 기계 조작된 양 사람으로서 사랑을 들먹이며 얘기하는 것은 위선이요 말장난처럼 여겨진다. 이렇게 사랑은 절벽에서 뛰어내려야 하는 것처럼 쉽지 않다. 원수진 자처럼 살아야 하는 인간관계 그 속에서 이를 기억치 않고 과감하게 사랑하기란 미친 사랑 아니고는 엄두도 못 낼 일이다. 사랑에 미친 자, 사랑에 미치고저 하는 자만이 이 괴상한 논리에 빠질 수밖에 없다. 언제나 우리가 바라는 바와는 별개로 또는 반대로 일어나는 것이 현실이 아니던가. 아, 사랑해야만 살 수 있는 이 세상은 어쩜 지옥이다.

매일 감사할 일을 생각하고 매사에 감사하다는 말을 입에 달고 살면 얼마나 좋을까. 이제껏 살아 보니 감사는 축복의 단어요 지름길이다. 복의 단어를 잊지 말고 부적처럼 사용하라. 그대에게 축복이 이슬비처럼 온몸을 적시리라. 밝은 얼굴로 감사하는 것 기쁨을 갖고 감사하는 그런 자세가 복이 몸과 손에 안겨지리라. 그대들에게 복이 있으라.

아무 생각없이 지껄여도 미움받지 않는 말을 하지 않게 되는 경지, 우리가 지향해야 할 목표가 아닐까. 스스로의 존립 이유를 생각하며 살아간다는 건 사람답게 살고저 하는 의지다.

사랑과 존경의 차이를 생각해 봅니다. 사랑은 위에서 아래로 흐르는 물처럼 베푸는 모습이 떠오르고 존경은 아래서 위를 섬기는 모습이 아닌가 생각해 봅니다. 우리가 서로를 대할 때 먼저 존경심을 가지고 부드럽게 사랑하는 미소로 다가간다면 많은 사람들이 이에 호응하게 되지 않을까 여겨집니다. 사실 존경에는 사랑하는 미음이 숨겨 있고 사랑한다며 존경 아닌 멸시로 대한다면 사랑이라 일컬을 수 없을 것이다. 할 수 있는대로 서로 감사와 기쁜 마음으로 존경하며 사랑하자. 아자.

자주국방, 주권국가는 자기를 스스로의 힘으로 지킬 능력이 있을 때만이 자주국가, 독립국가라 할 것이다. 우선 무력으로 자신을 의지로 방어하고 경제적으로는 구걸하듯 원조를 청하지 않으며 문화적으로 전통지식과 문화가 상당 수준 창달된 상태여야 한다. 또한 나라는 자주적으로 미래의 발전을 도모할 능력과 그 결과물을 기대할 수 있어야 한다. 강대국의 자기의 독점적 의도로 다른 나라에 패권적 압력을 행사하려 하는 것은 군사적 우위로 겁박하려는 처사이다. 역사적으로 힘 없으면 강대국에 여러 가지로 위협을 당하며 노예처럼 살아가게 되는 것이다. 스스로 자기 운명을 개척하려는 의지가 있는 민족과 나라만이 진정 자유 국민이다.

그 어느 누가 "돈 필요합니까."라고 물어도 "아니요. 있으면 본인이 쓰세요, 아니면 다른 이에게 주시던지 하세요."라고 말할 수 있게 되기를… ㅎㅎㅎ. 그 누구 한 자리 안 주나. 줄서는 사람들… 헤헤헤. 아자.

사드— 핵 미사일에 대항하는 방어무기 체제로 알려진 이것이 무엔지는 전문가가 아니라 잘 모르지만 논란의 핵심은 주변 강대국이 자기들의 안보에 위협으로 여겨 반발하고 있다는 것인데 이것이 외교문제, 무역협상, 문화 교류 등 경제협력에 심한 압박을 가해 오는 데 있다 할 것이다. 이것은 강대국의 일방적인 조치로 약소국은 심한 타격을 받기 때문이다. 그러면 사드는 국제법에 위반되는 불법적인가 하는 것이다. 핵무기, 수소폭탄, 원자폭탄 각종 숨겨진 채 각국이 보유한 것으로 추정되는 화학탄, 세균탄 등은 어쩔 것이며 이는 국제법에 적용되지 않는가 하는 것이다. 각 나라는 걸맞는 방위체제와 공격체계를 갖추어야 한다.

인간은 왜 근심하며 불안해하는가. 사람으로서 완벽하여 여러 사태에 슈퍼맨 같은 능력자로 보여지고 싶기 때문이다. 허약하게 태어난 육체 확고하지 못한 믿음 부족한 지성과 지식 그러나 신처럼 완벽하고 싶은 그 마음이 스스로를 위태한 함정으로 밀어넣는다. 사람은 죽어야만 귀신이라도 되는 데 살아서 전능한 신이 되고픈 그 마음이 초조와 심한 불안에 떨게 한다. 신이 되고픈 마음은 완벽해지고 싶기 때문이다. 사람은 절대 완벽해질 수 없으며 완벽하다고 믿는 이가 있다면 그는 미친 사람이 분명하다. 아자.

누구나 마음에 확신이 있게 되면 확실한 의지로 과감히 행동하게 된다. 행동하기 전엔 의심의 정도에 따라 주저하게 된다. 아자.

인간이 자유로우면 진리가 있을까? 진리는 자연히 생기는 것일까? 진리는 필연적으로 존재해야 하는 것일까? 진리는 무엇인가?

전기 공급이 부족하여 절전을 유도하는 방편으로 채택된 전기요금 누진제에 대해 말이 많다. 이는 한전의 독과점에 대한 결과이기도 하다. 전기 공급을 더 확충하기 위해 원전 등 발전소를 세우는 것도 유력한 방법이지만 일반적으로 발전의 자유와 공급의 자유를 허락하여 태양광발전소, 풍력발전소, 조력발전소 등 자연친화적인 발전을 할 수 있도록 개방하면 자연스레 해결되고 전기산업이 더 발전할 것이라 여겨진다. 자본주의 체제의 장점인 자유를 산업에 더 확대하여 미래동력산업으로 발전되기를 바란다. 아자.

유명 시인이 젊은 시절 지은 시가 온 세상에서 시대를 초월하여 회자되어도, 나이 들었는데도 제대로 된 시 한 편 못 짓는 시인이 많이 있다. 모든 예술가가 그러하듯이 예술작품은 하늘의 영감과 그 예술혼이 담겨진 채 태어난 분이 아닌가 여겨진다. 하늘의 고귀한 전파를 담아낼 수 있는 타고난 예술가만이 진정 예술가인 듯하다. 이런 예술감각은 시대가 주는 선물이요 신의 은총이다.

감투— 명예직입니다. 자신이 속한 그 공동체를 위한 헌신입니다. 민주주의 깃발 아래 모여 서로와의 관계를 돈독케 하며 공동의 목표를 실현하는데 역활 분담으로써의 직책입니다. 아자.

유능한 지도자는 미래에 대한 사실적이고 과학적인 예측 밑에서 정확한 대처를 할 수 있을 때, 혼란스런 사태에 효율적으로 대응할 수 있다. 상대의 입장에서 시뮬레이션한다든지 정신병적 돌발사태를 추정하면 극한의 반응을 예측하며 대응하는 일에 더 가까이 갈 수 있을 것이다. 적을 아는 것도 중요하지만 나의 능력을 확실하게 분석하는 일 또한 상대의 힘보다 우선되어야 한다. 자신을 제대로 알자. 아자.

내일부터 수요일까지 휴가 할랍니다. 나 가게 문 닫고 훌쩍 떠나요. 모든 불안을 내려놓고, 될대로 되라지… 집을 비웁니다.

지도자란 그 시대 그 지역 사람에 빛이 되지 않으면 소금이 되어야 한다. 불의를 보고도 근엄함이나 점잖은 표정을 위하여 분개함이나 울지도 않고 탄식을 표현하지 않는다면 우매한 민중과 그 무엇이 다른가. 이런 지도자는 오히려 똥개라 불리는 잡개처럼 사는 것이라 할 것이다. 지도자의 얼굴을 하고 그 누구의 개가 되어 개처럼 산다면 그 똥개는 종국에 그 누구의 여름날의 보신탕으로 잘 이용된다 할 것이다. 즉 토사구팽 아시죠. 아자.

상대에 대한 예측은 배려와 전혀 다른 성격에 대한 깊은 이해와 끈질긴 주시와 탐구가 있어야 한다. 이해는 오해를 상쇄할 수 있는 깊은 지식과 협력하고 공존하겠다는 입장에 대한 의지와 사랑, 또 자신을 변화 발전하며 보호하는 자기 자존심에 대한 가치에 대한 확신이 있어야 한다. 언제나 나의 생각과 상대가 나의 입장을 배려하여 움직여 준다고 여긴다면 그건 어리석음을 토로하는 것일 수밖에 없을 것이다. 적과의 대치에서는 더욱 그러하다. 예측불허의 긴급사항, 돌출행동, 돌발사건을 미리미리 예측하고 대비하는 일은 내가 생각하고 있는 경우보다 앞선 사태를 상정하며 대비하는 것이다. 아자.

우리나라 산은 대게 온순한 동산처럼 부두럽다. 중국에 가면 손오공이 나오는 수호지의 산처럼 요상한 산, 괴상한 느낌의 산이 많은 것과 신비로운 느낌이 일어나는 신기한 산을 볼 때 산세나 지형이 부드럽다는 것은 우리가 사는 이 지역이 사람살기에 너무 좋은 금수강산이 맞다. 아자.

62

오늘 방금 강화도에 갔다가 왔다. 평일이라 그런지 너무 조용하다. 가며 오며 사진관 2~3곳을 주마간산 식으로 간판만 봤는데도 너무 조용한 듯하다. 영업하는 음식점이나 가게들도 한산하기는 매한가지 이런 곳에서 영업하며 생활을 꾸리는 일이 무척 고될 것이라 여겨진다. 시장과 상점이 주말이면 좀 다를 것이다. 붐비는 상가 시장이었으면 한다. 아자.

복이 무엇인가. 살아 있는 것이 복인가, 죽는 것이 복인가. 건강한 것이 복인가, 아픈 것이 복인가. 튼튼한 것이 복인가. 지식이 많은 게 복인가. 무식한 것이 복인가. 도대체 복은 무엇인가. 게으를 수 있는 시간이 많아 복인가. 바빠 살아야 하는 환경이 복인가. 저마다 타고난 상황에 따라 너무 거칠지 않고 너무 숨가쁘게 굴지 않아도 자연스럽고 인간답게 살게 되는 것이 복이 아닐까. 종교마다 풍요로운 종교 상황에 오히려 위기를 고발하고 난리인 것은 세상의 성공과 풍요를 뜻하는 복이 결코 복만이 될 수 없는 경우가 많기 때문에 경종을 울린다. 아, 입추에 다복을 원하지만 여름이 지나면 가을이 오고 추수될 것을 헤아리며 염려한다. 아자.

철학은 피곤해! 옛날 그 옛날에 소크라테스 선생님이 그렇게 이렇게 궁리를 해도 사모님 마음 다스리지 못한 요즘 봐도 보통 사람처럼 애처가인지 공처가인지 그랬단다. 세계를 논하고 역사와 전통을 논해도 생활의 보전을 요구하는 제 가정의 간단한 의식주의 관리를 못한다면 어쩜 사모님 편에 더 가까이 가게 되야 할지 모르겠다. 공허한 논리보다 바로 생명을 보전하는 의식주가 먼저 마련되어야 한다. 복지는 이런 것에 착안하여 보다 질좋은 서비스를 창출하도록 해야겠다. 아자.

말복을 보내며 말의 복이며 인간에게 마지막 복이 대체 무얼까? 생각해 본다. 큰 더위 물러가는 마당에 아직도 낙서처럼 버티는 더위의 흔적… 이 속에서 인간에게 가장 존귀한 죽음이 우리 인간 하나하나에 마지막 복이 아닐까 합니다. 오늘 하루 아침 혈압약의 미복용으로 얼마나 가슴 조리었던가. 산다는 건 약의 힘이다. 무엇 때문에 매일 험한 기사로 가슴 두근대는 날들에 동행을 마다 하지 않는가. 삶이란 이렇게 끈질기다. 오늘도 삶은 계란처럼 살진 않았는가. 모든 게 헛된 듯 내게 표정이 지워진다. 아자.

공직은 결코 봉건시대의 왕정이나 군주의 벼슬 직이 아니라 민주사회의 공화정에서는 반듯이 봉사 직이요 평등사회를 위한 그 직책임을 명심하고 멸사봉직의 각오로 자기 맡은 바 공직에 충실하자. 우리 국민이 공직자에 바라는 바는 이런 토대 위에 행하는 직책 완성도를 위한 사명의식이다. 아자.

청와대에서 신임 대표와 그 일행의 만찬에서 차려진 음식에 대한 평가로 어쩌구 저쩌구이다. 귀한 사람과 식사를 함에 좀 과다하 하여 나라 살림에 대한 지나친 과장은 삼가할 일이로데 어떤 기준은 있어야 하지 않는가. 어쨌든 지나간 일로 치고 이제 마음 맞는 분과 일하게 되셨으니 모쪼록 제대로 일하여 그토록 하고 싶던 일 국민이 기뻐할 일에 본때를 보여주기 바란다. 아울러 안중근 의사의 순국지 논란과 같이 특히 광복절 기념식과 같은 중요 대통령 연설문에 착오여도 그 책임을 스스로 지는 그런 공직자들이 되었으면 한다. 국민의 정서와 너무 동떨어진 공직자들은 스스로 물러나 이 나라의 국혼을 바로 세워야 할 것이다. 아자.

공직에서 봉사하는 사람들은 먼저 국가와 민족 백성을 위하는 마음이 가득찬 그런 사람들로 채워지기를 기도해 본다. 이 난국은 이런 마음의 공직자가 해결할 수 있을 것이다. 이 모든 한 분 한 분이 우리의 구세주이다.

이러한 연구는 뇌세포의 어떤 특정물질에 대한 부족이나 과다분비 특히 뇌세포의 건강성과 분포 조직에 영향을 주고받는다 할 것이다. 인간 행동연구와 사유구조에 대하여 더욱 연구되겠지만 로봇 분야처럼 인간의 상상력을 더하여 연구되어야 할 분야인 것도 확실하다 여겨진다. 특히 인간 고유의 독특한 환상 분야는 창의적인 논리와 개념의 창조는 심리학과 정신의학으로는 뭔가 부족한 인간만의 고유 사유 분야가 아닌가 여겨진다. 또한 일정한 기간을 초과하여 연마하게 될 때 숙달되는 초인적인 성과는 인간 정신과 육체의 발란스와 조화의 예술이라 할 것이다. 아자.

바람부는 골짝이나 빈광산 터널에 들어가 이 폭염을 피함이 좋을까. 보기 좋은 에어컨은 전기값, 그 누진제로 겁나게 하여 이 여름 올 입추가 지났어도 더욱 길게 하는구나. 시인의 마음보다 더 느긋하게 게으름 피운 가을이여 어서오라. 아자.

우리가 흔히 알고 있는 인간의 심리기제에 대해 별 아는 바가 적지만 마치 심리학이 많은 걸 해결해 줄 것이라고 막연히 믿고 있는 듯하다. 사실 인간의 행동 특히 도출행동의 근원에 대한 이해 부족은 종교적인 주술적 해결 등 무수한 부작용을 야기시켜 온 인간 역사이다. 인간이 자기 행동을 분석하고저 했던 이러한 노력은 인간의 뇌 활동에 대해 호기심을 키우고 연구되어 왔다. 인간의 여러 뇌 부위에서의 각기 다른 반응과 반사적인 행동은 뇌의 연구에 더욱 박차게 하고 있다. 특히 X—ray, MRA, PET 등 여러 뇌 관찰에 관한 기재의 발달로 뇌의 활동성에 더욱 접근하여 연구할 수 있게 되었다.

만화를 생각한다. 그림이 웃긴다. 내가 웃는다. 그 누군가 미소지을 것 같다. ㅎㅎㅎ. 캐릭터 어쩌구저쩌구 광고되는 만화 광고가 웃긴다. 재밌다. 내용 즉 웃기고… 나라 안에서는 여당과 야당이 전당대회가 있었다. 역시 결과는 예상대로… 정치인이 변화하고 새로워진다는 건 쉽지 않은 영원한 숙제다. 관행은 돌출행동을 두려워하는 듯하다. 나라에 철학적인 사유를 얘기한다는 건 개인이나 집단이나 매 일반이다. 부르짖는 화합 단결, 언제나 그러했듯 다 헛구호인가. 가을이 다가온다.

대화한다고 말을 한다. 어느덧 나만 말하고 있다. 생각해 보면 내 얘기는 내가 더 옳다는 것 아닌가. 이는 신념인가, 열정인가, 교만인가. 의식하지 못하는 자기 절제에 대한 인식 부족은 많은 오해를 야기시킨다. 아자

입추를 가르키는 달력을 넘기기 무섭게 폭염 속에도 찬기운이 선풍기 바람에도 묻어나온다. 나이 탓으로만 여기긴 그 무엇이랄까 묘한 냉기가 관절 관절을 시리게 한다. 아직은 계절이 살아 있다는 것이다. 그러나 여러 나라 이상기후가 사람들을 주눅들게 한다. 염치없지만 주님께 지구의 최후심판을 최대한 늦춰 주시기를 기도한다. 아자.

매일 아침이면 제 몸 제 생각에 가득 차, 주변을 경계하며 사는 생명들은 제 존재에 대한 스트레스로 기쁨을 모르는 듯 가쁘게 산다. 생명은 축복이면서 저주인 듯 살아야 하는 사람들은 세상 사는 하루하루가 명상의 대상이다. 아자.

민주주의를 내세우며 공동의 목표 공공의 복을 지향하는 모든 직위가 그러해야 하지만 공공적인 일에 종사하면 그 조직에서 벼슬했다 생각하지 말고 그 직위를 멸사봉직할 기회로 여겨 겸손하고 그 구성원을 존중하여 스스로 존경이 되게 하면 어떨까. 사랑한다는 말보다 서로서로 인사하며 "존경합니다." 라고 말하면 어떨까. 왜곡된 사랑 의식보다 무조건 존중하겠다는 자기 다짐이 오히려 더 좋게 다가온다. 아자.

만약 자신을 스스로 관리할 수 없는 시간이 되면 그땐 어떡해야 할까.

합리적인 생각 논리적인 설명과 항변이 통하는 사회는 힘과 억압 혹은 나이 등과 같은 이유로 하여 찍소리조차 못 내는 조직 문화가 판치는 세계보다 얼마나 민주적이고 자유로운가. 본질적으로 사람은 자유로운 삶을 추구한다. 태생적인 듯 자유를 갈구하는 이 마음과 정신 때문에 인간은 그 누구도 노예처럼 계속 억압할 수 없다.

후배이지만 동창 교수님으로 계시는 이복규님은 윤동주 시인의 알려진 서시 연구가. 세상에 알려진 사실과 비교할 때 좀 색달라 한참 얘기를 했다. 지적에 따르면 서시 연구가 편집인에 의해 머릿말이 시로 둔갑하였다는 것이다. 요즘말로 편집자의 힘, 혹은 권력에 의해 이뤄진 것이라 할 때 출판사나 특히 편집자의 영향력이 얼마나 막강할 수 있는 것인지 여실히 보여 주는 것이라 할 수 있다.

　나쁜 기분이 변하여 상쾌해지기를 기도한다. 햇빛 쏟아지는 한낮 철판에 계란이 프라이되는 기온이다. 이 땡볕에 맨정신으로 사는 것조차 버겁다. 덥다. 와, 너무 덥다.

　날씨가 화창하면 우선 기분이 좋다. 지난날 좋은 생각들이 되살아나고 희망을 품게 한다. 도시 속의 나무들이 숲을 만들어 가고 있다. 아자.

　자기 인생에 꿈을 꿀 수 있는 자는 행복했던 자이다. 지혜를 창출할 수 있는 지식과 건강, 내외적 성장의 결과라 할 수 있는 나의 사고와 주변과의 인과관계의 스타일과 경험은 내 인생의 모습을 만든다. 책을 읽고 생각하고 정리하여 쓰고 더 오랫동안 사고하는 생각의 시간은 자신을 사람답게 살도록 도와준다. 그 누군가를 도울 수 있다는 건 같은 종으로 태어난 인간 집단에 대한 최소한의 예의 아닌가. 아자.

생명 있는 자가 혼이 나간 사람처럼 행동할 때 혼절했다 한다. 혼이 나가면 이성 없이 행동하는 사람처럼 이랬다 저랬다 하며 제가 무엇을 어떻게 하고 있는지도 모르게 구분없이 행동한다. 이를 의식장애자라고나 할까.

개인의 안락은 어떤 정의보다 힘이 있다. 보통의 사람들은 어떤 명분 있는 유익보다 몸의 편안함에 끌린다. 내일의 천국보다 오늘 지옥에서 편안함이 먼저다.

사람이 착한 일을 한다고 모두 다 좋아하거나 칭찬하지 않는다. 모두가 선하고저 하여도 스스로 악한 모습에 더 호감을 느낄 때가 있다. 인간의 이중성이며 때론 성선설을 혐오하고 성악설에 더 호감이 가는 이유이기도 하다. 아, 인간은 왜 이럴까.

무관의 제왕이라 일컫는 언론이 때론 부패의 원조로 불려지기도 하는 것은 당연한 인간사를 말하는 게 아닌가. 절대 권력은 절대로 부패한다는 말이 언론이라도 예외가 아니다. 마치 언론이 깨끗하고 더러워지지 않는다면 가장 성스런 집단이 될 것이다. 사람 사는 곳에 부패가 필연이라는 이 자연스런 현상을 먼저 받아들이는 일이다. 언론 내에서 일해 본 기자나 언론인들은 사실 스스로 인지하고 있지 않은가. 마치 언론은 부패할 수 없는 성역으로 자리매김하려는 그 의도야말로 아주 뻔뻔스럽고 무지한 자태이거나 대중을 향한 사기라 할 것이다. 아자.

무슨 얘기를 하든 착한 마음과 선한 의도로 얘기해야 한다. 그리고 그곳에서 진실의 냄새를 맡을 때만이 우리는 감동을 느끼게 된다.

　이 세상엔 성령도 놀랄 일이 많아요. 어젯밤에 낡은 선풍기를 켜 놓고 있다가 갑자기 움직이며 날개가 세 쪽이 나고 보호철망이 제구실 못하고 스스로 분해되어 튀어나갈 때 나는 너무나 황당하며 놀라고 말았다. 세상엔 이런 일들이 종종 일어나 갑자기 재난에 놓이게 한다. 그러나 이번 경우 하나님의 은혜로 별반 다치지 않았다. 감사할 일이다. 천재적인 언변이 경솔을 부르고 무례를 야기시키는 경우가 허다하다. 매사 조심하고 삼가할 일이다. 거룩을 회복해야겠다고 여기게 된다. 거룩한 마음 거룩한 행동… 그저 부끄럽다. 아자.

　지식과 지혜가 가득하면 사람이 현명해지고 성실히 진실과 진리를 추구하면 그의 몸에 생기가 충만하고 얼굴엔 광채가 느껴짐은 본인만의 생각은 아닐 것이다. 이는 예술작품에도 그러하다 하겠다. 위대한 작품과 보통인의 평범한 작품에서도 그러하지 않는가. 좋은 작가, 위대한 작가의 구별도 이에 준하는 것이 아닐까 한다. 고급품이나 저급품의 구별도 이에 비근하고 여타 상품에도 그 분기점이 이같이 다르다. 이를 심미안의 차이로 보이나, 이는 영적 정신적 심미적 기준이 아닌가 여겨진다. 아자.

　본가, 처가, 시가, 애가, 첩가, 서가, 동가, 그 어느 집의 죽이 맛있을까. ㅎㅎㅎ. 상상 속에 갈 집은 많다.

운수 사나운 날들이 지속되면 제 운명을 생각하게 한다. 매일 이상한 사태 이상한 결정들이 상식처럼 일어나면 그 누구나 어의가 상실될 수밖에 없다. 상식과 합리성을 챙기며 살 수 없는 시절은 참 불행한 시절이라 할 수밖에 없다.

세상엔 힘든 일 투성이다. 내가 편하면 그 누구는 힘든 일을 하게 되는지 모른다. 반대로 내가 힘들면 그 어느 누구는 좀 편하게 살게 될지 모른다. 서로 힘이 되고 싶은 마음, 봉사하는 마음이 아닐까. 서로 섬기기를 먼저 하면 이곳저곳이 천국과 같다 이르지 않는가. 이같이 역경을 견디는 능력이 내공인지 모른다.

아파트 단지 내 느티나무 그늘 아래서 의자에 기대어 바람길과 마주하니 산뜻하게 모처럼 시원하다. 요즘 특히 느끼는 것은 그 어디나 패권적인 사람의 비민주적인 행태들이다. 그런 의미에서 힐러리의 정적이었던 오늘 아침 미국 민주당 전당대회 연설에서 샌더스의 승복 민주주의는 세계인을 감격하게 한다. 정적마저 울컥케 하는 그의 승복 정신을 우리는 이어 받아야 한다. 아자.

그에게서 순수한 선한 마음과 천진함이 있으며, 거짓을 멀리하는 정직으로 다정한 마음 행복한 얼굴과 착한 마음으로 저 밤하늘에 아름다운 별을 여름의 도시에서도 바라볼 수 있기를… 정말 볼 수 있을까. 시인마저 의심하는 도시의 하늘… 아자.

우리가 외국에 가면 애국자가 되어 있음을 알게 되듯 혹 잘못하는 행위는 그들의 눈에 띠면 심각하게 국가 이미지의 훼손을 느끼게 되고 후에 찾게 되는 국민은 자기도 모르게 잘못된 선행자의 탈법적인 것으로 확대되어 쉽게 비난받기 일쑤라는 사실을 익히 알고 있다. 더구나 국가와 국민을 대변하는 입장에 있는 언론인이나 정치인 사업가들도 이 점 특히 유의하여 말하고 행동해야겠다. 특히 개인끼리 가벼운 힐난이 집단적으로 질문하고 대답하게 되면 때론 심각한 지경으로 치달릴 수 있다. 품격 있는 행동, 언어 활동, 존경하는 태도, 사랑하는 마음 등은 어려서부터 몸에 익히도록 예의범절을 익혀야겠다. 공직 또는 준공직자는 유의해야 한다.

공직의 조직 기강은 직책자의 청렴함과 정직과 같은 근본가치를 세우는 일이다. 공직자의 부패는 국민에게 불신을 확산시키며 그 사회 전반에 분노와 좌절을 심화시킨다. 따라서 일에 대한 능률과 성과에 대한 효율성을 강조하여도 이런 기본이 흔들리면 마치 헛된 작업처럼 결과물을 마주하게 된다. 봉사한다는 미명도 좋지만 이런 정직과 청렴이 확인되지 않으면 모든 건 헛수고가 될 공산이 크다. 이종수 연세대 행정학 교수님의 지적처럼 사드 문제에 어려움도 이런 공직 부패에 대한 의심과 불신에 대한 분노도 이에 기인하는지도 모른다. 동아일보 2016년 7월 25일 월요일 제29535호 40 A31 시론 〈공직 기강 잡으려면 정부혁신 먼저〉 이종수 참조.

그에게서 순수한 선한 마음과 천진함이 있으며, 거짓을 멀리하는 정직으로 다정한 마음 행복한 얼굴과 착한 마음으로 저 밤하늘에 아름다운 별을 여름의 도시에서도 바라볼 수 있기를… 정말 볼 수 있을까. 시인마저 의심하는 도시의 하늘… 아자.

가장 무서운 적은 누구일까. 내부의 적이다. 내부의 적 중에서 가장 무서운 적은 누구일까. 가장 충성스럽고 친근히 대하던 사람을 요직에 앉혀 중용하였지만 그가 가장 많은 사람들의 미움과 증오의 대상이였음을 몰랐던 경우와 요직 임무를 수행하며 인사권자를 위태롭게 할 정도로 무능하고 멍청하게 일을 하여 뭇 사람들로부터 험한 말과 미움의 대상이 되고 공사를 분별없이 위법 처리하는 경우다. 또한 거짓으로 그 직책을 수행하는 자, 자기 유익을 위해 공공의 일을 사유화시키는 자 아닌가. 아, 그는 어디에 있는가. 자기 직책에 책임감 있게 시대와 역사에 사명감을 갖고 열정적으로 일하는 선한 사람을 한번 만나 보고 싶다. 아자.

웃음보따리— '웃자 웃자 무조건 웃자'를 캐치로 하는 모임에 참석했다. 마치 집단 우울증에 시달리는 듯한 지금 우리 사회에서 이를 치유하며 날려 버릴 수 있는 한 방법으로 웃자 하며 떠들썩하게 보내는 것이 아닌가 한다. 함께 웃으면 모두가 마음 문을 열게 되며 하나가 되는 마음을 익혀 이런 놀라운 경험들을 빨리 눈치채며 알아채야 한다. 아자.

지금 덕수궁에서 이중섭 기획 개인전이 열리고 있다. 그의 신화화되어 가는 그림과 그의 가족사에 이르러 그의 생의 마감한 사실까지 매우 처절하다. 또한 당시 사회 양상과 함께 각종 매체에 의한 문화적 분위기를 읽을 수 있다. 여기서 그의 그림 세계를 어떻게 평하여 미술사에 어떤 기록을 부각시킬 것인가. 어쨌든 그의 그림 세계가 당시 세계사적인 그림과 화가로서의 자기 행위와 예술적 수준과 그 역사적 전설을 어떤 식으로 이해해야 할까는 이 시대 관련 분석가들의 몫이다.

여러 불길한 경영 환경과 그 압박으로부터 어떻게 생존을 보장받을 것인가. 보이는 겉 현상에 현혹되어 그 사태의 본질을 꿰뚫어 보는 그 능력을 소홀히 한다면 그 지도자는 앞으로도 실패를 거듭하게 될 것이다. 이해관계에 있는 소비자나 행정관료나 동업자에 이르기까지 무엇보다 조직내 구성원 간의 소통과 그 능력의 창조적 확장과 급성장으로 치달릴 수 있는 조직체계의 강화와 업그레이드된 조직 개편에 있다 할 것이다. 구성원이 설혹 사태에 현혹되어도 그들을 그 사고에서 벗어날 수 있게 하는 능력이 그 지도자에게 요구된다 하겠다. 아자. 선두에 있는 경영자와 사회 지도층이 주목해야 할 대목이다. 아자.

그에게서 순수한 선한 마음과 천진함이 있으며, 거짓을 멀리하는 정직으로 다정한 마음, 행복한 얼굴과 착한 마음으로 저 밤하늘에 아름다운 별을 여름의 도시에서도 바라볼 수 있기를… 정말 볼 수 있을까. 시인마저 의심하는 도시의 하늘… 아자.